# कश्मीर

वादी की असली कहानी

# कश्मीर

## वादी की असली कहानी

किरण कोहली नारायण

भूमिका

डॉ. कर्ण सिंह

वाणी प्रकाशन

**वाणी प्रकाशन**

*4695, 21-ए, दरियागंज, नयी दिल्ली 110 002*

फ़ोन : +91 11 23273167 फ़ैक्स : +91 11 23275710

**शाखाएँ**

*अशोक राजपथ, पटना 800 004, बिहार*

*कॉफ़ी हाउस कैम्पस, महात्मा गांधी मार्ग, इलाहाबाद 211 001, उत्तर प्रदेश*

*महात्मा गांधी अन्तरराष्ट्रीय हिन्दी विश्वविद्यालय, वर्धा 442 001, महाराष्ट्र*

www.vaniprakashan.com
marketing@vaniprakashan.in
sales@vaniprakashan.in

Kashmir
*by* Kiran Kohli Narain

ISBN : 978-93-5518-433-7
History / Memoirs



प्रथम संस्करण 2022

मूल्य : ₹ 695

फ़ोटो : स्व. पीएन कोहली
फ़ोटो कॉपीराइट : आभा नारायण



*आर. टेक ऑफ़सेट प्रिंटर्स, दिल्ली-110032 में मुद्रित*

*वाणी प्रकाशन का लोगो मक़बूल फ़िदा हुसेन की कूची से*

*सप्रेम मेरे पति भूपति नारायण*
*को समर्पित जिनके पूर्ण सहयोग*
*एवं योगदान के बिना यह*
*लिखना सम्भव न था।*

DR. KARAN SINGH

वेदाहमेतं पुरुषं महान्तं आदित्यवर्णम्

3, NYAYA MARG,
CHANAKYAPURI
NEW DELHI - 110 021

# भूमिका

किरण कोहली की खट्टी–मीठी यादों वाली पुस्तक रोचक ही नहीं अपितु शिक्षाप्रद है। इस पुस्तक में कुछ ऐसे तथ्यों की जानकारी है, जिनसे आम लोग अनभिज्ञ हैं। जम्मू–कश्मीर के सुप्रसिद्ध वनस्पतिशास्त्री प्रेम नाथ कोहली जो मेरे पिताजी महाराजा हरि सिंह और बाद में मेरे बागात के प्रभारी थे, की छह बेटियों में से किरण सबसे छोटी थी। किरण वादी में वर्ष 1947 से 1990 तक हुए सभी बदलावों की साक्षी रही है और उन्होंने उस समय के कुछ ऐसे तथ्यों को निष्पक्ष रूप से उजागर किया है जिनके विषय में बहुत ही कम लोगों ने लिखा है।

इन राजनीतिक घटनाओं का उनके अपने जीवन एवं परिवार पर सीधा–सीधा प्रहार हुआ, तो भी उन्होंने पूरी ईमानदारी से इनका वर्णन किया है। एक ऐसा विशेष मुद्दा उन्होंने अपनी पुस्तक में उठाया है कि वादी से निष्कासित हिन्दुओं में केवल कश्मीरी पण्डित ही नहीं थे, अपितु डोगरा और पंजाबी भी थे।

किरण की सहज लेखनी के अतिरिक्त यह पुस्तक दुर्लभ तस्वीरों से सुसज्जित है, जिसमें कुछ मेरी अपनी तस्वीरें भी हैं।

(कर्ण सिंह)

शुक्रवार, दिनांक 17 दिसम्बर 2021

नयी दिल्ली–110021
फोन : (011) 2611-5291 2611-1744
karansingh@karansingh.com

# अनुक्रम


बारामुला 11

1947 : भारत का विभाजन 21

बारामुला के बाद 33

बटमालू 42

जम्मू 50

शाही संरक्षक 61

फुरसत के वह दिन 70

दीदी की शादी 80

फिर वही दिनचर्या 87

स्थानान्तरण 92

राजनीतिक उलट-पलट 97

1954 की गर्मियाँ 112

मुश्किल भरी राहें 123

नीड़ का निर्माण बार-बार 127

विद्या की राह में 139

संयोग 152

घर वापसी 159

बदलती परिस्थितियाँ-बदलते लोग 169
1990 में हिन्दुओं का पलायन 184
निर्वासित 207
टूटते रिश्ते-रुलाती यादें 214
उपसंहार 227
*चित्रावली*

# बारामुला

भारत के विभाजन से पूर्व रावलपिण्डी--मुज़फ्फ़राबाद से होते हुए कश्मीर पहुँचते बारामुला ही पहला क़स्बा था जहाँ पहुँचकर लोग कश्मीर के अपूर्व सौन्दर्य का आनन्द लेते थे। नैसर्गिक सौन्दर्य से भरपूर कश्मीर की पहली झलक पेश करता हुआ यह शहर ज़िला मुख्यालय भी था। इसलिए यहाँ सरकारी अफ़सर प्रचुर मात्रा में रहते थे। माचिस बनाने की एक फैक्टरी और सैंटोनीन दवाइयों का कारख़ाना होने के कारण दुकानदार और अन्य व्यावसायिक तबकों के लोग भी यहाँ बस गये थे। वर्ष 1905 में ही एक ब्रिटिश कैथोलिक बोर्डिंग स्कूल और साथ ही सेंट जोसेफ़ अस्पताल भी यहाँ स्थापित हो चुका था। दोनों की दक्षता के चर्चे पंजाब तक थे।

पिताजी जब यहाँ जंगलात में डी.एफ.ओ. के पद पर तैनात हुए तो यहाँ के प्राकृतिक सौन्दर्य ने उनका मन मोह लिया। झेलम के किनारे पहाड़ियों के आँचल में सिमटा शहर उनके मन को इतना पसन्द आया कि उन्होंने यहीं बसने की ठान ली। नदी के दायें किनारे पर बर्फ़ का रजत मुकुट धारण किये ऊँचे पर्वत और बायीं ओर बारामुला–श्रीनगर राज्यमार्ग के बीचों–बीच बीसों (बेंत) और चिनार के पेड़ों की छाँव में यह शहर अपनी प्राचीन ऐतिहासिक विरासत को सँजोये हुए खुशहाली का जीवन जी रहा था। पहाड़ी ढलानों पर फलों के बाग़ान और मक्का के खेत और आबी–ज़मीन में लहलहाते धान के खेत देखने वालों के मन मुग्ध करते थे। सड़क के दोनों ओर ऊँचे सफ़ेदे के पेड़ किसी प्रहरी

की भाँति आने–जाने वालों पर निगाहें टिकाये रहते थे। कहा जाता है कि मल्लिका नूरजहाँ के हुक्म से इन्हें लगवाया गया था।

इसी मार्ग की दूसरी ओर उभरती पहाड़ियाँ धीरे–धीरे मानो गगन चूमना चाहती हैं। इन्हीं गुटियार की पहाड़ियों के आँचल में बारामुला–श्रीनगर मार्ग पर स्थित भूमि का एक टुकड़ा पिताजी को ख़ूब पसन्द आ गया और अपने सपनों का घर यहीं बनाने की उन्होंने ठान ली। तीन–चार भूमिधरों से उन्होंने उनकी ज़मीन के टुकड़े ख़रीद कर 20 कनाल (2.5 एकड़) ज़मीन पर कँटीली तार से उसकी घेराबन्दी करवाकर सर्वप्रथम तीनों ओर शीघ्र बढ़ने वाले सफ़ेदे और बेंत के पेड़ लगवा दिये। उनके नीचे कँटीली रसभरी और 'करंटस' की झाड़ियाँ लगवा दीं ताकि आस–पास के खेतों से भेड़–बकरियाँ और कुत्ते न आ सकें। बग़ीचे के लिए किसी प्रकार भी पानी की कमी न हो इसलिए दो कुएँ भी खुदवा दिये। तत्पश्चात् फलदार पौधों का वृक्षारोपण सलीके से करवाया गया। कई प्रजातियों के सेब, नाशपाती, बादाम, आड़ू, चैरी, ख़ूबानी और आलू–बुखारे के पेड़ तो लगवाये ही–साथ ही लोकाट और पर्सीमॉन भी, जो कि सारा साल हरे–भरे रहने के साथ ही कश्मीर के बग़ीचों में अभी नहीं पाये जाते थे। योजना यूँ थी कि सारा साल फल मिलते रहें।

वर्ष 1937 में जब उन्होंने अपना घर इस एकाकी स्थान पर बनाने का निश्चय किया तो उनके जानने वाले लोग काफ़ी हैरान हुए। कई लोगों ने तो कहा, "प्रेमनाथ कोहली का तो दिमाग़ ख़राब हो गया है। तीन–तीन बेटियों के साथ यहाँ बियावान में कहाँ बसने का फ़ैसला कर लिया है। खुद तो कई–कई दिन के लिए जंगलों में दौरे पर रहता है।"

कुछ लोगों ने तो इतना तक कह दिया, "यार, वह खुद तो अंग्रेज़ी साहब जैसा है–न किसी से मिलना–जुलना न राम–सलाम। बस अपनी ही धुन में कभी कैमरा लिए फूल–पत्तों की तस्वीरें खींचता और कभी तितलियाँ पकड़ने का जाल लिए जगह–जगह घूमता रहता है। सर्दियों में तो स्कीइंग करता रहेगा पर बेचारी भाभी तो सबसे अलग–थलग पड़ जायेंगी।"

कुछ हद तक यह बात सच भी थी। वर्ष 1931 में पिताजी को कुछ समय के लिए स्कॉटलैंड के शहर एडिनबरा में रहना पड़ा था, तभी से यह शौक़ उन्होंने पाल लिए थे और गुटियार पहाड़ियों की ढलान में एक कलकलाती छोटी नदी के साथ ही यहाँ विलायती तरीक़े का मकान बनाने की सोच ली और उसे कई लताओं से सुसज्जित करने का भी प्लान बना लिया।

माँ का विवाह दिसम्बर 1919 में पिताजी से लाहौर में सम्पन्न हुआ था। वो इन्द्रा सभरवाल से पुष्पा कोहली बन गयीं और साथ ही साथ उन्होंने अपने आपको पिताजी की इच्छानुसार ढालने की भरपूर कोशिश की। उनके पिता लब्भामल सभरवाल स्वयं एक स्नातक होने के कारण पढ़ाई–लिखाई की क़द्र करते थे। उन दिनों, जबकि लड़कियों को अधिकतर पढ़ाया–लिखाया नहीं जाता था, माँ को उन्होंने क्वीन विक्टोरिया स्कूल भेजना ठीक समझा और वहाँ से मिडल पास करने के बाद अन्य पंजाबी लड़कियों की तरह घर के कामकाज–जैसे खाना बनाना, सिलाई–बुनाई इत्यादि में प्रशिक्षित करवाया।

14 वर्ष की अल्पायु में विवाह हो जाने के बाद माँ शीघ्र ही समझ गयीं कि पिताजी को जितना शौक़ फूल–पौधों का है, उतना खाने–पीने का नहीं। पूरी मेहनत से उन्होंने फूल–पौधों से दोस्ती करनी सीख ली और शीघ्र ही उनके अंग्रेज़ी और लैटिन नाम भी सीख लिए। बाग़बानी को उन्होंने अपना शौक़ तो शायद नहीं पर पत्नी–धर्म अवश्य बना लिया।

लाहौर के ग्वालमण्डी मोहल्ले में रहने वाली छोटी–सी नयी नवेली दुल्हन पहली बार रेल में सवार होकर अपने पति एवं ननद वीरो बाई कोहली के साथ जम्मू–कश्मीर के तत्कालीन महाराजा प्रताप सिंह जी की महारानी चाड़क के महल में उनके दर्शन करने के लिए ले जायी गयी। इंटर की परीक्षा देने के बाद पिताजी कुछ दिन बड़ी बुआ जी के साथ पुरानी मण्डी में रहे थे और महारानी के भांजे एवं दत्तक पुत्र को पढ़ाया करते थे। इसलिए जब महारानी को पता चला कि प्रेमनाथ का विवाह हो गया तो वह चाहती थीं कि उनकी बहू को देखें। बुआजी

महारानी चाड़क को अंग्रेज़ी पढ़ाती थीं और उन्हें पुरानी मण्डी में ही सरकारी घर मिला हुआ था साथ ही एक दासी भी। खाना महल से ही पहुँचाया जाता था और महारानी अपनी मास्टरनी की बहुत इज़्ज़त करती थीं।

घूँघट उठाकर जब महारानी ने बहू का चेहरा देखकर उन्हें मुँह–दिखाई में मानिक का गुलूबन्द देते हुए कहा, "मास्टरनी जी तुस लाड़ी ते ख़ूब शैल लियान्दीए" तो पुष्पा के गोरे गाल शर्म से लाल हो गये।

जम्मू शहर की पुरानी मण्डी और लाहौर के मोहल्लों में पुष्पा को काफ़ी सामान्यता दिखी। किन्तु शीघ्र ही माँ को पिताजी के साथ बटोत जाना पड़ा। घने जंगल के बीचों–बीच बने 'फॉरेस्ट रेस्ट हाउस' में उनके जीवन का अगला पड़ाव था। इस एकाकी जीवन को देखकर पहले तो उन्हें कुछ भय का आभास हुआ पर शीघ्र ही वहाँ आने–जाने वाली निर्भीक गुज्जर–बकरवाल औरतों से उन्होंने भी निडर होना सीख लिया। चीड़ और देवदार के जंगलों का सौन्दर्य और शीतल हवा उन्हें भाने लगी। उनकी रखवाली के लिए पिताजी ने दो कुत्ते भी रख दिये जिससे धीरे–धीरे उन्हें अपना अकेलापन भी नहीं लगने लगा। नये वातावरण में अपने आपको ढालते हुए वह पूर्ण रूप से पिताजी के रंग में रंग तो गयी थीं, परन्तु उनका मिलनसार स्वभाव उन्हें लोगों के अधिक नज़दीक रखता था।

पिताजी को लोगों से मिलना–जुलना जितना कम पसन्द था, माँ को उतना ही सबसे मिलना अच्छा लगता था। बारामुला की भी सभी महिलाओं से उनका काफ़ी मेल–जोल था। शाम को प्रायः कुछ अन्य औरतों के साथ सैर के लिए भी निकल जाती थीं। सभी के सुख–दुख में पूरा साथ देना उनका स्वभाव था। यहाँ तक कि नौकर–चाकर, माली और आस–पास से घास काटने और गोबर इकट्ठा करने आने वाली ग़रीब औरतों से भी वह बड़ा अच्छा व्यवहार करती थीं। जब भी उनसे बात होती, उनकी समस्याओं को समझने का पूर्ण प्रयास करतीं। और जब कभी कश्मीरी भाषा के कुछ शब्द समझने में मुश्किल होती

तो अपने सिख रसोइये की सहायता से उनकी बात समझकर उनकी समस्याओं का समाधान भी करतीं।

सन् 1938 की गर्मियों तक एक सुन्दर बग़ीचे के बीचों–बीच एक सुन्दर कोठी बनकर तैयार हो गयी। भाँति–भाँति की लताओं से सुसज्जित दीवार के बाहर कलकलाती हुई एक छोटी पहाड़ी नदी के ऊपर से दो लकड़ी की पुलिया पार करने के बाद बँगले के भीतर पहुँचते ही विभिन्न प्रकार के सुन्दर देसी व विदेशी प्रजातियों के फूल, पेड़ एवं लताएँ आने वालों का मन मोह लेती थीं।

गृह–प्रवेश के दिन ही आने वाले बहुत–से लोगों ने सराहना तो की ही, कुछ मित्रों ने तो आस–पास वैसी ही कोठियाँ बनाने की इच्छा भी व्यक्त की। सैंटोनीन फैक्टरी के जनरल मैनेजर मथुरा वाले गुप्ता जी ने पक्का इरादा कर लिया कि सड़क की दूसरी ओर वह भी ऐसा ही घर बनवायेंगे। बस उनके देखा–देखी माचिस फैक्टरी के रैणा साहिब और ड्राई–फ्रूट के व्यापारी पेशावरिया साहिब ने भी यहीं बसने की ठान ली। कुछ ही वर्षों में वह दोनों परिवार घर बनाकर वहाँ बस गये पर गुप्ता जी फैक्टरी के बँगले में रहते तो रहे पर प्रत्येक रविवार या अन्य छुट्टी वाले दिन अपनी कार में परिवार के सदस्यों को लेकर अवश्य अपने बँगले में आते और फलों के बग़ीचे का ख़ूब आनन्द लेते। उनके परिवार से हमारे परिवार का अधिक मेल–जोल था और वह माँ को अपनी मुँह बोली बहन मानते थे।

मेरी तीनों बड़ी बहनों–शकुन्तला, सन्तोष एवं सुकन्या का जन्म तो बारामुला आने से पूर्व लाहौर में ही हुआ था। पर अब बारामुला में बसने के बाद यहाँ सेंट जोसेफ़ अस्पताल होने के कारण हम तीनों छोटी बहनों का जन्म यहीं बारामुला में हुआ। माँ–पिताजी एवं बड़ी बहनों की सेंट जोसेफ़ हॉस्पिटल की डॉक्टरों के साथ अच्छी जान–पहचान थी। वह लोग प्रायः घोड़ों पर सवार होकर या ताँगे से आस–पास के गाँव में बीमार लोगों को देखने तत्पश्चात् दवाइयाँ बाँटने जाती थीं। कुछ गम्भीर रूप से बीमार लोगों को वह अस्पताल में भर्ती होने की भी सलाह देतीं। थकी–थकाई वह वापसी में कई बार हमारे घर रुक

कर जलपान करतीं और अक्सर हमारे बग़ीचे की तारीफ़ करती थीं। अस्पताल के बग़ीचे के लिए उन्हें कई बार पिताजी बीज और पौधे भी देते थे। फलों के मौसम में फल भी दिये जाते।

आठ–नौ वर्ष बीतते–बीतते हमारे परिवार के सदस्यों के साथ ही फलदार पेड़–पौधे भी बड़े होने लगे। हम छह बहनों के साथ उनकी सहेलियों की हँसी से यहाँ का वातावरण चहकता रहता। गर्मी के मौसम में मेहमानों का जमावड़ा और बढ़ जाता। बड़ी बहनों की पढ़ाई–लिखाई घर पर ही होने के कारण सारा दिन ही घर में रौनक रहती। घर सबकी हँसी–मज़ाक से गूँजता रहता। अधिकतर लोग तो यह रौनक देखकर प्रसन्न होते, किन्तु कुछ रूढ़िवादी लोग हमारे माता–पिता पर दया करके अक्सर कहते, "बेचारे कोहली की छह बेटियाँ हैं। हे भगवान! एक तो बेटा दे दिया होता।"

पर हमारे पिताजी को ऐसी बातें बिल्कुल पसन्द नहीं थीं और उन्होंने हमें कभी किसी हीन भावना का शिकार नहीं होने दिया।

सबसे बड़ी बहन शकुन्तला, जिन्हें हम बहन जी कहकर पुकारते थे, अब 20 वर्ष की हो चुकी थीं। घर पर ही दसवीं पास करके उन्होंने पंजाब विश्वविद्यालय से भूषण एवं प्रभाकर की परीक्षा पास कर ली थी। हम तीन छोटी बहनों–गुल्ली, पिन्नी एवं मुझे वह बहुत प्यार और दुलार से पालती थीं। हमें खिलाने–पिलाने और पढ़ाने की चिन्ता उन्हीं की रहती थी। साथ ही माँ के साथ घर के कामकाज में और मेहमानों की देख–भाल में उनका हाथ बँटाती थीं। सबसे बड़ी बेटी होने के नाते नौकर–चाकर भी उन्हीं से सब बात पूछते थे।

उनकी सगाई ब्रिटिश आर्मी के एक डॉक्टर कप्तान रामप्रसाद कपूर से होने के कारण अब वह अपने भविष्य के सपने देखने में अधिक व्यस्त रहती थीं। उन दिनों के रिवाज़ के अनुसार उनकी सास ने ही देखकर बहन जी को पसन्द किया था और बहन जी और उनके मंगेतर ने केवल एक–दूसरे की तस्वीर ही देखी थी। मिलिट्री की वर्दी में तो हमारे जीजा जी ख़ूब जँचते थे, पर सुनने में आया था कि वह इससे भी अधिक सुन्दर और रौबीले हैं।

उन दिनों की ब्रिटिश आर्मी के अफ़सरों की पत्नियाँ काफ़ी फ़ैशनेबल हुआ करती थीं क्योंकि उनका मेल–जोल अक्सर अंग्रेज़ों से होता था। एक सुघड़ गृहिणी होने की तैयारी में बहन जी ने अंग्रेज़ों की डू–इट–योरसेल्फ़ किताबें मँगवाकर घर आये मेहमानों के लिए टेबल इत्यादि सजाने और फूल–पत्तियों को सजाने के नये–नये तरीक़े सीख लिए। साथ ही सर पीटर क़लट्टरबक के पुराने ख़ानसामा गफ़्फ़ारा से अंग्रेज़ी शैली के व्यंजन बनाना भी सीख लिया।

सन्तोष दीदी शकुन्तला बहन जी से मात्र दो ही वर्ष छोटी थीं। गोरा रंग, चमकता चेहरा और भूरे बालों के संग बड़ी–बड़ी भूरी आँखें। कुछ भारतीय महारानियों और हॉलीवुड की एवं देसी अभिनेत्रियों की तस्वीरें ख़ूब ग़ौर से देख कर फिर उन्हीं की तरह दिखना उनका शौक़ था। अंग्रेज़ी मैगज़ीनों से अक्सर प्रसाधन के नये–नये तरीक़े सीखतीं। अपने बालों को घुँघराला बनाने के लिए लोहे के 'वेर्वस' का सहारा लेतीं और अपने लम्बे सजीले नाख़ूनों का भी ख़ूब ख़याल रखती थीं। इसलिए उन्हें बग़ीचे में या रसोई में काम करना अच्छा नहीं लगता था।

ज़ब कभी सर्दियों में लाहौर जाना होता, माल रोड पर आने–जाने वाले लोगों के फ़ैशन पूरे ध्यान से देखकर फिर उसी स्टाइल के सलवार–क़मीज़ या कोट भी तैयार होते। घर आने वाले अंग्रेज़ी मैगज़ीन जैसे : "वूमेंस ओन', "वूमेन एंड होम' स्टिचक्राफ्ट से वह नित्य नये तरीक़ों से घर सजाने और साथ में स्वयं को सजाने का भी पूरा ख़याल रखती थीं।

एक बार जब उन्हें माँ की सहेली मिसेज़ मल्होत्रा के टाइफाइड के बाद देखभाल करने श्रीनगर जाना पड़ा तो वहाँ की इकलौती ब्यूटीशियन का पता लगाया। झेलम नदी में एक हाउस–बोट में मिस लॉज का ब्यूटी सैलून था। दीदी ने उसका पूरा लाभ उठाया और अपने बाल कटवाने के साथ ही अभिनेत्री नूरजहाँ जैसे पतली भवें भी बनवा लीं।

उनके बारामुला लौटने पर माँ तो हक्का–बक्का रह गयीं। उन दिनों छह बेटियों की माँ होने के नाते उन्हें लोगों के ताने सुनने से हमेशा डर लगता था। "लोग क्या कहेंगे?" यह वाक्य हमारे घर में सबसे ज़्यादा सुनने में आने वाला वाक्य था।

बस उन्होंने तुरन्त आदेश दे दिया, "घर से जाना बन्द। जब भी घर में कोई आये तब सिर पर दुपट्टा होना चाहिए।"

परन्तु काले शिफॉन के दुपट्टे से सिर ढँकने पर दीदी का गोरा रंग और भी निखर जाता, इसलिए अक्सर वह दर्पण के सामने सिर ढंक कर नूरजहाँ के गाने गाकर मन–ही–मन ख़ूब ख़ुश होतीं।

तीसरी बहन का नाम सुकन्या था जिन्हें हम तीनों छोटी बहनें 'मीमी' कह कर पुकारती थीं। अपने नाम सुकन्या के शब्दार्थ को सार्थक करना ही मीमी का मक़सद था। सादा वेश–भूषा धारण किये चुपचाप अपने काम से काम रखने वाली और पढ़ने–लिखने में चतुर एवं मधुरभाषिणी होने के साथ–साथ बड़े–बूढ़ों की सेवा करना भी उन्हें अच्छा लगता था। सभी लोग उनकी बहुत तारीफ़ करते थे।

किसी कुलीन भारतीय लड़की की तरह वह अपने लम्बे काले बालों को सुबह ही एक चोटी में बाँध लेतीं और सादा सलवार–क़मीज़ पहन कर छोटी अवस्था में ही अपने दुपट्टे का भी पूरा ख़याल रखतीं। फिर भी इस सादगी में भी उनके चेहरे का गुलाबी रंग, सुन्दर नैन–नक्श और चमकती काली आँखों का आकर्षण छिपाये नहीं छिपता।

स्वभाव से ही बहुत विनम्र, धार्मिक एवं जीव–जन्तुओं के प्रति संवेदनशील होने के कारण छह वर्ष की अल्पायु में ही वह वैष्णव हो गयी थीं और सादा भोजन ही पसन्द करती थीं साथ ही खाना खाते समय वह मौन धारण किये रहती थीं।

किन्तु इस सीधी–सादी षोडशी के अन्तर्मन में एक बाग़ी का दिल था। लोगों को माँ–पिताजी पर छह बेटियाँ होने के कारण तरस खाते देख उन्हें बहुत गुस्सा आता था। मन–ही–मन एक बेटे की कमी पूरा करने की वह ठान चुकी थीं। इसलिए मैट्रिक पास करने के बाद उन्होंने घर में ही पढ़ाई करने के बदले लड़कों के कॉलेज सेंट जोसेफ़ कॉलेज में दाख़िला लेने का मन बना लिया और प्रिंसिपल फादर शैंक्स से मिल कर इस बात के लिए राज़ी भी कर लिया। बारामुला में लड़कियों के लिए कोई कॉलेज नहीं था, इसलिए फादर शैंक्स ने दो–तीन लड़कियों

को दाख़िला देने की बात मान ली। फिर दो और लड़कियों के माँ–बाप को भी मनवाने का बीड़ा उन्होंने उठा लिया और पहली बार लड़कों के कॉलेज में लड़कियों को भी पढ़ने की आज्ञा मिल गयी।

घर में माँ का हाथ घर के या रसोई के कामकाज में बँटाने के बदले मीमी को पिताजी की मदद उनके कामों में करना अच्छा लगता था। वह बग़ीचे में शाख–तराशी (Pruning)] ग्राफटिंग (Grafting) और बीज संग्रह में पिताजी के साथ रहतीं और शीघ्र ही फ़ोटो खींचना और टाइप करना भी वह सीख गयीं। वह अपने परिवार के लिए कुछ ऐसा करना चाहती थीं कि लोग फिर यह न कह सकें, "बेचारे कोहली को भगवान ने एक बेटा भी दिया होता।"

उन दिनों प्रायः व्यावसायिक घरानों में ऐसे नाम सुनने में आते थे जैसे 'रायबहादुर जोधामल एंड संस', 'कपूर ब्रदर्स', शॉसंस या सट्टन एंड संस'–वह कहती, "एक दिन हमारी कम्पनी का नाम मिसेज़ पी. कोहली एंड डॉटर्स' होगा।"

उनके ऐसे विचार सुनकर उन दिनों लोग जब हँसने लगते, तब वह झट कहतीं–

"समय ही बतायेगा–महायुद्ध से पहले लन्दन में महिला ड्राइवर, पोस्ट ऑफ़िस क्लर्क भी तो नहीं होती थीं। एक दिन भारत में भी ऐसा दिन ज़रूर आयेगा।"

आठ वर्ष के अन्तराल पर शिवा (गुल्ली) का जन्म बारामुला के सेंट जोसेफ़ अस्पताल में ही हुआ। माँ के सभी शुभचिन्तक भगवान से इस बार बेटा देने की प्रार्थना कर रहे थे–पर हुई चौथी बेटी।

बड़ी बहनें अक्सर इस बात की चर्चा करती थीं कि उन दिनों चौथी बेटी का होना बहुत ही बुरा समाचार माना जाता था। सुनने में आया था कि पिताजी के कुछ बड़े–बूढ़े रिश्तेदारों ने उनका दूसरा विवाह करने की सलाह दे दी ताकि परिवार में एक पानी देवा नाम लेवा तो हो जो वंश को आगे चला सके। पर पिताजी की डाँट सुनकर सभी चुप हो कर रह गये।

सिलाई–बुनाई करते हुए हँस–हँसकर यह बात बड़ी बहनें अक्सर सुनाया करती थीं कि उन्होंने तो सौतेली माँ आने की बात सुनकर इस बात का निश्चय कर लिया था कि जब भी पिताजी जंगलात के दौरे पर जायेंगे–नयी माँ को नये बँगले की परछत्ती में बन्द करके भूखा रखेंगी।

इसी प्रकार हँसी–मज़ाक़ में दिन बीत रहे थे। बहन जी के मंगेतर बीच–बीच में उन्हें अंग्रेज़ी में पत्र लिखते जिसका उत्तर देने से वह कुछ परेशान हो जाती थीं क्योंकि अंग्रेज़ी पर बहन जी की पकड़ ज़रा कमज़ोर थी और अपने बारे में वह कोई बुरा असर नहीं डालना चाहती थीं। मीमी की जब वह उत्तर लिखने में सहायता लेतीं तो दीदी उन्हें चिढ़ाया करतीं।

"या तो भैया जी से मदद ले लें या फिर डिक्शनरी देख–सुकन्या क्या जाने लव लैटर कैसे लिखा जाता है।"

इतनी चर्चा के बाद वह निजी प्रेम–पत्र व्यक्तिगत होने के बदले अच्छा–ख़ासा सार्वजनिक प्रेम–पत्र बन जाता।

जब कभी बड़ी बहनों की सहेलियाँ घर आतीं हम तीनों छोटी बहनों को बाहर बग़ीचे में खेलने भेज दिया जाता और वह लोग घण्टों परस्पर खुसर–पुसर करती रहतीं।

जून 1946 में बहुत धूमधाम से बहन जी का विवाह बारामुला में सम्पन्न हुआ। समस्त बारामुला वालों ने माँ–पिताजी को पूर्ण सहयोग दिया।

बहन जी के विवाह के उपरान्त दीदी और मीमी ने हमारी और घर की देखभाल में माँ को पूर्ण सहयोग देना शुरू कर दिया।

# 1947 : भारत का विभाजन

एक लम्बे संघर्ष के उपरान्त 15 अगस्त 1947 को भारत देश को ब्रिटिश राज्य से स्वतन्त्रता तो मिली, किन्तु पंजाब और बंगाल का प्रमुख क्षेत्र काट कर 14 अगस्त को एक नये देश पाकिस्तान का गठन भी कर दिया गया। शताब्दियों से एक साथ सद्भाव से रहने वाले भारतवासियों को एक ही झटके से ब्रिटिश सरकार के आदेशानुसार बैरिस्टर रैडक्लिफ ने रातों–रात धर्म के आधार पर बाँट दिया। भारतीय संस्कृति से अनभिज्ञ रैडक्लिफ ने बहुत–से गाँव, क़स्बे और शहर मात्र पाँच या दस प्रतिशत हिन्दू–मुसलमानों की संख्या में अन्तर होते हुए भी बाँट दिये। कई तो ऐसे क्षेत्र थे जहाँ की बहू–बेटियाँ दूसरे शहरों की रहने वाली थीं और अब वह दो विभिन्न देशों की नागरिक हो गयीं। एक साथ प्यार–मोहब्बत से रहने वाले लोग एक–दूसरे के ख़ून के प्यासे हो गये और इसके कारण दोनों ओर से बड़े पैमाने पर देशवासियों का पलायन हुआ।

इस विभाजन और उसके बाद हुई सामूहिक लूटपाट और हत्याओं का सीधा प्रभाव हमारे परिवार पर भी पड़ा। हमारा समस्त परिवार और क़रीबी रिश्तेदार पश्चिमी पंजाब के रहने वाले थे। रावलपिण्डी, गुजराँवाला, सियालकोट और मुख्यतः लाहौर में सभी सम्बन्धियों को अपनी–अपनी ज़मीन–जायदाद और घर–व्यापार छोड़कर, अचानक वहाँ से निकलना पड़ा। सम्पन्न परिवारों के लोग भी अचानक बेघर रिफ़्यूजी हो गये। यहाँ तक कि किसी को एक–दूसरे की ख़ैर–ख़बर भी

बहुत दिनों तक नहीं थी। माँ के परिवार के कुछ सदस्य ऐसी मार–काट से बचने के लिए कई अन्य हिन्दू व सिख परिवारों के साथ स्थानीय गुरुद्वारे में शरण लिए हुए थे, मारे गये। उनके परिवार से मात्र एक दस वर्षीय बेटा जो अपनी माँ को ख़ँजर मारे जाते देखकर मूर्च्छित हो गया था, बच पाया था। उसी ने महीनों बाद अपनी आपबीती, दिल्ली के एक रिफ़्यूजी कैम्प में, अपने दूर के रिश्तेदारों को सुनायी थी।

ब्रिटिश सरकार तो मानो धार्मिक भेदभाव की माचिस से दंगों की आग लगा कर खिसक गयी और हमारी नयी भारतीय सरकार इतने बड़े पैमाने पर हुए झगड़े–फ़साद को क़ाबू करने में असमर्थ थी। हिन्दुओं को शान्त रहने की नसीहत देकर महात्मा गाँधी कभी भी मुसलमानों की लूटपाट और हत्या की घटना पर ही मरण–पर्यन्त भूख हड़ताल की धमकी दे देते पर पाकिस्तान में हो रही भीषण हिंसा को नहीं रोक सके। जिसके फलस्वरूप लाखों हिन्दू–सिख पाकिस्तान से विस्थापित होकर हर दिन पश्चिमी पंजाब छोड़कर भारत आते रहे। इतने लाखों शरणार्थियों के रहने और खान–पान का प्रबन्ध करने के लिए सरकार अक्षम थी। अच्छे–ख़ासे खाते–पीते व सम्पन्न परिवारों के लोग बेघर होकर रिफ़्यूजी कैम्पों में आ गये। हमारे मौसा जी, जो इच्छरा में ज़मींदार थे, मामा जी जिनके लाहौर में ईंटों के भट्ठे थे और चाचा जी जो सियालकोट में कॉलेज में प्रोफ़ेसर होने के अलावा वहाँ की हमारी पैतृक ज़मीन–जायदाद की देख–रेख करते थे–सभी रातों–रात बेघर होकर किसी प्रकार अपनी–अपनी जान बचाकर उस घोर अत्याचार और रक्तपात से बचकर सरहद के इस पार पहुँचे थे। कुछ लोग अम्बाला, दिल्ली और अन्य स्थानों पर बनाये गये शरणार्थी शिविरों में रह रहे थे। एक–दूसरे के ठौर–ठिकाने का किसी को पता नहीं लग रहा था। दिनभर लाउडस्पीकरों पर विभिन्न नामों की घोषणा होती रहती, किन्तु कुछ लोग या बच्चे तो अपना नाम और पता बताने की भी मानसिक स्थिति में नहीं थे।

लाहौर की 'निकलसन रोड' पर हमारा भी एक मकान था, जहाँ भरपूर सर्दी के दिनों में माँ हम बहनों को लेकर कुछ दिन लाहौर में बिताया करती थीं। साथ ही जब कभी माँ या पिताजी के रिश्तेदारों

में से किसी की शादी होती, हमारा परिवार उसी घर में रुकता। माँ और बड़ी बहनों को सर्दी के दिनों में लाहौर जाना अच्छा लगता था। परन्तु जन सामान्य एवं भारतीय नेताओं की अपेक्षाओं के विपरीत मानो आँख झपकते ही वहाँ इतनी मार–काट और आगजनी हुई कि लोगों को अपनी जान बचाकर किसी भी प्रकार वहाँ से निकलना पड़ा। ऐसी परिस्थितियों में हमारा परिवार अपने आपको भाग्यशाली मानता था कि हम लोग जम्मू–कश्मीर रियासत में रहते थे और लाहौर के घर लुटने के बावजूद हमारे पास अपना बारामुला का घर तो था।

स्वतन्त्रता से पूर्व भारत में पाँच सौ से अधिक ऐसी रियासतें थीं, जिन पर राजा–महाराजा, नवाब और निज़ाम इत्यादि का राज्य था। बँटवारे से पहले अंग्रेज़ों ने इन रियासतों को अपना भविष्य स्वयं तय करने की छूट दी थी कि वह अपनी इच्छानुसार भारत या पाकिस्तान का भाग बन सकती थीं। जो रियासतें देश के बीचों–बीच स्थित थीं, उनके पास तो एक ही विकल्प था कि वह दो नये देशों में से उसी का भाग बनें जिसकी सरहदों से वह घिरी हों, पर कश्मीर और जूनागढ़ जैसी कुछ रियासतें सरहद पर होने के कारण दोनों में से किसी एक देश का हिस्सा होने के बारे में सोच–विचार कर सकती थीं।

क्षेत्र के अनुसार भारत की सबसे बड़ी रियासत होने और उसके नैसर्गिक सौन्दर्य के लिए सारी दुनिया में विख्यात जम्मू–कश्मीर रियासत पर पाकिस्तान की नज़र शुरू से ही थी। वहाँ पर मुसलमानों का बहुमत होने के कारण क़ायदे–आज़म जिन्ना उसे अपनी जेब में ही रखा समझते थे, किन्तु जम्मू–कश्मीर के महाराजा हिन्दू थे और उन्हें इस बात का पूरा अनुमान था कि पाकिस्तान में विलय होने के बाद उनका अपना और उनकी हिन्दू प्रजा का क्या हश्र होगा।

ठकुरसुहाती कहने वाले कुछ सलाहकारों की सलाह से तो महाराजा हरि सिंह कुछ समय के लिए अपने एक स्वतन्त्र देश होने के सपने भी देखते रहे, किन्तु माउंटबेटन की बातचीत से उन पर इस बात का स्पष्टीकरण हो गया कि दो नये देशों के बीचों–बीच स्थित होने के कारण उनके स्वतन्त्र रहने की कोई सम्भावना नहीं है। तत्पश्चात् स्थिति का जायज़ा लेने और नये बदलते आयामों को समझने हेतु

महाराजा हरि सिंह ने एक 'स्टैंड–स्टिल एग्रीमेंट' पाकिस्तान और भारत को भेजकर अपना फ़ैसला सुनाने के लिए कुछ और समय माँगा। इस एग्रीमेंट को पाकिस्तान ने अपनी मंजूरी भी दे दी थी। जिन्ना के दूत शेख़ अब्दुल्लाह महाराजा को अपने साथ मिलाने का भरसक प्रयत्न करते रहे। महाराजा हरि सिंह और उनके सलाहकारों को तो पहले से ही पाकिस्तान में विलय करने से झिझक थी–अब पंजाब में हो रही हिंसा और अपने पुंछ जैसे हिस्सों में उपद्रव होने से पूरा विश्वास हो गया कि पाकिस्तान में मिलना ग़लत होगा। उधर शेख़ अब्दुल्लाह और उनके साथियों को भी इस बात का विश्वास हो गया कि मुस्लिम लीग के नेता न तो उनकी बात सुनेंगे न ही उन्हें कोई इज़्ज़त देंगे। उनकी पण्डित नेहरू से अच्छी दोस्ती थी और वह जानते थे भारत के साथ रहकर उनका भविष्य अधिक सुरक्षित होगा।

उधर जिन्ना और उसके सलाहकार कश्मीर के महाराजा और शेख़ अब्दुल्लाह से पाकिस्तान के साथ जम्मू–कश्मीर रियासत के विलय को लेकर आनाकानी करने के कारण नाराज़ थे। महाराजा हरि सिंह की ओर से टालमटोल करने और देर लगाने का पूरा लाभ नवनिर्मित पाकिस्तान सरकार ने उठाया और कई प्रकार से कश्मीर हथियाने के लिए उन पर दबाव डालना शुरू कर दिया।

सर्वप्रथम उन्होंने आर्थिक नाकाबन्दी का सहारा लिया। जम्मू–कश्मीर सब ओर से पाकिस्तान के रास्ते ही व्यापार और ज़रूरी राशन पर निर्भर था। रेलगाड़ी के रास्ते सियालकोट और सड़क के रास्ते रावलपिण्डी और ऐबटाबाद मार्ग से ही सभी चीज़ों का आना–जाना होता था और अब दोनों ओर पाकिस्तान का ही इलाक़ा था।

रियासत में पेट्रोल, केरोसिन, अनाज, चीनी, नमक, कपड़ा जैसी सभी अनिवार्य वस्तुओं का आयात सियालकोट और रावलपिण्डी के रास्तों से ही होता था। पाकिस्तान बनते ही वहाँ की नयी सरकार ने इन वस्तुओं की आपूर्ति पर प्रतिबन्ध लगा दिया–यहाँ तक कि जिस माल का अग्रिम भुगतान भी हो चुका था, उन पर भी। इस कारण सबसे पहले सेना की आवाजाही पर बुरा प्रभाव पड़ा।

पंजाब में हो रहे 1947 के भीषण नरसंहार और दंगे–फ़साद के बावजूद घाटी में पूर्ण रूप से शान्ति थी। उन दिनों अधिकतर जनता पढ़ी–लिखी नहीं थी और अख़बार पढ़ने का रिवाज़ भी नहीं था। सामान्य लोगों के घरों में रेडियो भी नहीं होते थे इसलिए मार–काट की ख़बरें भी प्रायः अपने–अपने इलाक़े तक ही सीमित रहती थीं। घाटी में सभी धर्मों के लोग सौहार्द एवं शान्तिपूर्ण तरीक़े से जी रहे थे।

पिछले लगभग डेढ़ साल से पिताजी श्रीनगर रहते थे। हम सब व भैया जी बारामुला के अपने घर में थे। हमारी बारामुला की कोठी को बने हुए अब दस वर्ष हो चुके थे। तीनों ओर किनारे–किनारे पर सफ़ेदे के पेड़ जवान होकर हल्की–सी हवा में भी अपनी ऊँचाई पर इतराते थे। उनके नीचे बीसे के हरे पेड़ और उनसे भी नीची कँटीली झाड़ियों से पक्की हदबन्दी हो चुकी थी, जिससे बाहर से किसी का आना सम्भव नहीं था। सागने वाली दीवार पर कई प्रकार की लताएँ अपने–अपने समय पर फूल कर लोगों को आकर्षित करती रहती थीं। उनके पीछे मकान पर भी 'विस्टिरिया' की बेल भली प्रकार से छँटाई की हुई होने के कारण ऐसा लगता था मानो खिड़कियों से आँख–मिचौली खेल रही हो।

अक्टूबर के महीने में हरे रंग के लॉन के आस–पास की क्यारियाँ विभिन्न रंगों के आकर्षक फूलों से सुसज्जित थीं। मधुमक्खियाँ सारा–सारा दिन ख़ूब परिश्रम करके सर्दियों के लिए अपने भण्डार भरना चाहती थीं। फलदार पेड़ अपने यौवन पर होने के कारण भारी मात्रा में फ़सल दे रहे थे। माँ और मीमी की निगरानी में माली सेब और नाशपाती के पेड़ों से फल तोड़कर अलग–अलग पेटियों में भर रहे थे। पिताजी के आदेशानुसार उनके बाहर क़िस्म और आकार के अनुसार विवरण लिख दिया जा रहा था। सुबह–शाम अब हवा में ज़रा–सी ठण्डक भी हो रही थी। कश्मीर में ऐसे मौसम में सब्ज़ियों को भी सर्दी के लिए सुखाकर रख लिया जाता था। और साथ ही दालों और अनाज को भी।

भाई जान उन दिनों पूना में मिलिट्री अस्पताल में तैनात थे। बहन जी गर्मी के कुछ दिन बिताकर अब पूना जा रही थीं–उनका साथ देने के लिए माँ स्याह जीरा, गुच्छी, बादाम की गिरी और केसर के साथ

घर में तैयार की गयी बई–सेब की जैली भी भली प्रकार पैक करके रख रही थीं। इस बार वह अकेली ही सफ़र कर रही थीं, इसलिए उनके हवाई टिकट श्रीनगर से दिल्ली और फिर दिल्ली से बम्बई तक बुक हो गये थे। स्वयं भाई जान बम्बई आकर उन्हें मिलने वाले थे। हम सबको हवाई जहाज़ देखने का ख़ूब शौक़ था।

उन दिनों पिताजी श्रीनगर रह रहे थे, इसलिए ऐसा प्रोग्राम बना कि माँ और बहन जी के साथ हम तीनों छोटी बहनें भी श्रीनगर चली जायें और बहन जी के जाने के बाद कुछ दिनों के लिए हम पिताजी के पास श्रीनगर रह लें।

मैं पहली बार श्रीनगर जा रही थी, इसलिए बहुत उत्सुक थी। सुबह नाश्ते के बाद बस–चालक सरदूल सिंह बस लेकर हमारे घर के बाहर पहुँचा। उन दिनों बस बीचों–बीच दो हिस्सों में विभाजित होती थी। उसकी सामने वाली कुछ सीटें प्रथम श्रेणी की होती थीं–वह सब हमारे लिए रिज़र्व थीं। ड्राइवर के सहायक सिख युवक ने हमारा सारा सामान बड़े सलीके से गाड़ी की छत पर सुरक्षित बाँध दिया। घर से निकलते समय माँ ने अनेक बार दीदी एवं नौकरों को घर, बाग़, कुत्तों और गाय की देख–रेख के लिए हिदायतें दीं। भैयाजी को प्रणाम करने और सबका ख़याल रखने के लिए उनसे अनुरोध करने के बाद वह बाहर बस तक पहुँचीं। श्रीनगर तक बत्तीस मील की यात्रा तय करने के लिए बस में बैठते ही माँ ने आँखें मूँद कर हाथ जोड़ते हुए अपने इष्टदेव को नमन किया।

लगभग आधा रास्ता तय करने के बाद हमारी बस एक ऐसी जगह पहुँची जहाँ सड़क के दोनों ओर फलों के अनेक बगीचे थे और उनमें पक्के मकान जिनकी पक्की ईंट की चिमनियों में से धुआँ निकल रहा था। बस यहाँ कुछ समय के लिए रुकी और चालक ने यात्रियों को चाय–पानी लेने के लिए कहा। इस स्थान का नाम था 'सिंघपुरा' और यहाँ प्रचुर मात्रा में सिखों की आबादी थी।

बस एक बार फिर से श्रीनगर की ओर रवाना हुई। कुछ दूरी पर कई मन्दिरों के खडहर थे और आस–पास बड़ी–बड़ी चट्टानें बिखरी

पड़ी थीं। माँ ने सबको बताया कि यहाँ पर लगभग एक हज़ार वर्ष से भी पहले कुछ हिन्दू शासकों ने इन भव्य सूर्य और शिव–सुनन्दा मन्दिरों का निर्माण करवाया था, जिनके यह अवशेष हैं।

कब और कैसे मैं चलती हुई बस में सो गयी, मुझे मालूम नहीं। जब मेरे गाल पर बहन जी के हल्के चुम्बन के अहसास से मैं उठी, हमारी गाड़ी गगरीबल स्थित एक बड़े बँगले की ऐनेक्सी के बाहर रुक चुकी थी। पिताजी यहाँ अपने पुराने नौकर भैया सिंह के साथ रह रहे थे। घर देखने में तो हमें बहुत छोटा लगा पर अकेले पिताजी एवं उनके नौकर के लिए यह जगह पर्याप्त थी–क्योंकि उनकी ज़रूरत के लिए यह तीन कमरे और रसोई इत्यादि काफ़ी थे। पिताजी गत डेढ़ वर्ष से यहीं महाराजा हरि सिंह के निजी एस्टेट्स के जनरल मैनेजर के रूप में तैनात थे और सारा दिन तो वह बुलेवार्ड स्थित अपने दफ़्तर में या सारे बाग़ानों और महलों इत्यादि के निरीक्षण एवं विकास के उद्देश्य से व्यस्त रहते थे। प्रायः शनिवार से रविवार वह बारामुला आ जाया करते थे, इसलिए उन्हें यह घर काफ़ी बड़ा ही लगता था।

पिताजी तो अपने जंगलात विभाग में पूर्ण रूप से सन्तुष्ट थे किन्तु जब जम्मू–कश्मीर के अंग्रेज़ चीफ़ कंजखेटर सर पीटर क्लट्टरबक्क ने पिताजी को तत्कालीन वाईसरीन वाईकाउंट वेवल की धर्मपत्नी के साथ उन्हें गुलमर्ग के दौरे पर सैर करवाने की ड्यूटी लगा दी तो वह पिताजी के वन्यशास्त्र और बाग़बानी के ज्ञान से इतनी प्रभावित हुईं कि बातों–बातों में वह महाराजा हरि सिंह के समक्ष पिताजी की तारीफ़ किये बिना नहीं रह सकीं। साथ ही उन्होंने यह भी बताया कि वह कितनी अच्छी फ़ोटोग्राफ़ी भी करते हैं। उन सब बातों से प्रभावित होकर तत्काल ही महाराजा साहब ने पिताजी को अपनी निजी जायदाद की देख–रेख सौंप दी।

× × ×

इधर कश्मीर में अमन–शान्ति का आभास हो रहा था, किन्तु दूसरी ओर पाकिस्तान के शासकों की नज़र जम्मू–कश्मीर रियासत हथियाने पर टिकी थी और उसके लिए वह कई प्रयत्न कर रहे थे। रियासत में

काफ़ी मात्रा में पंजाबी व डोंगरी बोलने वाले मुसलमान अफ़सर हुआ करते थे। पुंछ और मीरपुर के इलाक़े से तो बहुत–से ऐसे सेना–निवृत्त लोग भी थे जिन्होंने दूसरे विश्वयुद्ध में ब्रिटिश सेना के साथ कन्धे से कन्धा मिलाकर युद्ध में भाग लिया था और अब उनके पास लाइसेंस वाले हथियार भी थे। ऐसे लोगों को पाकिस्तान ने हिन्दू महाराजा के विरुद्ध भड़काना शुरू कर दिया और वह भी उस धार्मिक उन्माद के शिकार हो गये।

सबसे बड़ी चाल तो पाकिस्तान ने यह चली कि महाराजा के लगभग पन्द्रह हज़ार सैनिक बलों को विभिन्न मोर्चों पर जैसे गिलगित, पुंछ, मीरपुर और नौशहरा क्षेत्र पर हमला करके व्यस्त रखा। पेट्रोल एवं राशन की अधिकतम कमी के साथ ही साथ सेना के इस प्रकार बँट जाने से रियासत की दशा एकदम पराधीन और अनिश्चित लग रही थी। तूफ़ान के पहले की–सी चुप्पी और शान्ति दिख रही थी।

उत्तर–पश्चिम सीमान्त प्रान्त के अफ्रीदी आदिवासियों को पाकिस्तान के नेताओं एवं सेना अधिकारियों ने कश्मीर के काफ़िर हिन्दू महाराजा को हरा कर वहाँ के मुसलमानों को आज़ादी दिलाने की बात कहकर भड़काया और उनसे यह वादा भी किया कि वहाँ से जो भी लूट का धन मिलेगा वह और वहाँ की सुन्दर औरतें उनको दे दी जायेंगी। इस कार्य के लिए उनको हथियार और ट्रक भी पाकिस्तान ने दिये और इस मुहिम का नाम रखा गया–'ऑपरेशन गुलमर्ग'।

22 अक्टूबर 1947 को यह क़बायली श्रीनगर की ओर रवाना हो गये और उनके साथ साधारण कपड़ों में पाकिस्तानी मिलिट्री के लोग भी पीछे–पीछे। रियासत का मुज़फ्फ़राबाद नगर एक सम्पन्न नगर था और सर्वप्रथम वहाँ पर अकस्मात् ही इनका आक्रमण हुआ। वहाँ से बहुत ही बड़े पैमाने पर लूट–मार, आगजनी और बलात्कार की ख़बरें आने लगीं जिसके कारण कश्मीर के हिन्दू एवं सिख पहली बार अपने को घाटी में असुरक्षित महसूस करने लगे। पेट्रोल की कमी तो पहले से ही थी और उसके कारण बसें चलना पहले से ही बन्द थीं–अब

लोग ताँगे, बैलगाड़ियों और जो भी साधन मिला—यहाँ तक कि पैदल भी श्रीनगर की ओर पलायन करने लगे।

इधर श्रीनगर में 24 अक्टूबर 1947 की सन्ध्या को माँ घबराहट के मारे श्रीनगर के घर के बरामदे में एक ओर से दूसरी ओर चक्कर लगा रही थीं। उन्हें बेसब्री से पिताजी के आने का इन्तज़ार था। जैसे ही उनकी साइकिल की आवाज़ आयी, वह मुख्य द्वार की ओर लपकीं और उनसे मीमी, दीदी और भैया जी के समाचार जानने चाहे—उन सबको तो कुछ दिन पूर्व ही हम बारामुला में ठीक—ठाक छोड़कर आये थे। पिताजी ने उन्हें समझाने की कोशिश की कि उन लोगों से किसी प्रकार से भी सम्पर्क नहीं हो पाया। उन दिनों लोगों के घरों में टेलीफ़ोन की सुविधा नहीं होती थी। पेट्रोल की सख़्त कमी के कारण कोई भी मोटर—गाड़ी नहीं चल रही थी। ऐसे में उन्होंने स्थानीय द्रुगजन ताँगा स्टैंड से एक ताँगे का प्रबन्ध किया था जो मुश्किल से उनको बारामुला ले जाने के लिए तैयार हुआ था। वापसी में वह अपने साथ भैया जी और दोनों बहनों को उसी ताँगे में वापस श्रीनगर ले आयेंगे।

यह सुनते ही माँ और अधिक घबरा गयी। वह पिताजी को कैसे बारामुला जाने दे सकती थी जहाँ से हज़ारों लोग श्रीनगर की ओर पलायन कर रहे थे। उससे कुछ ही समय पूर्व शहर की बत्ती गुल हो चुकी थी जिससे साफ़ ज़ाहिर था कि बारामुला के पास स्थित मोहोरा का पावर स्टेशन भी क़बायलियों के कब्ज़े में आ चुका होगा। पहले तो पिताजी शान्तिपूर्वक माँ को समझाते—बुझाते रहे कि उनका बारामुला जाना ज़रूरी है पर बाद में उन्होंने कड़क शब्दों में कह दिया कि इसके अतिरिक्त उनके पास कोई चारा नहीं।

इसी अवसर पर बाइसाइकिल पर सवार वर्दी वाला जंगलात का एक गार्ड पहुँचा और पिताजी को झुककर सलाम करने के बाद उसने हाँफते—हाँफते हुए कहा—

"लाला साहिब आप बिल्कुल फ़िक्र न करें। चीफ़ साहब दोनों बहन जी और भैयाजी को हिफ़ाज़त से श्रीनगर ले आये हैं। आज रात

वह लोग 'फॉरेस्ट लॉज' में ही आराम फरमायेंगे और कल यहाँ पहुँच जायेंगे।''

माँ–पिताजी ने चैन की साँस ली–इस समय इससे बढ़कर कोई क्या खुशी हो सकती थी?

दूसरे दिन मीमी, दीदी एवं भैया जी घर पहुँचे। माँ अपने आँसू न रोक पायी और उन पर सवालों की बौछार कर दी। जो कुछ भी उन्होंने बताया, उससे पता लगा कि बारामुला के आतंकित हिन्दू और सिख स्थानीयवासियों में से बहुत–से लोगों ने स्थानीय कॉनवेन्ट में शरण लेना ही ठीक समझा क्योंकि वह जानते थे कि पाकिस्तानी लोग यूरोपियन ईसाइयों पर हमला नहीं करेंगे। यह बातें पता लगते दीदी ने भी किसी प्रकार भैया जी को वहाँ चलने के लिए मना लिया। उन्होंने रेशमी और पश्मीना के कपड़े, चाँदी और सोना जैसी कुछ क़ीमती चीज़ों को दो ट्रंकों में बन्द कर मुसलमान नौकरों को घर, गाय और कुत्तों की देख–रेख करने की हिदायत देकर 23 अक्टूबर की सुबह ही 'सेंट जोसेफ़ कॉन्वेंट' का रुख़ किया। वहाँ की नन्स और फादर शैंकस ने उन तीनों का स्वागत किया और साथ ही माँ–पिताजी की ग़ैर–हाज़िरी में ऐसा फ़ैसला लेने के लिए सराहा भी।

दूसरे ही दिन दोपहर को कॉन्वेंट का चौकीदार उनके पास आया और बताया कि बाहर कोई कोहली साहब की बेटियों को ढूँढ़ रहे हैं। जब मीमी–दीदी बाहर पहुँचीं तो देखा कि ठाकुर हरनाम सिंह पठानिया एवं रियासत के वन विभाग के मन्त्री फोर्ड कार में उनकी प्रतीक्षा कर रहे थे। उन्होंने शीघ्र भैया जी को भी लाने का आदेश दिया और जब दीदी ने उनसे पूछा कि जो दो बक्से उनके पास हैं–क्या उन्हें साथ ले सकती हैं जिस पर मन्त्री जी ने अति शीघ्र उनके बिना ही निकलने की बात की क्योंकि कुछ दूर गोलियाँ चलने की आवाज़ सुनाई दे रही थी। उन्होंने भैया जी को बुलाकर गाड़ी चलाने का हुक्म दिया और कहा कि भगवान से प्रार्थना करो कोई गोली हमारे किसी टायर में न लग जाये नहीं तो सभी वहीं ख़त्म हो जायेंगे।

कुछ दिनों के पश्चात ज्ञात हुआ कि उसी दिन कुछ ही घण्टों के बाद क़बायलियों ने कॉन्वेंट में घुसकर वहाँ ख़ूब मार–काट, लूटपाट और बलात्कार जैसे जघन्य अपराध किये। भगवान का लाख–लाख धन्यवाद था कि हमारे परिवार के सदस्य समय रहते वहाँ से निकल पाये।

वास्तव में 25 अक्टूबर को क़बायलियों को कहीं से सूचना मिल गयी कि कॉन्वेंट में बहुत–से हिन्दू और सिख अपनी क़ीमती वस्तुओं को लेकर वहाँ शरण ले रहे हैं। धन के भूखे क़बायलियों ने कॉन्वेंट को चारों ओर से घेर लिया और सभी ओर से बन्दूक़ों से लैस वह अन्दर घुसने के पश्चात यह बात भी भूल गये कि किस व्यक्ति का धर्म क्या है। हिन्दू, सिख, ईसाई और देसी–विदेशी जो भी सामने आया उसी को उन्होंने बेरहमी से लूटा–मारा और यहाँ तक कि बलात्कार भी किया। डॉक्टर जोस बेरैटो, कर्नल एवं मिसेज़ डॉइक, मदर सुपीरियर ऑलट्रड जरट्रड और मदर थेरेसिलीना सभी को उन आतंकियों ने बेरहमी से मार डाला। चर्च और चैपलिन के निवास और वहाँ एकत्रित शरणार्थियों के सोने–चाँदी और धन को बोरियों में भर लिया। साथ ही उन आतंकियों ने बलात्कार भी किया और नन्स, नर्सों और पादरियों की घड़ियाँ, क्रॉस, अँगूठियाँ और रोजरी भी नहीं छोड़े।

कई प्रकार से लोगों को प्रताड़ित करने और जगह–जगह बलात्कार करने के दो दिन बाद क़बायली श्रीनगर की ओर अग्रसर हुए। मार्ग में भी उनकी हवस समाप्त नहीं हुई और जहाँ भी मार्ग में कोई बस्ती दिखती वहाँ उनका यही सिलसिला चलता रहा। इसी कारण मात्र 32 मील का रास्ता वह लगभग तीन दिन में तय कर पाये और 27 अक्टूबर को श्रीनगर से केवल पाँच मील पहले शालटेंग पुल तक पहुँचे। उस दिन प्रातः ही भारत की सेना के जवान और अफ़सर श्रीनगर हवाई अड्डे पर उतर कर क़बायलियों का सामना करने पहुँच चुके थे क्योंकि उससे पहले महाराजा हरि सिंह भारत में विलय के लिए 'इंस्ट्रुमेंट ऑफ़ ऐक्सेशन' पर अपने हस्ताक्षर कर चुके थे।

हालाँकि भारतीय सेना श्रीनगर पहुँच चुकी थी, पर क़बायलियों और उनके साथ सादा वस्त्रों में पाकिस्तानी सैनिकों के घाटी में चारों ओर फैल जाने से सबको काफ़ी चिन्ता हो रही थी। बड़गाम में मेजर सोमदत्त का अकेले ऐसे ही एक दस्ते का सामना करते हुए शहीद होने और दूधगंगा नदी के शालटेंगू पुल के उस पार तक दुश्मन के पहुँचने की ख़बरें लगातार मिलती रहती थीं। अनिश्चितता का वातावरण बना हुआ था—श्रीनगर से भी काफ़ी मात्रा में हिन्दू और सिख जनता जम्मू की ओर रुख़ कर चुकी थी। ऐसी स्थिति में माँ ने हम तीनों छोटी बहनों के कपड़ों के भीतर गुप्त जेब बना कर उनमें कुछ पैसे और बहन जी का पूरा पता लिख दिया। उनके पति तो पूना मिलिट्री अस्पताल में कैप्टन थे—हमें बता दिया कि यदि किन्हीं हालात में हम परिवार से बिछुड़ जायें तो भारतीय सेना के लोगों को वह काग़ज़ दिखाने पर हम बहन जी के पास पहुँचा दी जायेंगी। इस सीधी-सी एहतियात की वजह से मेरे मन पर इतना गहरा प्रभाव पड़ा कि माँ की मृत्यु तक मैं उनसे अलग हो जाने के बुरे सपने देखती थी।

27 अक्टूबर 1947 की सुबह श्रीनगर एयरपोर्ट पर कर्नल दिवान रणजीत राय एवं उनके साथ 17 सिख रेजिमेंट के सैनिक सवारों वाले पहले डैकोटा विमान को उतारने वाले कप्तान थे—बीजू पटनायक। तत्पश्चात कई और विमान भारतीय सेना के राशन, हथियार और सैनिकों को लेकर श्रीनगर एयरपोर्ट पर पहुँचे और भारतीय सेना के परमवीर लोगों ने शालटैंग, बड़गाम और बारामुला से क़बायलियों को 7 नवम्बर तक उरी से पीछे तक खदेड़ दिया, किन्तु इसके लिए उन्हें काफ़ी मात्रा में शहादत देनी पड़ी क्योंकि हमारी सेना को असैनिक बलों पर गोली चलाने की आज्ञा नहीं थी। एक पाकिस्तानी सैनिक, जिसने सादा कपड़े पहन रखे थे, की ऐसी ही गोली के शिकार हुए कर्नल दिवान रणजीत राय।

# बारामुला के बाद

नवम्बर के दूसरे पखवाड़े में पिताजी ने बारामुला जाकर अपने घर और सामान का निरीक्षण करना चाहा–जाने क्या–क्या लुट गया और क्या शेष बचा हो। उन्होंने माँ से पूछा यदि वह भी उनके साथ जाना चाहती हों। उन्होंने तुरन्त 'हाँ' कर दी। वह भली प्रकार जानती थीं कि पिताजी तो सदैव अपने काम और शौक़ में इतने मग्न रहते थे कि शायद वह अपने घर के सामान को पहचान भी न पायें।

जब वह दोनों बारामुला के मार्ग पर स्थित सिखों के गाँव सिंहपुरा पहुँचे, उन्हें आकाश में चारों ओर भारी मात्रा में गिद्ध मँडराते दिखे। जले हुए घरों में से कहीं–कहीं अभी भी हल्का धुआँ उठ रहा था। कुछ ही सप्ताह पूर्व श्रीनगर जाते समय इसी गाँव में हम सबके साथ जलपान के लिए वह रुकी थीं। एक ही माह में अच्छा–ख़ासा बसा–बसाया गाँव वहाँ हुए मृत्यु के ताण्डव का दुखद एवं भयानक प्रमाण था। कुत्ते, गिद्ध एवं कौवे शवों को नोच–नोच कर खा रहे थे। समस्त वातावरण में सड़ती लाशों की दुर्गन्ध आ रही थी। घबराये हुए मन–ही–मन माँ ने गायत्री मन्त्र का जाप करना प्रारम्भ कर दिया ताकि उन्हें शक्ति मिले और इस भीषण दुखद दृश्य से उनका ध्यान दूर हो सके।

श्रीनगर से बारामुला आते हुए राजमार्ग के बायीं ओर स्थित पहले कुछ घरों में से एक हमारा घर था। माँ एवं पिताजी ने डरते–डरते अपनी कोठी की ओर नज़र घुमायी। पतझड़ के कारण पत्तों से विहीन

पेड़ों के पीछे से सुरक्षित दिख रही कोठी को देख उनकी जान में जान आयी। फिर भी वह भारी क़दमों से घर के गेट के भीतर घुसे।

सेना के दो जवान उन्हें सादर कोठी के भीतर ले गये। जिस बसे–बसाये घर को वह कुछ ही दिन पूर्व भरा–पूरा छोड़ गये थे, वही घर अब पहचान में ही नहीं आ रहा था। सामान से भरा हुआ घर अब बिल्कुल ख़ाली था, दीवारों पर अलमारियों इत्यादि भारी सामान के चिह्न अभी भी बने हुए थे। बैठक और दो शयन–कक्षों के बीचों–बीच फ़र्श पर पिताजी की किताबों, तस्वीरों के नेगेटिव्स और उनके हरबेरियम के नमूनों को इकट्ठा करके जलाने का प्रयत्न किया गया था। परन्तु न जाने किस दैवी हस्तक्षेप के कारण तीनों ढेर थोड़ा–थोड़ा जल कर बुझ चुके थे। शायद जल्दी में आक्रमणकारी क़बायली ऊनी यारकन्दी और कश्मीरी कालीन हटाने की न सोच पाये हों। अन्यथा हमारे घर के फ़र्श तो देवदार की लकड़ी से बने हुए थे–सारी कोठी जल कर ख़ाक हो सकती थी। स्वाभाविक प्रतिक्रिया के फलस्वरूप पिताजी ने अधजले ढेर से कुछ नेगेटिव और हरबेरियम के नमूनों को निकालना चाहा, पर माँ ने उन्हें रोक दिया। वह जानती थी कैसे कई बरसों तक वह दुर्गम पहाड़ों और जंगलों में जाकर इनका संकलन किया करते थे–पर उसमें बचाने जैसा अब कुछ रहा ही नहीं था।

माँ और पिताजी दोनों सोच रहे थे कि घर का कुछ सोने–चाँदी जैसा सामान तो क़बायलियों ने लूटा होगा पर शेष भारी सामान–यहाँ तक कि गाय भी वह कैसे अपने साथ ले जा सकते हैं।

तभी सेना का एक नवयुवक कप्तान वहाँ आया। उसने बताया कि क़बायलियों को 7 नवम्बर 1947 में उरी के पार खदेड़ने के बाद भारतीय सेना ने कुछ स्थानीय लोगों से कुछ लूटा हुआ सामान बरामद किया था, जिसे एक स्थान पर एकत्रित किया गया था और वहीं जाकर माँ और पिताजी को भी अपने सामान की पहचान करनी पड़ेगी।

उसके साथ जीप में सवार होकर माँ और पिताजी उनके ऑफ़िसर्स मैस में गये जहाँ सारा सामान रखा गया था।

विनम्रतापूर्वक बड़ी सहानुभूति से नवयुवक ने माँ को कहा–

"मैडम, यह सामान हमने स्थानीय शरारती तत्त्वों से बरामद किया है, पर हमें सख़्त हिदायत है कि उनसे किसी भी प्रकार की सख़्ती न की जाये। आपसे पहले बहुत–से लोग एकत्रित सामान में से अच्छा–अच्छा सामान चुनकर ले गये हैं। आप इस बात पर ज़ोर न दें कि कौन–से विदेशी संग्रह का सामान आपका अपना था। आपकी कोठी देखकर मैं भली प्रकार समझ चुका हूँ कि आपका कितना नुक़सान हुआ होगा, इसलिए यहाँ जो कुछ भी बचा है उसमें से जो चाहे ले जायें।"

माँ ने अजनबी कप्तान की सहानुभूति के लिए उसे धन्यवाद करते हुए कहा–

"बेटा, जहाँ इतना कुछ चला गया, वहाँ घर की क्रॉकरी–कटलरी भी जाने दो... अपना ईमान तो नहीं ख़राब कर सकते न?"

अपना स्की सैट और टेनिस रैकेट एवं कुछ पुरानी किताबें और बाग़बानी की पत्रिकाएँ पिताजी ने साथ ले लीं। घर के पूजा वाले कमरे में माँ को जो फ़र्श पर गिरी हुई अपनी राधा–कृष्ण की मूर्तियाँ मिली थीं, उन्हें पूरी श्रद्धा से सँजोये हुए माँ–पिताजी ने वापस श्रीनगर का रुख़ करने से पूर्व अन्तिम बार अपने सपनों के महल, परन्तु अब वीरान हो चुके घर को एक बार देखा। नग्न हुए फलदार पेड़ों की भाँति घर भी उदास लग रहा था।

सुनने में आया था कि क़बायली हमले से पूर्व बारामुला की आबादी 14,000 थी और 10 नवम्बर 1947 को वहाँ केवल एक हज़ार ही लोग बचे थे। जीवित जला देने के ख़याल से स्थानीय सिनेमाहाल में 350 सिख एवं हिन्दू व्यक्तियों को उन्होंने क़ैद किया था पर वह बाल–बाल बच गये।

बारामुला पहुँचने से पूर्व माँ रास्ते में हाल ही में हुए नरसंहार का नमूना देख चुकी थीं–सड़ती लाशों के ढेर, ऊपर तक लाशों से भरे कुएँ और झेलम नदी में तैरती औरतों की लाशों का दृश्य देखने के बाद उन्हें अपना सब कुछ लुटने के बाद भी यह तसल्ली थी कि परिवार के सभी सदस्य सकुशल बच गये थे और समय रहते बारामुला कॉन्वेंट से ठाकुर साहिब भैया जी, मीमी व दीदी को सुरक्षित श्रीनगर ले आये थे।

मन–ही–मन उन्होंने अपनी गोद में रखे राधा–कृष्ण को धन्यवाद करते हुए नमन किया।

वापस श्रीनगर स्थित गगरीबल के छोटे–से घर में लौटने तक माँ और पिताजी भली प्रकार समझ चुके थे कि अब निकट भविष्य में उनका लौट कर बारामुला में रहना सम्भव न होगा। वहाँ से गुप्ता, त्रेहन, तेहमनी, पसरीचा, पेशावरिया और रैणा परिवार जो सभी हमारे अच्छे पुराने मित्र व पड़ोसी थे–पलायन कर चुके थे। साथ ही फ़रीदख़ान और सलारिया जैसे पंजाबी मुसलमान परिवार भी पाकिस्तान जा चुके थे। यूँ भी वहाँ अब चारों ओर फ़ौजी–ही–फ़ौजी दिखते थे और जन–जीवन सामान्य न था।

यह बात भी वह दोनों भली प्रकार समझ चुके थे कि बारामुला में सब सामान लुट चुकने के कारण उन्हें सूई–धागे से सोफ़े तक घर का सभी सामान पुनः एकत्रित करना पड़ेगा। हालाँकि पिताजी जम्मू–कश्मीर रियासत के मुट्ठीभर उच्चतम अफ़सरों वाला अच्छा पर्याप्त वेतन पाते थे, परन्तु बाज़ार में अभी सभी सामान उपलब्ध नहीं था। एक तो अभी तक कश्मीर में सभी सामान पाकिस्तान स्थित रावलपिण्डी, ऐबटाबाद और सियालकोट जैसी मण्डियों से आता था जो अब आना बन्द हो चुका था, दूसरे बँटवारे के बाद नये भारतवर्ष में संसाधनों की कमी के कारण अधिकतर सामान राशन पर मिलता था। ब्लैक मार्केट से चीनी, नमक, और कपड़ा जैसी जो वस्तुएँ उपलब्ध थीं–उन्हें खरीदना पिताजी के उसूलों के ख़िलाफ़ था।

हमारे श्रीनगर में रहने के समाचार ज्ञात होने के उपरान्त पिताजी के सहयोगी एवं मित्र तेजमान भाटिया की पत्नी अपने वजीरबाग़ स्थित घर से चार बिस्तर लेकर स्वयं पहुँचीं ताकि सामान कहीं लौटा न दिया जाये। शीतकाल का प्रारम्भ हो चुका था और हम लोग अब आराम से सोने लगे। पड़ोस में रहने वाले प्रिंसिपल ब्रज कृष्ण मदन की पत्नी कुछ हिचकिचाते हुए अपनी बेटियों के गर्म कपड़े यह कह कर कि "बढ़ते बच्चों के कपड़े शीघ्र छोटे हो जाते हैं और समझ नहीं आता उनका

क्या किया जाये—छोटे बहन—भाई हों तो काम आ जाते" हमारे लिए दे गयीं। उनमें हम तीनों छोटी बहनों को कोट और स्वेटर के साथ गर्म 'स्कर्ट्स' व 'स्लैक्स' भी मिल गये।

एक दिन जब गुल्ली ने पड़ोस में अपनी सहेली मुन्नी डच्चन के यहाँ पकौड़े खाते और उनका स्वाद लेते हुए यह बात उगल दी कि हमारे घर में बिना ब्लैक में मिलने वाले नमक के फीका खाना बनता है तो उसके साथ ही मिसेज़ डच्चन ने नौकर के हाथ पाकिस्तानी नमक की एक बड़ी सिल भेज दी। माँ शर्म से लाल हो गयी और बड़ी ही विनम्रता से उसे समझाया कि हमारे यहाँ पाकिस्तानी नमक प्रयोग में नहीं लाया जायेगा। बाद में अपने घर की बातें बाहर करने के लिए डाँट भी मिली।

ब्लैक में मिलने वाले भारतीय नमक और चीनी का भी हमारे परिवार ने बहिष्कार किया था। चीनी के बदले में तो गुड़ एवं शुद्ध शहद से काम चल ही जाता था, पर कुछ समय बाद नमक की कमी भी कम खलने लगी।

हम सबके कुछ मित्र आस—पास बन गये। दीदी एवं मीमी तो वूमेन डिफेन्स कोरप्स में शामिल हो गयीं जहाँ सेना के लोग उन्हें बन्दूक़ चलाने का प्रशिक्षण देते थे। वहाँ महमूदा जी, साजिदा, ज़ाड़ू बहनों, फूल साहनी एवं लखवाड़ा बहनों से उनकी अच्छी जान—पहचान हो गयी। अब सभी का मन श्रीनगर में लग गया पर माँ अभी भी बारामुला की याद में दुःखी रहती थी।

× × ×

बाहर भारी हिमपात हो रहा था और सारी वादी बर्फ़ की मोटी चादर से ढँक चुकी थी। नग्न पेड़ों पर भी बर्फ़ चिपकी हुई थी। बरामदे में खड़े होकर हम बाहर स्थानीय बच्चों को बर्फ़ इकट्ठा करके 'स्नोमैन' बनाते और एक—दूसरे पर बर्फ़ की गोलीबारी करते देख रहे थे। दूसरे दिन 19 जनवरी को मेरा पाँचवाँ जन्मदिन था और मुझे यह चिन्ता हो रही थी कि इन परिस्थितियों में मेरा जन्मदिन तो मनाया नहीं जायेगा पर क्या मुझे कुछ उपहार मिल जायेंगे।

प्रातः आँख खोलते ही मैंने देखा कि रातों–रात माँ और मीमी ने मेरे लिए रंगीन गर्म दस्ताने बुनकर तैयार किये हुए थे और दीदी ने मदन परिवार से मिली एक 'स्कर्ट' से मेरी एक 'नयी स्कर्ट' बना दी थी। मैं उन्हें देखकर प्रसन्न हो गयी और उन सबसे लिपटकर अपना आभार प्रकट किया।

सन् 1947–48 की सर्दियों में कश्मीर में अत्यधिक बर्फ़बारी हुई और प्रायः शाम को ही बिजली गुल हो जाती थी क्योंकि क़बायली हमले में मोहोरा पॉवर स्टेशन में काफ़ी क्षति हुई थी। ऐसे में सीमित संसाधन होने के कारण शाम को रसोई में प्रज्वलित लकड़ी के चूल्हे के निकट हम सब छोटी बहनें बैठ जातीं और एक कुर्सी पर भैया जी विराजमान हो जाते। कभी वह हमें 'पंचतन्त्र' या 'ईस्पस फेबलस' की कथाएँ सुनाते और कभी भैया सिंह 'अलिफ़–लैला' के क़िस्से या चुड़ैलों की कहानियाँ। हम भी बड़े लोगों की गम्भीर बातों से दूर प्रसन्न रहते।

30 जनवरी को अपने नियत समय से पूर्व ही पिताजी दफ़्तर से घर लौट आये–उन्होंने अपने 'ट्वीड' के कोट पर एक बाजू पर काले रंग की पट्टी लगा रखी थी। हमने सुना कि महात्मा गाँधी को किसी ने गोली मार कर उनकी हत्या कर दी थी। बड़े लोग आपस में गम्भीरतापूर्वक कुछ बातें कर रहे थे, जो हमारी समझ से बाहर थीं, इसलिए पुनः हमने रसोई का रुख़ किया।

दूसरे दिन प्रातः ही मीमी को सुबक–सुबककर रोते देखा–दीदी उसे सान्त्वना दे रही थी। माँ ने नाश्ते के बाद भैया सिंह को हिदायत दी कि वह हमें दोपहर को खाना दे दें क्योंकि सब बड़े लोग पड़ोस में मदन साहिब के यहाँ रेडियो पर 'कमेंट्री' सुनने जा रहे थे और लौटने में कितना समय लगे मालूम नहीं था।

बारामुला में अन्य सामान के साथ हमारा 'फिलिप्स' का रेडियो भी जा चुका था और अभी पिताजी घर की आवश्यक सामग्री जुटाने में लगे थे–इसी कारण घर में रेडियो न होने के कारण मदन आंटी ने माली के हाथ कहलवा दिया था कि सब उनके यहाँ आकर रेडियो पर ऑल इंडिया से 'आँखों देखा हाल' सुनने आ जायें।

सब लोगों के जाने के बाद भैया सिंह ने क्रोधित होकर कहा–सुना है किसी पागल कट्टरपन्थी ने बापू को सन्ध्या समय गोली मार दी थी और बापू हमें सदा के लिए छोड़ गये हैं।

भैया जी ने दार्शनिक ढंग से यूँ कहा–

"भई गाँधी जी की मृत्यु उसी के हाथों लिखी थी। बँटवारे के पागलपन ने लाखों निर्दोष लोगों की जान ले ली–शायद उसी का नतीजा हो।"

भैया जी पंजाब विश्वविद्यालय से स्नातक होने के बाद पोस्ट ऑफ़िस की अपनी सरकारी नौकरी से सेनानिवृत्त होकर संन्यास ले चुके थे। उनका दृष्टिकोण बाकी लोगों से अलग हुआ करता था। गत बारह–तेरह वर्ष से वह हमारे साथ ही कश्मीर में रह रहे थे और हम सबको सख़्त निर्देश थे कि उनकी बात को कभी काटना नहीं–इसलिए बात वहीं ख़त्म हो गयी।

मदन परिवार के घर से लौटकर दीदी तो मैलविल डिमैलो द्वारा की गयी कमेंट्री की तारीफ़ करते नहीं थकती थी। बिरला हाउस से राजघाट तक की बापू की अन्तिम यात्रा का सात घण्टे का, बिना किसी रुकावट के आँखों देखा हाल उन्होंने किस भावपूर्वक रूप से दिया। पिताजी ने उनकी किंग्स इंग्लिश (Kings English) से प्रभावित होकर सब बहनों से नया रेडियो आने के बाद सायंकाल में होने वाले मैलविल डिमैलो के अंग्रेज़ी समाचार ध्यानपूर्वक सुनने की हिदायत दी ताकि उन्हीं की तरह अंग्रेज़ी का ठीक उच्चारण सीख सकें।

कई वर्षों के बाद जब 1963 में मैलविल डिमैलो हमारे घर पिताजी से कश्मीर के फूलों के विषय में साक्षात्कार करने पधारे, तब तक मैं बड़ी हो चुकी थी–फिर भी उनकी हीरो वरशिप की मुझमें कोई कमी न थी।

× × ×

उस दिन बापू के निधन के बाद माँ ने भी घोषणा की–

"बापू के अहिंसा के उपदेश का अनुसरण करते हुए आज तुम्हारे पिताजी ने फ़ैसला किया है कि वह आज के बाद पूर्ण रूप से शाकाहारी

हो रहे हैं, इसलिए कल से रसोई के बाहर बनने वाला मांसाहारी खाना भी नहीं बनेगा—न मैं उसे ख़रीदने के लिए धन दूँगी और न ही पकाऊँगी।''

दीदी और गुल्ली जो दोनों रोगन जोश और कोफ्ते जैसे मांसाहारी भोजन की शौक़ीन थीं, इस घोषणा से असन्तुष्ट थीं पर हमारे घर ऐसी बातों में किसी की राय नहीं ली जाती थी—जो आदेश हो गया उसका पालन करना अनिवार्य था।

× × ×

मार्च के दूसरे पखवाड़े में कुछ देर वर्षा होने के बाद आकाश एकदम निर्मल हो गया और खिली—खिली धूप ने आते हुए बसन्त की घोषणा कर दी। बारिश के कारण कोनों में पड़ी हुई बर्फ़ वर्षा के कारण धूप से भी जल्दी पिघल गयी। पीली निष्प्राण घास भी बीच—बीच से हरी होने लगी। बेदमुश्क, फौरसीथिया, ऐनीमनी, कोल्चीकम इत्यादि फूलों पर कलियाँ दिखने लगीं—लगता था मानो इस बात पर इतरा रही हों कि लम्बे—ऊँचे सफ़ेदे और चिनार के विशाल पेड़ों से पूर्व ही बसन्त ऋतु उन पर अपनी कृपादृष्टि करने वाली है।

उसी रविवार को पिताजी ने अपना 'रोलीफ्लैक्स' कैमरा, स्टैंड और रिफ्लैक्टर निकाला और मुझे अपनी साइकिल के कैरियर पर बिठाकर वह अपने फ़ोटोग्राफ़ी के अभियान पर निकल पड़े। बुलेवर्ड रोड पर पहुँचते ही सामने हमें डल झील पर खड़ी दो तैरने वाली नावें दिखीं। कुछ दूर से एक शिकारा झील का सीना चीरते हुए घाट की ओर आ रहा था। इधर घाट पर कुछ 'हॉजी' एक समूह में बैठकर धूप का आनन्द ले रहे थे। उनमें से कुछ बाँट—बाँटकर हुक़्क़ा पी रहे थे। पिताजी ने गगरीबल चुंगी पर अपनी साइकिल खड़ी कर दी और मुझे अपने साथ लेकर शंकराचार्य पहाड़ी की चढ़ाई शुरू कर दी।

कुछ दूर चढ़ने के बाद जब पिताजी को महसूस हुआ कि मैं हाँफ रही हूँ, उन्होंने वहाँ पड़े एक बेंच पर अपना सामान रखकर पीछे की ओर मुड़कर उस ऊँचाई से डल झील और उस पर खड़ी

हाउसबोट एवं दूर दिखते हरिपर्वत की कुछ तस्वीरें खींचीं। नीचे बने हुए बड़े–बड़े मकान भी इस दूरी से खिलौना जैसे दिख रहे थे। इधर पिताजी 'ऐनीमनी' के एक छोटे पौधे की तस्वीर खींचने का प्रयत्न कर रहे थे उधर कभी सूर्य को बादल ढँक लेते और कभी हवा का ज़ोरदार झौका नन्हे फूलों को हिला देता। फूलों पर 'रिफ्लैक्टर' की रोशनी केन्द्रित करने के प्रयास में मेरी नन्ही बाँहें दुखने लगीं–पर पिताजी की एकाग्रता एवं उनके केन्द्रित ध्यान को देखकर मुझे भी धैर्य रखने की शक्ति मिली।

पिताजी ने अपनी जेब से घड़ी निकालकर देखी अपनी नोटबुक में कुछ लिखा और वहीं से वापस लौटने की घोषणा कर दी क्योंकि गुलाब महल में उनकी कुछ लोग प्रतीक्षा कर रहे थे।

बुलेवर्ड रोड से गेट नं. 1 से हम दोनों ने साइकिल पर ही गुलाब महल में प्रवेश किया। वहाँ सभी लोग पिताजी को पहचान कर झुक–झुक कर प्रणाम कर रहे थे। गुलाब महल के दरबार हाल में महल की चाँदी के बड़े भण्डार को राजमहल के विश्वसनीय डोगरा कर्मचारी सूची बना–बना कर बड़े–बड़े बक्सों में बन्द कर रहे थे क्योंकि यह सामान अब जम्मू भेजा जाना था। कुछ देर तक पिताजी सब सूचियों का ध्यानपूर्वक निरीक्षण करते रहे और मैं स्तब्ध हो वहाँ की शान–शौकत देखकर हैरान होती रही। बड़े–बड़े फ़ानूस, आलीशान कालीन, अमूल्य चित्रों का अम्बार था वहाँ। वापसी में घर लौटकर मेरे पाँव मानो ज़मीन पर ही न पड़ रहे थे–लग रहा था कि मैं ही ऐसी भाग्यशाली व्यक्ति हूँ जिसने डोगरा राजसी ठाठ की एक झलकी देखी हो। मीमी ने मुझे संसार नश्वर होने का एक छोटा–सा प्रवचन सुना दिया और मैं रोज़ की तरह रसोई में भैया सिंह की कहानी सुनने में मग्न हो गयी।

# बटमालू

अमीराकदल के व्यस्त बाज़ार से हरि सिंह हाई स्ट्रीट होते हुए एक रास्ता बारामुला को जाता है। मगरमल बाग़ और एग्ज़िबिशन ग्राउंड के पास शानदार चिनारों की घनी छाँव तले गुज़रती हुई इस सड़क के दायीं ओर आजकल जम्मू–कश्मीर हाई कोर्ट है। और बायीं ओर प्रदेश का सेक्रिटेरियट है जहाँ पहले महारानी ज़नाना पार्क स्थित था। आगे चलकर बायीं ओर बटमालू नाम की शान्त कॉलोनी में कुछ सम्पन्न परिवारों की बड़ी–बड़ी कोठियाँ थीं। पूर्व राज्यपाल चेतराम चोपड़ा, जस्टिस कपूर, ब्रिगेडियर खुदाबख़्श, कर्नल देवी सिंह अैर जंगलात के कंसर्वेटर हफीज़–उल्लाह जैसे जाने–पहचाने लोगों ने यहाँ बड़े–बड़े बग़ीचों के बीच बढ़िया–बढ़िया कोठियाँ बना रखी थीं।

पिताजी के मित्र ठाकुर हरनाम सिंह ने कर्नल देवी सिंह से जम्मू में बात कर ली थी और उन्हें अपनी कोठी हमें किराये पर देने के लिए राज़ी कर लिया था। पहले तो वह थोड़ा हिचकिचाये थे पर जब ठाकुर साहिब ने उन्हें इस बात की आशंका जतलायी कि कई ख़ाली घरों की तरह उनकी कोठी में भी ऊड़ी, बारामुला और मुज़फ्फ़राबाद वग़ैरह से विस्थापित लोग क़ब्ज़ा कर लेंगे तो उन्होंने तुरन्त घर हमें किराये पर देने की स्वीकृति दे दी। उन दिनों के हालात कुछ ऐसे थे कि अधिकतर डोगरा कुलीन परिवारों के लोग वादी से पलायन कर गये थे और जम्मू से अभी कश्मीर का रुख़ नहीं कर रहे थे। साथ ही पिताजी

ने कर्नल साहिब को विश्वास दिलाया था कि जब कभी वह स्वयं श्रीनगर आना चाहेंगे घर ख़ाली कर दिया जायेगा।

लकड़ी के बड़े से फाटक से होते हुए हमने जब बजरी वाले रास्ते पर आकर सामने देखा तो हरी–भरी लताओं के पीछे से झाँकती हुई हमें एक बड़ी–सी दो मंज़िला कोठी दिखाई दी। उसके ऊपर के शंक्वाकार बुर्ज पर लगा मौसम कॉक हवा का रुख़ दिखा रहा था। सामने लॉन में अंजीर और मैगनोलिया के दो–दो पेड़ और पीछे विभिन्न प्रकार के फलदार पौधे–यह सब देखते ही माँ का चेहरा एक अद्भुत रौनक से चमक उठा।

बारामुला की तरह यहाँ भी सेब, खुबानी, आलूबुखारे और चैरीज़ के पेड़ और पीछे सब्ज़ियाँ लगाने के लिए अलग टुकड़ा देखकर माँ को हमारी आवश्यकतानुसार घर ख़ूब पसन्द आया। उन्हें लगा कि कम–से–कम हमारे परिवार के साथ ही नौकर और माली के रहने के लिए भी काफ़ी जगह होगी।

घर के भीतर कुछ पलँग, अलमारियाँ, टेबल–कुर्सियाँ भी थे जिनकी हमें बहुत आवश्यकता थी क्योंकि हमारे परिवार का सारा सामान तो बारामुला के क़बायली हमले में लुट चुका था। बस माँ–पिताजी ने तुरन्त यहाँ बसने का मन बनाकर हसनवानी के भाई के छकड़े पर गगरीबल से सामान मँगवा लिया। यहाँ के पुराने सामान को भी शीघ्र झाड़–पोंछ और थोड़ा पॉलिश करवाकर मन के मुताबिक़ अलग–अलग कमरों में सजा लिया।

कुछ वर्ष पहले माँ ने बारामुला के बँगले से अपना फूल–पौधों का व्यापार प्रारम्भ किया था। स्थानीय, स्वदेशी एवं दुर्लभ अल्पाइन प्रजातियों के फूलों के बीज वह देश–विदेश भेजा करती थीं। बारामुला की कोठी अब मिलिट्री पुलिस के क़ब्ज़े में थी और वहाँ के कमांडेंट ने उन्हें वहाँ से अपने पौधों को लाने की एक ही साल के अन्दर–अन्दर आज्ञा दी थी। शीघ्र ही जो कुछ सामान वहाँ से मँगवा सकीं उसे दिहाड़ी पर मज़दूर लगाकर, बटमालू के बग़ीचे में लगवाया गया।

अगले ही मौसम में यहाँ विभिन्न प्रकार के ट्यूलिप, आइरिस, हैयसिंथ और लिलीज की रौनक लग गयी और बग़ीचा गुलो–गुलज़ार हो गया।

घर की पिछली ओर बटमालू मोहल्ला था और वहाँ से कभी–कभार ऊँचे–ऊँचे स्वर में गाली–गलौज की आवाज़ आती थी। माँ से छुपकर हम तीनों छोटी बहनें फलदार पेड़ों पर चढ़कर दीवार के बाहर का नज़ारा पूरी हैरानगी और मज़े से देखती थीं। अजीब बात यह थी कि गली के आर–पार दो घरों की खिड़कियों से वह लोग एक–दूसरे को गाली देते और घर के पुरुष अपने फिरन (चोगे) की बाज़ू को पीछे करते हुए कुश्ती करने के ँग से एक–दूसरे को धमकाते और घर की महिलाएँ उन्हें पीछे की ओर खींचतीं। मानो वह वास्तव में ही आपस में भिड़ जायेंगे। सूर्यास्त होते ही यह 'लड़ाई' ठण्डी पड़ जाती और युद्ध–विराम की तरह 'फोत' (एक प्रकार का टोकरा) को उल्टा कर दिया जाता और तत्पश्चात सब शान्त। माली बताते थे कि यह काफ़ी प्राचीन प्रथा है जो कश्मीर में चली आ रही है। दूसरे दिन यदि चाहें तो वही टोकरा फिर से सीधा करने के बाद लड़ाई पुनः प्रारम्भ हो सकती है। हमें यह सब बहुत ही अजीब लगता–और हम ख़ूब हँसते।

कुछ ही दिनों में माँ–पिताजी की निगरानी में उजड़ा–सा लगने वाला बग़ीचा फूल–पौधों से सँवर गया। जहाँ कहीं बग़ीचे की दीवार टूट चुकी थी, उसकी मरम्मत करवायी गयी और शीघ्र ही अपने घर में उगायी गयी कुछ–कुछ सब्ज़ी उपलब्ध होने लगी। फलदार पौधों में तो शगूफा देखकर लगता था–इस वर्ष फल काफ़ी लगेंगे पर फल तो मई–जून के बाद ही तैयार होने थे। बड़े लोगों से चोरी का दाँव लगते ही हम तीनों नमक लगाकर कच्चे खट्टे आलूबुखारे और खुबानियाँ खाते और साथ ही साथ बड़े लोगों से डाँट भी–'गला ख़राब होगा और फिर बुख़ार, तब तुम्हारी खाट घर से बाहर डाल दी जायेगी।'

या फिर पिताजी को चिन्ता होती कि कहीं किसी बच्चे को टायफाइड न हो जाये। इसलिए डॉक्टर मोहन सिंह सेठी के कम्पाउंडर को घर बुलाकर सबको इंजेक्शन लगवाया जाता।

हमारे घर के बड़े लोगों को अब तक इस बात का आभास हो चुका था कि अब वापस बारामुला जाकर रहना सम्भव न होगा। वहाँ की कोठी तो अब मिलिट्री ने ले ली थी और अब वह बारामुला भी क़बायली हमले के बाद पहले जैसा बारामुला नहीं रहा था। पेशावरिया परिवार अमृतसर, डॉक्टर गोपाल सिंह मथुरा, पसरीचा दिल्ली और रैणा साहब लखनऊ जा कर बस गये थे–बस जहाँ जिसका कुछ ठिकाना था, उसने वहीं का रुख़ किया। हम लोग तो लाहौर भी नहीं जा सकते थे।

पिताजी तो महाराजा हरि सिंह के जनरल मैनेजर होने के नाते यूँ भी श्रीनगर में ही तैनात थे। माँ को कभी–कभार लगता कि हमारा भी कहीं और पंजाब में ठिकाना होना चाहिए। पर पिताजी को कश्मीर से अत्यधिक लगाव था। वह मज़ाक़ में अक्सर कहते–

"यह सब लोग छोड़कर जो गये यदि इन्होंने वापस मुज़फ्फ़राबाद का रुख़ किया होता तो कश्मीर का शेष भाग भी हमारे पास होता–पाकिस्तान के पास नहीं।"

घर के ख़र्चे धीरे–धीरे ज़रूरी सामान जुटाने में बढ़ गये। सभी कुछ तो बारामुला में पाकिस्तानी हमले में हम खो चुके थे। पहले घर के बर्तन, बिस्तर, दो साइकिलें, कुछ कालीन व फ़र्नीचर सभी तो चाहिए था। इसलिए जबकि बारामुला का बग़ीचा देखने के लिए चार माली हुआ करते थे–यहाँ अब एक ही माली रखा गया। उसका नाम था तो फतेह मुहम्मद पर सभी उसे 'फत्ता' कहकर पुकारते थे। जब कभी बाग़ में अधिक काम होता, देहाड़ी पर कुछ कुली रख लिए जाते और वह मीमी की निगरानी में छह–सात घण्टे काम करते। हम छोटी बहनें भी क्यारियों में गुड़ाई, निराई और पानी देने के काम में हाथ बँटाया करती थीं। फत्ता कुएँ से पानी निकालता और हम आगे क्यारियों तक पहुँचाने में उसकी मदद करते। फल, फूल और सब्ज़ियाँ तोड़कर घर लाना मुझे विशेष रूप से पसन्द था।

दीदी माँ की मदद घर के काम–काज और हम छोटी बहनों की देख–देख करने में करती थी। मीमी ने अपनी बी.ए. की पढ़ाई घर ही से करनी शुरू कर दी। बारामुला कॉलेज तो अभी बन्द था और उनकी

पढ़ाई अधूरी रह गयी थी। इकनॉमिक्स (अर्थशास्त्र) की पढ़ाई में भैया जी उनकी काफ़ी मदद करते थे। ख़ाली समय में मीमी माँ के फूल–पौधों के व्यवसाय में मदद करती। उन्हें लिखने और तस्वीर खींचने का भी शौक़ था जिसके लिए वह प्रायः पिताजी से सुझाव लेतीं। उन दिनों 'कश्मीर' नाम से अंग्रेज़ी की एक पत्रिका निकलती थी जिसमें कई बार उनके लेख और तस्वीरें छपते। बदले में जब पैसे पातीं तो ख़ुशी के मारे कूदने लगतीं।

अप्रैल के महीने में दीदी एवं मीमी एक दिन पिन्नी और मुझे स्थानीय विश्वभारती स्कूल में ले गयीं और पिन्नी को चौथी कक्षा में और मुझे दूसरी कक्षा में दाख़िला मिल गया।

उसी दिन शाम को भैया जी मीमी, पिन्नी और मुझे साथ लेकर हबाकदल स्थित 'कपूर बुक हाउस' ले गये। वहाँ नयी क़िताबों के साथ ही अच्छी हालत में पुरानी पुस्तकें भी मिल जाती थीं जिनके लिए हमें आधे–से भी कम पैसे देने पड़े। जो कुछ एक पुस्तकें पुरानी नहीं मिलीं, उनकी एक–एक नयी प्रति दिलवायी गयीं। इन नयी और पुरानी सभी पुस्तकों और कॉपियों पर ख़ाकी रंग के काग़ज़ की जिल्द चढ़ा दी गयी। हमें एक–एक स्लेट और खड़िया चॉक भी मिले। कई स्कूलों में उन दिनों बच्चों को तख़्ती भी ले जानी पड़ती थी पर हमारे स्कूल में ऐसा रिवाज़ नहीं था। फिर भी हमारे हिन्दी के लेखन को सुन्दर और सुचारु बनाने के लिए तख्तियाँ दिलवायी गयीं जिन पर गाचनी मिट्टी से पुताई करने के बाद काली स्याही से क़लम से लिखवाया जाता ताकि हमारा लेखन सुन्दर हो।

स्कूल में पेंसिल से लिखने का रिवाज़ नहीं था और होल्डर में हिन्दी व अन्य विषयों के लिए 'आई निब' का प्रयोग होता और अंग्रेज़ी का लेख सुधारने के लिए 'जी निब' इस्तेमाल होती। एक आने में स्याही की चार टिकिया मिलतीं जिन्हें पीसकर पानी में मिलाकर स्याही बनती। इस स्याही को हम एक ऐसी दवात में रखते जो लुढ़कने पर भी स्याही को गिरने नहीं देती थी। केवल घर के बड़े लोग ही फाउंटेन पेन का प्रयोग करते। उसमें 'स्वॉन' 'पारकर' नाम की स्याही का प्रयोग होता।

हम तरसाई नज़रों से इन्हें देखते और सोचते बड़े होकर हम कौन–सा महँगा पेन ले सकेंगे।

हमारा नया स्कूल घर से प्रायः दो मील दूर था और पिन्नी और मैं भी बाकी बच्चों की भाँति पैदल ही हर सुबह हरि सिंह हाई स्ट्रीट से प्रेम जी की गली से होते हुए हजूरी बाग़ पहुँचते। उसके बाद बायें लाल मण्डी की ओर ही हमारा स्कूल था। आजकल वहाँ पर जवाहर नगर बसा हुआ है। सायंकाल भी इसी मार्ग से वापसी होती। उन दिनों बच्चों को अकेले आने–जाने में कोई ख़तरा नहीं था।

स्कूल के लिए निकलने से पहले हम दोनों बहनें भैया जी को प्रणाम करने जातीं। वह हम दोनों के हाथ में एक–एक चौकोर दवन्नी का सिक्का पकड़ा देते। हम घर से तो सुबह नाश्ता लेकर स्कूल जाते थे, पर उन दिनों इस दवन्नी की बहुत क़ीमत होती थी। स्कूल की आधी छुट्टी के समय वहाँ 'बंगाली' नामक एक विक्रेता आता जिससे हम अनारदाने का चूर्ण, आमपापड़, इमली की खट्टी–मीठी चटनी और सन्तरे की फाँक जैसी गोलियाँ लेकर ख़ूब चटकारे लेकर खाते।

एक वहँगीवाला 'भड़भूंजा' ख़स्ता रेवड़ी, भुने चने, ख़स्ता मूँगफली और रामदाने और मक्का के गुड़ वाले मीठे लड्डू भी लाता था। सब इन्हें भी चाव से खाते।

हमारे परिवार के लिए श्रीनगर काफ़ी कुछ नया था। बारामुला की अपेक्षा यहाँ अधिक रौनक व गहमा–गहमी थी और साथ ही बड़े–बड़े बाज़ार। झेलम नदी के दोनों ओर बसे इस नगर के ऊपर लकड़ी से बने सात पुल दोनों हिस्सों को जोड़ते थे। अमीराकदल हमारे क़रीब होने के कारण, इसी पुल को पार कर हम रेजिडेंसी रोड, लम्बर्ट लैन और बंड पर जाते थे। उन दिनों झेलम के किनारे के इस बंड पर ही बड़ी–बड़ी दुकानें होती थीं और वहाँ लोग केवल पैदल ही जा सकते थे। कुछ–कुछ अन्तराल पर पत्थर की सीढ़ियों से लोग रेजिडेंसी रोड से ऊपर–नीचे यहाँ जाते थे। यहीं पर आहदूस रेस्टोरेंट था जहाँ अक्सर लोग चाय–कॉफ़ी और केक–पेस्ट्री के साथ यहाँ के विख्यात क़बाब का भी आनन्द लेते थे। सामने चिनार की छाँव में एक सफ़ेद हाउस–बोट

में श्रीनगर का इकलौता 'ब्यूटीपार्लर' था जिसे उसकी अंग्रेज़ मालिकन मिस लॉज चलाती थीं।

बंड पर श्रीनगर की जानी–पहचानी दुकानें महाटा फ़ोटोग्राफ़र्स एवं दत्ता एंड संस फ़ोटोग्राफ़र्स; वैस्टर्न स्टोर एवं एस.एन. चन्ना एंड संस की दुकानें और कश्मीरी कालीन, पेपरमेशी और अख़रोट की लकड़ी के सामान की प्रख्यात दुकानें शाह संस, एशिया क्राफ्ट्स और सफरिंग मोसिस भी थीं।

लॉडस बैंक एवं इम्पीरियल बैंक की शाखाओं के एक–एक प्रवेश और बाहर जाने के रास्ते बंड और रेजिडेंसी रोड से थे। नीचे जम्मू–कश्मीर बैंक का मुख्यालय था। उसके निकट ही थीं एक सिख परिवार की दो दुकानें–हिन्द बुक शॉप एवं कश्मीर बुक शॉप। पास ही एक छोटी–सी दुकान एक वृद्ध दम्पति की थी जिसका नाम 'द्रौपदी बुक शॉप' था। बड़ी बहनें प्रायः यहीं से विदेशी मैगज़ीन ख़रीदती थीं। उनसे इस वृद्ध जोड़ी का स्नेह काफ़ी था।

लाहौर के बल परिवार के दो सिनेमा रीगल और अम्बरीश भी यहीं थे। रीगल में शाम को हॉलीवुड फ़िल्मों का ही शो होता। एक सबसे पुराना सिनेमा था–लाल चौक स्थित 'पैलेडियम' जिसे भाई अनन्त सिंह गौरी ने सन् 1932 में स्थापित किया था। विदेशी पर्यटकों के लिए स्वतन्त्रता–पूर्व यहाँ विदेशी फ़िल्में दिल्ली से भी पहले रिलीज़ हो जाया करती थीं।

लाल चौक के पास ही रेजिडैंसी रोड पर श्रीनगर के जाने–माने डॉक्टर जसवन्त सिंह सेठी, मोहन सिंह सेठी, डॉ. अत्री एवं कप्तान अली मुहम्मद के क्लीनिक भी थे। और यहीं था अमीराकदल का प्रमुख बाज़ार। कश्मीरी रेशम, शॉलें, टोकरियों, पेपर मैशी, फल, ड्राई–फ्रूट सभी की दुकानें यहाँ अच्छा व्यापार कर रही थीं।

घर से बाहर निकलने से पूर्व माँ का आदेश होता था कि अँधेरा होने से पहले हमें घर पहुँचना है। साथ ही सड़क पर पूरी संजीदगी से चलना है।

उन दिनों श्रीनगर में स्थानीय लड़कियाँ साइकिल नहीं चलाती थीं–केवल मिशन स्कूल की मिस मैलन्सन ही अपनी साइकिल में इधर से उधर जाती दिखती थीं। परन्तु दीदी एवं मीमी तो बारामुला में भी साइकिल चलाती थीं–उन्हें देखकर विद्या मदन, फूल साहनी और लखवाड़ा बहनें भी साइकिल चलाने लगीं।

एग्ज़ीबिशन ग्राउंड के पीछे की ओर एक बड़ा मैदान था जहाँ से पैदल बीच के रास्ते से मगरमल्ल बाग़ अति शीघ्र पहुँचा जा सकता था। वहाँ अधिकांश हिन्दू एवं मुसलमान पंजाबी परिवार रहते थे जैसे सूरी, सेठी, मल्होत्रा, बरोका, महताब सिंह, निचिन्त सिंह, लोधी, शेख अमीन और दुर्रानी परिवार। माँ और पिताजी इनमें से अधिकांश लोगों को जानते थे इसलिए शीघ्र ही उनके बच्चों से हम लोगों की भी अपनी–अपनी उम्र के हिसाब से दोस्ती हो गयी।

छुट्टी वाले दिन हम अपने बग़ीचे का भरपूर आनन्द उठाते और गर्मी के दिनों में मैगनोलिया के ख़ुशबूदार पेड़ के नीचे 'गब्बा' बिछाकर ज़मीन पर बैठ दोपहर का खाना और शाम की चाय लेते। ऐसा महसूस होता जैसे कहीं पिकनिक के लिए निकले हों।

# जम्मू

समय बीतता गया और शीघ्र ही सर्दी का मौसम आ गया। जम्मू–कश्मीर रियासत की दो राजधानियाँ हैं–एक गर्मियों के लिए और दूसरी सर्दी के मौसम के लिए। हमेशा की तरह आज भी गर्मी के छह महीने सारे सरकारी अफ़सर श्रीनगर से और सर्दी के छह महीने जम्मू से ही दफ़्तरों में काम करते हैं। इसे 'दरबार मूव' के नाम से जाना जाता है। ऐसे में हमारे परिवार ने भी नवम्बर का महीना आते ही अन्य लोगों की भाँति जम्मू का रुख़ किया।

प्रातः 5.30 पर ही एन.डी. राधाकृष्ण एंड संस की लाल मेल बस बटमालू हमारे घर पहुँच गयी। पिताजी की आज्ञानुसार समस्त परिवार के सदस्य प्रातः 4 बजे उठकर बस के आने के पहले तैयार थे। मुँह अँधेरे ही बस के क्लीनर ने छत पर सामान सलीके से सँवारकर ऊपर से कस कर तिरपाल बाँध दी ताकि कहीं बारिश हो तो सामान गीला न हो। परिवार के सभी सदस्य गर्म कपड़ों की कई तहों में लिपटे बस में सवार हुए। सामने ड्राइवर के साथ वाली सीट पर भैया जी और उनके पीछे माँ, पिताजी और दीदी। बाकी सभी पीछे अपनी इच्छानुसार बैठ गये क्योंकि उस बस में बस हमारा ही परिवार था और साथ था मैया मुंशी–हमारा घरेलू नौकर। उन दिनों मेल बस में पीछे का आधा हिस्सा पोस्टल पार्सल वैन का काम करता था। पहाड़ी रास्ता बन्द होकर खुलने पर इन्हीं को पहले आगे जाने दिया जाता था।

बस चलने लगी तो माँ ने आँखें मूँद, हाथ जोड़कर मन–की–मन भगवान का स्मरण किया। यह उनकी पुरानी आदत थी।

कम्बल की गर्मी में ऊँघते–ऊँघते कब पाम्पोर होते हुए हम खन्नाबल पहुँच गये पता ही नहीं लगा। खन्नाबल से दायें मोड़ लेते हुए बस कुछ ऐसी झूली कि मेरी नींद खुल गयी। तब तक पेट में चूहे कूदने लगे और मैंने कुछ खाने के लिए माँगा तो गुल्ली ने कहा, ''अरे अभी तो काज़ीकुण्ड में सरदार के ढाबे के पराँठे खाने हैं।''

दिन अभी कुछ चढ़ा ही था जब हम काज़ीकुण्ड पहुँचे, पर सरदार जी का ढाबा तो ट्रक ड्राइवरों से भरा था। गरमागरम असली घी के पराँठे की महक दूर–दूर तक आ रही थी। हमारी भूख इस ख़ुशबू से और भी तेज़ हो गयी। आलू, मूली, गोभी और अण्डे के पराँठे और साथ में गरमागरम चाय। सबने भरपेट नाश्ता किया और बस अब चढ़ाई चढ़ने लगी। सड़क का यह घुमावदार सफ़र कभी चढ़ाई और कभी उतराई से होते 200 मील बाद जम्मू पहुँचाता है। कुछ देर बाद पीर पंजाल की नंगी पहाड़ी ऊँचाई से नीचे देखने पर यूँ लगता था जैसे हम धरती को पीछे छोड़ आये। अब सड़क के दोनों ओर बर्फ़ की चादर दिखाई दी और पुरानी बनिहाल पास की टनल तक पहुँची। 1956 में नयी जवाहर टनल बनने के बाद यह ऊँचा रास्ता बन्द है। हमारे दोनों ओर चार–पाँच फ़ीट की बर्फ़ की दीवारें थीं। बीच में एक–दो मोड़ ऐसे थे जहाँ सड़क पर एक छत–सी बनी थी। पता चला कि बर्फ़ानी ठण्डी हवा में बर्फ़ानी तूफ़ान से बचाने के लिए इन्हें बनाया गया है। अँधेरी टनल को पार करते ही लगा हम किसी दूसरे संसार में पहुँच गये हों। सुनहरी धूप खिल रही थी और आसमान नीला।

कई बार चढ़ाई–उतराई से होते हुए बस बनिहाल, रामबन, बटोत, कुद्ध और ऊधमपुर से गुज़रती रात को रामनगर माण्डा के पाँच नम्बर बँगले में पहुँची। रास्ते में खाना खाने के लिए भी रुके पर माँ की आदत थी कि बच्चों के खाने–पीने के लिए सामान बेंत की टिफिन बास्केट में साथ रखती थीं।

जम्मू में महाराजा हरि सिंह जी के आदेशानुसार उनके महलों के पास ही आठ–दस घर उनके नज़दीकी अफ़सरों के लिए बनवाये गये थे। यह सिंगल स्टोरी घर आधुनिक सैनिट्री फिटिंग्स और सुन्दर कालीन, सोफ़ा, टेबल एवं आदमक़द शीशों वाली अलमारियों से लैस थे। इन्हीं में पाँच नम्बर की कोठी हमारे रहने के लिए तैयार थी।

जम्मू का प्राचीन शहर पहाड़ी चोटी की ढलान पर बसा हुआ है जो कि दक्षिण–पूर्व में बहती तवी नदी की ओर झुकता है। संकीर्ण गलियों में नज़दीक–नज़दीक घर बने हुए थे और गली के दोनों ओर नीचे की मंज़िल में विभिन्न प्रकार की दुकानें। घरों की छत पर लोगों को घूमते, बातें करते और सोते देखकर हमें ख़ूब आश्चर्य हुआ क्योंकि कश्मीर वादी के घरों की ढलान वाली छत पर तो यह सम्भव नहीं। गली के हर मोड़ पर नये–नये बाज़ार थे–जैसे पक्का डण्गा, कच्ची छावनी, मलहोत्रियाँ दी गली, जैन बाज़ार, पंच तीर्थी और भावडियाँ दा बाज़ार इत्यादि। कच्ची छावनी से लेकर माण्डा तक कोई बस्ती नहीं थी। छोटा–सा पुल पार करते ही सामने सेंट्रल जेल थी और वहीं एक बूढ़े बरगद के पेड़ के नीचे एक मोची अपनी दुकान सजाये रहता था। कभी–कभार उसके पास ही मलाईदार कुल्फ़ी बेचने वाला भी बरगद के पत्तों में आने–जाने वालों को छुरी से बड़े सलीके से काट कर एक या दो आने की मलाई–बर्फ़ देता।

सीधा रास्ता अम्बफलाँ को चला जाता है और दायीं ओर तारबन्दी के अन्दर एक विशाल इलाक़ा ख़ाली पड़ा था–जो महाराजा साहब की निजी सम्पत्ति का हिस्सा थी। इसी के साथ–साथ राजमार्ग पर कश्मीर के लिए ट्रक, बसें और कारें जाती थीं। प्रायः सुबह–शाम ही यहाँ पर हलचल होती थी अन्यथा सारा रास्ता एकदम शान्त और अकेला रहता पर क्या मजाल किसी की कि किसी प्रकार की कोई छेड़खानी करे। वहाँ बसे कर्ण नगर को देखकर अब लगता ही नहीं कि कभी यहाँ इतना एकाकीपन था।

जम्मू शहर की संकीर्ण गलियों में प्रायः कोई वाहन नहीं चलते थे और लोग पैदल ही एक स्थान से दूसरे स्थान पर उतराई–चढ़ाई की परवाह

किये बिना ही फुर्ती से निकल जाते। बीच–बीच में किसी जान–पहचान वाले व्यक्ति से भी राम–सलाम हो जाती। किन्तु बाहर वाले क्षेत्र जैसे एक्सचेंज रोड, रिहाडी, कैनाल रोड और अम्बफलाँ इत्यादि में अपेक्षाकृत चौड़ी सड़कें होने के कारण गाड़ियों का आना–जाना होता था।

अधिकतर डोगरा लोग राजपूत जाति से थे और कुछ ब्राह्मण एवं व्यावसायिक क्षेत्रों से। गोरा रंग, सुडौल शरीर और तीखे नैन–नक्श पुरुष, स्त्रियाँ एवं बच्चे सभी देखने में सुन्दर और साथ ही कश्मीर के लोगों से अधिक साफ़–सुथरे थे। औरतें आमतौर पर शोख रंग के धारीदार या प्लेन चूड़ीदार (सुत्थण) पहनतीं और ऊपर से खुला कुर्ता। आमतौर पर सुन्दर रंगीले दुपट्टों से सिर ढँककर रहतीं। कुछ एक तो घूँघट भी निकालती थीं। छोटी लड़कियाँ भी फ्रॉक के बदले चूड़ीदार या सलवार क़मीज़ में ही दिखाई देती थीं। सुबह दाँत साफ़ करने के लिए प्रायः अख़रोट की छाल (दन्दासा) इस्तेमाल करने के कारण औरतों के होंठ भी लाल रहते। मर्द अक्सर नीम या 'फलाई' की दाँतुन प्रयोग करते।

यहाँ के लोग नाचने–गाने के भी शौक़ीन थे। किसी भी शुभ अवसर जैसे मुण्डन, सगाई, शादी या बेटे के जन्म दिन पर ढोलकी की थाप पर महिलाओं के सुरीले गाने सुनाई देते। नवरात्रि के नौ दिन सन्ध्या समय माँ वैष्णों के भजन (भेटां) गाये जाते। होली और बैसाखी पर डोगरा पुरुष भी ढोल, बाँसुरी और संगीत से वातावरण में रौनक लाते–साथ ही भाँगड़ा नाच नाचते। अच्छे घरानों के बड़े–बुज़ुर्ग उन दिनों पगड़ी पहनते थे। युवक काली किश्ती टोपी (महाराजा कैप) पहनते या नंगे सिर रहते।

हमारे पड़ोस में महाराजा हरि सिंह के प्राइवेट सेक्रेटरी और ए.डी. सी. इत्यादि रहते थे। वह सभी डोगरा राजपूत थे–जमवाल, सम्याल, कोतवाल और वज़ीर। वह सभी डोगरी भाषा में ही अत्यधिक बातचीत करते थे। किन्तु डोगरी पंजाबी भाषा से काफ़ी मिलती–जुलती है इसलिए हमें कोई मुश्किल नहीं हुई और शीघ्र ही उन परिवारों के बच्चों से हमारी अच्छी दोस्ती हो गयी। कर्नल कँवलसिंह, मेजर महेल सिंह,

कैप्टन दिवान सिंह और लेफ़्टिनेंट नौरंग सिंह–सभी के परिवारों में हम सबका आना–जाना हो गया और माँ की भी उनकी पत्नियों से अच्छी दोस्ती हो गयी। उनके रीति–रिवाज़ों को भी हम समझने लगे।

उस समय की एक आश्चर्यजनक रीति मुझे आज भी याद है। एक आंटी के गले में स्वर्णाभूषणों के साथ काले धागे में लोहे की एक आकृति हम सबको अजीब लगती थी। ज्ञात हुआ कि उसे 'सौकण' कहते हैं। उन दिनों जब जच्चा–बच्चा की अक्सर मौत हो जाया करती थी, ऐसे में जब पुरुष की दूसरी शादी होती तो नव–वधू को यह पहना दिया जाता था ताकि पहली बीवी का भूत–प्रेत उसे न सताये। माँ का सख़्त आदेश था कि कोई भी रिवाज़ हमें कितना भी अजीब क्यों न लगे, हमें उस पर हँसना नहीं चाहिए और न ही कोई टिप्पणी करनी चाहिए।

ऐसे वातावरण में हमारे पड़ोस के चार नम्बर में एक ही पण्डित परिवार था–पण्डित परमानन्द जी का परिवार। वह महाराजा साहब के राज्य के तत्कालीन एकाउंटेंट जनरल थे। उनके नाती–नातिन मोती लाल और बिमला (जिसे प्यार से सब बिल्ली कहकर पुकारते थे) प्रायः हमारी ही उम्र के थे जिनसे हमारी शीघ्र ही दोस्ती हो गयी। उनके घर बहुत ही स्वादिष्ट मांसाहारी खाना बनता था, जो गुल्ली को बहुत पसन्द था।

माण्डा के इन घरों में टेलीफ़ोन की भी सुविधा थी। उन दिनों जन–साधारण को यह सुविधा प्राप्त न होने के कारण उसे भी विलासिता का ही अंग माना जाता था। बड़ी बहनों की बहुत–सी सहेलियों के घर ऐसी शान–शौकत के साधन न होने के कारण वह उनसे रश्क करती थीं। सीधे रिसीवर उठाने से फ़ोन पर बातचीत नहीं हो सकती थी। पहले ऑपरेटर आपसे पूछती किस नम्बर पर बात करनी है, फिर उससे कनेक्ट करने के बाद ही बातचीत हो पाती थी। जिन थोड़ी–सी सहेलियों के घर फ़ोन थे, उनसे प्रायः दीदी और मीमी जब कभी लम्बी गप्पें हाँकतीं, तभी माँ से उन्हें मीठी झिड़की भी मिलती।

इन आलीशान घरों में बस एक ही कमी थी। यहाँ मिट्टी बहुत रेतीली होने के कारण बग़ीचे अच्छे नहीं बनते थे। उस मिट्टी में पहाड़ी नदियों के छोटे–बड़े पत्थर भी काफ़ी थे। इसलिए घरों के प्रांगणों को ईंटों की चिनाई करके पक्का कर दिया गया था। मीमी को एक तरकीब सूझी और पिताजी से कहकर नहर से अच्छी मिट्टी मँगवाकर आस–पास कुछ ईंटें लगाकर अच्छी क्यारियाँ बना लीं और उनमें कुछ फूल लगा दिये। कुछ ही पखवाड़ों में वह खिलने लगे जो सबका आकर्षण बिन्दु बन गये। उनकी सब घरों में तारीफ़ होने लगी।

दीदी को विरासत में माँ का गोरा रंग और बड़ी–बड़ी भूरी आँखें मिली थीं। उस पर शृंगार और पहनावे के नये से नये फ़ैशन देखकर वह अपने रूप–रंग को और भी अधिक सँवार लेती जिसके कारण जम्मू की ख़ूबसूरत लड़कियों में गिनी जाने लगीं। नये–नये फ़ैशन की सलवार–क़मीज़ें वह स्वयं घर पर ही सिल लेती थीं और अपने बाल, हाथों, नाख़ूनों और चेहरे का पूरा ध्यान रखतीं। अधिकतर डोगरा युवतियाँ देखने में अति सुन्दर एवं सुडौल होती हैं, पर दीदी किसी से पीछे क्यों रहने वाली थीं। उन दिनों जम्मू में कोई ब्यूटी पार्लर नहीं था, इसलिए अपनी डोगरा सहेलियों से ही अपनी भौंहें बनवा लेती थीं। बाल तो वह स्टील के 'वेवर्स' से स्वयं घुँघराले कर ही लेती थीं।

सिलाई–बुनाई में महारत होने के कारण वह हम तीनों छोटी बहनों के लिए स्वेटर बुनतीं और नये–नये स्टाइल की फ्रॉक भी सिल कर देतीं। एक शाम उन्होंने मेरे लिए एक सुन्दर सफ़ेद और लाल रंग के प्रिंट की झालरदार फ्रॉक सिलकर उसे प्रैस करके 'हैंगर' में टाँग दिया और बताया कि दूसरे दिन उसे पहनकर मुझे माँ और मीमी के साथ 'अमर महल' में युवराज कर्ण सिंह के जन्मदिन के उपलक्ष्य में होने वाली 'धाम' (पार्टी) में जाना है। लाल रंग के जूते और सफ़ेद जुराबें भी एक ओर साफ़ करके रख दिये गये थे और वह मुझे समझाने लगीं कि महल में जाकर किस प्रकार सभी से तमीज़ से पेश आना है।

9 मार्च 1949 को प्रातः नाश्ते के बाद पुनः मुझे महल में जाने के सम्बन्ध में काम आने वाले शिष्टाचार और सलीके के बारे में कुछ नियम याद दिलाते हुए नयी फ्रॉक पहनाकर दो चोटियों में लाल रिबन से मेरे बाल सँवार दिये।

माँ अत्यधिक समय हल्के रंगों के सलवार–क़मीज़ के साथ सफ़ेद दुपट्टा ओढ़ लिया करती थी, परन्तु यह जानते हुए कि महारानी तारा देवी को सुहागनों को फ़ीके रंग के कपड़े पहने देखना पसन्द नहीं, उस दिन उन्होंने एक सुन्दर सलेटी रंग की साड़ी पर बने फूलों वाली साड़ी पहनी। सिन्दूर से माथे पर गोल बिन्दी भी लगा ली। उन्हें देख सभी परिवार के सदस्यों को ख़ूब अच्छा लगा। उन दिनों जम्मू में गिनी–चुनी ही महिलाएँ साड़ी पहनती थीं। क्योंकि अधिकतर सुहागिनें ऐसे शुभ अवसर पर नथ भी पहनती थीं, माँ ने एक डिब्बी में सोने की अपनी नथ भी रख ली थी, जो महल में प्रवेश करते ही उन्होंने पहन ली। इस रूप में मैंने माँ को कभी नहीं देखा था। अभी भी शर्म से उनका चेहरा लाल हो रहा था। माता लक्ष्मी की छवि की तरह उनका चेहरा दमक रहा था। मीमी और मैं उन्हें बस देखते ही रह गये। कई बार फिर भी उन्होंने मीमी से पूछा–

"बुरा तो नहीं लग रहा यह सब?"

युवराज कर्ण सिंह के 18वें जन्मदिन के जश्न में होने वाले इस भोज के लिए निमन्त्रण तो हमारे समस्त परिवार के लिए था, किन्तु माँ को सभी बेटियों को एक साथ लेकर निकलने में संकोच होता था। मर्दों के लिए इस उत्सव की व्यवस्था हरि महल स्थित दरबार हाल में थी। वहीं जाते हुए रास्ते में पिताजी ने हम तीनों को अमर महल छोड़ दिया।

अमर महल तवी नदी के दाहिने किनारे पर बना एक सुन्दर एवं भव्य महल है। लाल पत्थर और ईंट से बना यह ढलान वाली छत वाला महल सभी साथ के महलों से अलग और सुन्दर लगता है। ऐसा प्रतीत हुआ मानो मेरी परियों की कहानियों की पुस्तक 'द गिरिमिस फेयरी टेल्स' से साक्षात् बाहर आ गया हो। मीमी ने मेरा उत्साह

देखकर बताया कि इसे महाराजा हरि सिंह के पिता राजा अमर सिंह ने किसी फ्रांसीसी वास्तुकार द्वारा उन्नीसवीं सदी के अन्त में बनवाया था एवं यह महारानी का महल है। निकट ही हरि महल में महाराजा साहब रहते थे और वहीं था—दरबार हाल। पर इसके सामने वह इतना सुन्दर मुझे नहीं लगा।

अमर महल के द्वार से हमें भीतर ए.डी.सी. ले गये। भीतर लाल कालीनों से सुसज्जित घुमावदार सीढ़ियों से ऊपर पहुँचे हम एक बड़े हाल में। कुलीन परिवारों की डोगरा महिलाएँ वहाँ सुन्दर और शोख रंग की सुत्थणों के साथ भारी गोटे या तिल्लेदार कढ़ाई वाले कुरते एवं दुपट्टे पहने हुए थीं। सभी के सिर दुपट्टों से ढँके देखकर माँ ने भी अपना सिर साड़ी के पल्लू से ढँक लिया और मीमी को आँख से सिर ढँकने का संकेत किया। सभी औरतों ने अपनी—अपनी उम्र के अनुसार भारी ज़ेवर पहन रखे थे, जिनमें नथ और माथे का टीका भी शामिल था। कुछ एक ने तो बुलाक भी पहन रखी थी।

प्रायः सभी महिलाएँ वहाँ एक—दूसरे को जानती थीं और प्रसन्न मन से एक—दूसरे का अभिनन्दन कर रही थीं। उस बड़े हाल में कुछ और अन्दर की ओर युवराज कर्ण सिंह की माता महारानी तारा देवी बड़े से मखमली सोफ़े पर आसीन थीं। राजघरानों में सर्वोत्तम सुन्दर महारानियों में से एक थीं—उनके अद्भुत सौन्दर्य के कारण ही महाराजा हरि सिंह उन्हें काँगड़ा से ब्याह कर लाये थे। बड़े—बड़े कमलनयन, सुन्दर चेहरा, गोरे—गुलाबी गाल और गुलाब की पंखुड़ियों से लाल होंठ देखते ही बनते थे।

शाही अन्दाज़ होने के बावजूद महारानी के चेहरे पर एक प्रकार का माधुर्य झलक रहा था। उन्होंने धारीदार रेशमी सुत्थण और मख़मल का खुला कुरता पहन रखा था—जिस पर सुनहरी भारी कढ़ाई थी। ऊपर से भारी काम वाले दुपट्टे से सिर आधा ढँका हुआ था, जिसके रंग से उनका चेहरा ख़ूब खिल रहा था। ज़ेवरात में उनके माथे पर कुन्दन का टीका और गाल पर नथ सुशोभित थी और भारी हीरे—जवाहरात से जड़ा हुआ हार पहन रखा था।

साथ ही कुर्सी पर वज़ीर जानकी नाथ (जो जम्मू–कश्मीर के चीफ़ जस्टिस थे) की पत्नी विराजमान थीं और आने वाली औरतों का परिचय उनसे करवा रही थीं। महारानी बड़ी प्रसन्नचित्त हो इस सुअवसर की बधाई लेकर उन सभी का हाल–चाल पूछ रही थीं।

माँ ही एकमात्र ऐसी नारी थी जिसने साड़ी पहन रखी थी। उन दिनों कश्मीरी पण्डित महिलाएँ अधिकतर साड़ी पहनती थीं। माँ का गोरा–गुलाबी रंग देखकर महारानी को लगा कि शायद वह भी कश्मीरी होंगी। इसलिए जब वज़ीर आंटी ने उन्हें श्रीमती कोहली कहकर महारानी के समक्ष पेश किया तो हँसते हुए पूछने लगीं–

"श्रीमती कोहली या फिर श्रीमती कौल?"

फिर उन्होंने बच्चों के बारे में पूछा कि कितने बेटे और कितनी बेटियाँ हैं। छह बेटियाँ होने की बात सुनकर हँसते हुए कह उठीं–

"बल्ले बल्ले! कोहली साहब के बाल तभी छह–छह बेटियों की शादी की फ़िक्र में ग़ायब हो रहे हैं।"

इस वार्तालाप में मुझे एक अनोखी बात का अहसास हुआ–जब महारानी बेटियों की संख्या के बारे में पूछ रही थीं वह सामान्य प्रश्न कर रही थीं पर बेटों के बारे में पूछने से पहले अपने होंठ के एक किनारे को दाँत तले दबा कर पूछा, "ते सुख नाल काकू कितने हैं?"

पूछने पर मेरी सहेली बुलबुल वज़ीर ने बताया कि बेटों को बुरी नज़र से बचाने के लिए कभी उनकी संख्या खुले मुँह से न पूछी न कही जाती है। मुझे यह कुछ अजीब–सा लगा। तभी उसने बताया कि वर्ष 1931 में महाराजा हरि सिंह के बेटियों की हत्या पर रोक लगाने से पूर्व अधिकतर डोगरा परिवारों में बेटी पैदा होते–उसे जीवित ही दबा दिया जाता था।

महल में प्रायः सभी महिलाएँ एक–दूसरे को जानती थीं। सुन्दर–सुन्दर डोगरा औरतें आपस में ख़ुशी–ख़ुशी मिल रही थीं। छोटी उम्र की औरतें बड़ी–बूढ़ी औरतों के झुककर चरण स्पर्श कर रही थीं और वह उन्हें 'बुड्ड–सुहागन' (चिर–सुहागिन) और पुत्रवती होने का आशीर्वाद देतीं।

तभी खाना लगवाने की घोषणा हुई और सभी लोग एक पंक्ति से ज़मीन पर बैठ गये और चाँदी के बर्तनों से खाना परोसा गया। कई उत्तम डोगरा व्यंजन परोसे गये, जिन्हें हमने पहली बार खाया। वहीं पर पंक्ति में बैठी वज़ीर आंटी को झुकने में कुछ कष्ट हो रहा था क्योंकि वह गर्भवती थीं उनकी बड़ी बेटी रानी उनके लिए कटोरियाँ कुछ ऊपर उठा दे रही थी। माँ हमेशा उनकी तारीफ़ करती थीं कि एक पंजाबी युवती होते हुए भी उन्होंने शादी के बाद एक डोगरा परिवार की बहू बनकर कैसे उनके रीति–रिवाज़ के अनुसार अपने आपको ढाल लिया था।

दोपहर के खाने के बाद ही अचानक हाल में कुछ चहल–पहल और कानाफूसी होने लगी। पता लगा कि युवराज कर्ण सिंह पधार चुके हैं। मिरासिनों ने आगे बढ़कर डोगरी गीत गाते हुए उनका स्वागत किया, जिसमें उन्हें दीर्घायु होने के कई आशीर्वाद दिये।

उसके बाद सभी बड़ी औरतें उन्हें नज़राना देने के लिए पंक्तिबद्ध खड़ी हो गयीं। युवराज कर्ण सिंह की अठारहवीं वर्षगाँठ सबके लिए इस बार और भी ख़ास थी क्योंकि कूल्हे की किसी चोट के इलाज के लिए वह 18 महीने अमरीका में रहने के उपरान्त क़रीब एक महीना पहले ही जम्मू लौटे थे।

उनके अमरीका से जम्मू लौटने के जश्न में गत एक आध महीना पहले ही जम्मूवासियों ने उनका भव्य स्वागत किया था। खुली कार में उन्हें जुलूस में एयरपोर्ट से महल तक लाया गया था। उसके पूर्व बहिश्तियों ने प्रातः ही जम्मू की सड़कें और गलियाँ धोकर साफ़ कर दी थीं। उन पर जम्मूवासियों ने अपने घरों के कालीन निकालकर बाहर बिछा दिये थे और कुछ–कुछ दूरी पर फूलों, केले के पत्तों, चीड़ की हरियाली और रंग–बिरंगे कपड़ों से ड्योढ़ियाँ बनाकर अपने युवराज का भव्य स्वागत कर उनके लिए उनके मन में जो प्यार और शुभकामनाएँ थीं–वह भी व्यक्त कीं। सड़कों के दोनों ओर खड़े नर–नारी और बच्चे उनकी जय–जयकार कर रहे थे–यह वातावरण देखते ही बनता था। आज की भाँति उस दिन भी पुरानी मण्डी सहित सभी मोहल्लों पर

छोटे–बड़े, रंग–बिरंगी लैम्पों की लड़ियों से रोशनी (चिरागां) की गयी थी।

पार्टी ख़त्म होते ही जब हम तीनों अमर महल से गेट की ओर जा रहे थे, मार्च के महीने का सुनहरा सूर्य शिवालिक पहाड़ियों के पीछे की ओर छिपने जा रहा था और नीचे बहती तवी नदी को अपनी किरणों से सुरम्य रंग में रंग रहा था।

एक सफ़ेद रंग के मोर का जोड़ा राजसी ठाट से गर्दन उठाये हमें अपनी ओर आकर्षित कर रहा था, मानो उसे महलों में रहने के कारण अपने विशेष स्थान का पूरा ज्ञान हो।

# शाही संरक्षक

मार्च–अप्रैल में मौसम बदला और गर्मी होते ही सुबह–शाम सैर करने वालों की संख्या माण्डा घरों के सामने, जंगल की ताज़ा हवा का मज़ा लेने हेतु बढ़ गयी। बी.सी. रोड इस आरक्षित वन और माण्डा के बीचों–बीच होकर आगे श्रीनगर को जाती है। इस जंगल में एक प्रकार का पेड़ होता है 'फलाई' जिसकी दाँतुन बहुत लाभदायक मानी जाती है, इसलिए प्रातः बहुत–से लोग यही दाँतुन चबाते भी दिखते थे। वहीं 'भ्रेकड़' नामक झाड़ियाँ भी ख़ूब उगती थीं। अपने स्थानीय मित्रों के साथ हम भी उसके सफ़ेद फूल चूसा करते थे–जिसमें शहद जैसा रस निकलता था। कहा जाता है कि यह कफ़ और खाँसी को दूर करने के लिए लाभदायक होता है। हमने अचानक एक गाड़ी हमारे घर की ओर मुड़ती देखी।

कुछ अन्य मित्रों के साथ ठाकुर हरनाम सिंह पठानिया उस रविवार की शाम को हमारे घर पधारे। उनके सौम्य चेहरे पर सदा रहने वाली मुस्कान आज ग़ायब थी और वह कुछ नाराज़ लग रहे थे। सभी मित्रों का स्वागत पिताजी ने बरामदे में ही किया और उन्हें भीतर बैठक में ले गये।

बैठक से ठाकुर साहब की जानी–पहचानी आवाज़ आज कुछ उत्तेजित स्वर में सुनाई दी–"वज़ीरे–आज़म शेख़ अब्दुल्लाह नवम्बर 1947 से ही इमरजेंसी ऐडमिनिस्ट्रेशन के सरगना रहे हैं। उसके बाद 1948 में इंटैरिम गवर्नमेंट ने रियासत की सेनाओं पर भी अपना

आधिपत्य बनाने की चेष्टा की जिसका विरोध महाराजा साहब ने पूरी शक्ति से किया था। फिर भी दिल्ली सरकार शेख़ साहब की पैरवी क्यों कर रही है? आख़िरकार हिज़–हाईनैस हमारे महाराजा हैं, उन पर शेख़ साहब कैसे हुक़्म चला सकते हैं?''

भीतर से एक अन्य आवाज़ भी सुनाई दी–''जब पटेल ने 550 से अधिक रियासतों को भारत में विलीन करने की बात की थी, तब उन्हें आश्वासन दिया गया था कि उनके पद और इज़्ज़त का पूरा ख़याल रखा जायेगा। ग्वालियर, मैसूर और बड़ौदा के महाराजाओं और हैदराबाद के निज़ाम के साथ हमारे महाराजा हरि सिंह ही ऐसे गिने–चुने राज्याध्यक्ष थे जिन्हें 21 तोपों की सलामी दी जाती थी। वह किसी छोटी–मोटी रियासत के महाराजा नहीं हैं, जो उनके साथ ऐसा व्यवहार किया जाये।''

ठाकुर साहब की जानी–पहचानी आवाज़ फिर सुनाई दी। वह उत्तेजित होकर कह रहे थे–''मुझे समझ नहीं आता पण्डित नेहरू को हिज़–हाईनैस से क्यों दुश्मनी है? जब प्रधानमन्त्री मेहरचन्द महाजन के कहने पर महाराजा साहिब ने अपनी रियासत का विलय भारत में करने के लिए कागज़ात दिल्ली भेजे थे, तब पण्डित नेहरू शेख़ की पैरवी करते इस बात पर अटके रहे कि शेख़ साहब की सहमति भी साथ होनी चाहिए। ऐसी शर्त जब किसी अन्य रियासत के लिए नहीं थी, तो फिर हिज़–हाईनैस के लिए ही क्यों? वास्तव में महाराजा साहब ने भाई जी (कर्नल बलदेव सिंह पठानिया–जो उनके मिलिट्री सेक्रेटरी थे) को रियासत की विलय के लिए भेजा था, परन्तु पण्डित जी उनसे मिले तक नहीं।''

उसी क्षण मैया सिंह बड़ी–सी ट्रे में चाय–नाश्ते का सामान लेकर पहुँच गया। हमें बैठक के दरवाज़े से कान लगाये भीतर की बातें सुनते देख शीघ्र ही माँ के पास भीतर आँगन में जाने का आदेश दे दिया। यहीं पर हमारी जासूसी का अन्त हो गया। गुल्ली और मुझे ऐसे चुपके से बड़ों की बातें सुनने में आनन्द आता था क्योंकि जब कभी पिताजी

के दोस्त या माँ की सहेलियाँ आती थीं हमें उनके साथ बैठने की अनुमति नहीं थी।

मई के महीने में 'दरबार--मूव' के साथ ही रियासत के विशिष्ट दफ़्तर भी श्रीनगर से चालू हो गये। किन्तु महाराजा हरि सिंह इस बार भी श्रीनगर नहीं गये। साथ ही बहुत–से वरिष्ठ अफ़सर भी घाटी के अस्थिर हालात देखते हुए स्वयं तो श्रीनगर गये, परन्तु अपने परिवार जम्मू ही छोड़ गये। किन्तु पिताजी सपरिवार श्रीनगर पहुँचे। वह तो सर्दियों में भी बीच–बीच में श्रीनगर जाते रहते थे क्योंकि उनका काम केवल दफ़्तर की चार–दीवारी तक ही सीमित नहीं था।

हम भी बटमालू के घर में लौट कर स्कूल पुनः जाने लगे। यहाँ पहुँच कर कुछ समय बाद यह समाचार मिला कि महाराजा हरि सिंह हमेशा के लिए रियासत छोड़कर चले गये हैं और युवराज कर्ण सिंह अब राज–प्रमुख बनकर राजकीय कार्यों पर पीठासीन रहते हैं। बाकी सब शक्ति वज़ीर–ए–आजम शेख़ मुहम्मद अब्दुल्ला के हाथ में आ गयी थी।

20 जून 1949 को हमेशा के लिए महाराज–अधिराज हरि सिंह जम्मू से दिल्ली चले गये। पिताजी का मन बहुत उदास हुआ क्योंकि उनके मन में महाराजा साहब के प्रति अत्यधिक निष्ठा थी। कुछ दिन बाद दिल्ली बुलाकर महाराजा हरि सिंह ने अपनी सभी निजी सम्पत्ति के लिए उन्हें अपना 'पॉवर ऑफ़ एटॉर्नी' नियुक्त कर दिया। जिसके बाद उनका समय पहले से अधिक दफ़्तर में बीतने लगा और शाम को जब वह घर लौटते तो उनके साथ चपरासी एक काली सन्दूकची में कुछ ज़रूरी फ़ाइलें भी लेकर कभी–कभी आता था। उन दिनों बिजली कई बार रात को चली जाती थी, इसलिए नौकर को निर्देश था कि रात को उनके कमरे में साफ़ करके लालटेन भी रखी जाये।

उन्हीं दिनों एक रात तेज़ ज्वर होने के कारण माँ ने मुझे अपने साथ सुलाया। भोर होते मेरी आँख खुली तो पिताजी लालटेन की रोशनी में कुछ 'टाइप' कर रहे थे। मैंने माँ को शिकायत करते सुना–

''आपको बड़ी ज़मीन–जायदाद मिल जानी है जो रात–रात भर जाग कर महाराजा साहब के मुक़दमों की तैयारी करते रहते हो। न स्वयं सोते हो न दूसरों को सोने देते हो।''

''भई मैं बाहर चला जाता हूँ–बाकी मुझे इस काम के लिए तनख़्वाह नहीं मिलती क्या?'' पिताजी ने पलट कर जवाब दिया।

''मैं नहीं कहती बाहर जायें। मैं तो वैसे भी इस समय उठ जाती हूँ'' पर फ़ीस तो वक़ील को भी मिलती है। आप ही इतने चिन्तित क्यों हैं?'' माँ ने तर्क दिया।

''जब महाराजा साहब इतने संकट में हैं। शेख़ अब्दुल्लाह की दोस्ती और अपनी पुरानी दुश्मनी के कारण पण्डित नेहरू ने उन्हें उनकी ही रियासत से देश–निकाला दे दिया है और उनके निजी परिवार ने भी उनसे मुँह मोड़ लिया है। सभी लोग सिर्फ़ अपनी–अपनी चिन्ता कर रहे हैं। मुझ पर उन्होंने विश्वास करके अपनी जायदाद का 'एटॉर्नी' बनाया है–ऐसे में क्या मैं भी लोगों की तरह उनसे नमक–हरामी करूँ?''

माँ निरुत्तर हो गयीं। वह जानती थीं कि पिताजी ने हमेशा पैसे की लालसा से अधिक महत्त्व अपने आदर्शों को दिया है। वह यह भी जानती थीं कि इस समय महाराजा साहिब की जायदाद हथियाने की बहुत कोशिश हो रही थी।

× × ×

चारों ओर चिन्ता का वातावरण था। माँ, दीदी और मीमी धीरे–धीरे स्वर में बात कर रही थीं। पिन्नी और मुझे सो जाने का आदेश मिला क्योंकि दूसरे दिन हमें स्कूल जाना था। कुछ समय उपरान्त जब मैं सोने का नाटक कर रही थी, मैंने मीमी को दीदी से कहते सुना– ''महारानी तारा देवी के भाई ठाकुर लक्ष्मण सिंह जी जब शाम को पिताजी से मिलने आये थे, उन्होंने पिताजी को सलाह दी थी कि पिताजी शेख़ साहब की इच्छानुसार महाराजा साहब का निजी महल 'गुलाब महल' उनके हवाले कर दें। वज़ीरे–आज़म शेख़ अब्दुल्लाह 'गुलाब महल' में स्वयं रहना चाहते हैं। जाते–जाते उन्होंने पिताजी को

आगाह किया कि शेख़ साहब की बात न सुनी गयी तो कुछ भी होना सम्भव है क्योंकि रियासत में अभी भी आपातकालीन स्थिति है। फिर भी जब पिताजी ने उनकी सलाह नहीं मानी तो जाते–जाते उन्होंने पिताजी को एक बार फिर समझाते हुए कहा– 'आख़िर आपकी पाँच–पाँच कुँवारी बेटियाँ हैं– उनके बारे में एक बार सोच लें।''

''तो पिताजी ने क्या कहा?'' उत्सुकतापूर्वक दीदी ने पूछा।

''क्या कहते? उन्हें विश्वास ही नहीं हो रहा था कि महाराजा साहब के अपने सगे–सम्बन्धी भी बदलते समय के साथ बदल जायेंगे। पिताजी ने केवल कहा–ठाकुर साहब मैं तो सोच रहा था कि आप अपनी बहन का पक्ष लेकर आये होंगे। आप तो शेख़ साहब की ही पैरवी कर रहे हैं।''

मीमी ने तत्पश्चात बताया कि जाते हुए ठाकुर लक्ष्मण सिंह जी ने उसे बताया था कि पिताजी ने उससे एक दिन ही पहले महल में तैनात डोगरा आर्मी के 'गार्ड' को आदेश दिया था कि जब कभी भी कोई बिना लिखित आज्ञा के महल में घुसने का प्रयास करे उसे तीन बार चेतावनी देकर उसकी टाँगों में गोली मार दी जाये। यह उस दिन के बाद की घटना है जिस दिन शेख़ साहब के आदेशानुसार उप–प्रधानमन्त्री बख़्शी गुलाम मुहम्मद 'गुलाब महल' और महाराजा साहब की निजी सम्पत्ति का क़ब्ज़ा लेने पहुँचे थे। तब तक महाराजा हरि सिंह तो रियासत छोड़कर बम्बई जा चुके थे और उनके वापस श्रीनगर आने की कोई सम्भावना नहीं रही थी।

उससे एक सप्ताह पूर्व ही कुछ गुण्डों ने जब महाराजा साहब की डल झील किनारे स्थित भूमि पर क़ब्ज़ा करने की कोशिश की थी, वरिष्ठ वकील सुन्दरलाल और नानक चन्द ने महाराजा साहब की ओर से मुक़दमा लड़ने से मना कर दिया था। तब पिताजी ने अलीगढ़ मुस्लिम यूनिवर्सिटी से एल.एल.बी. की पढ़ाई पूरी करके आये नये वकील को महाराजा हरि सिंह के मुक़दमों की पैरवी करने के लिए राज़ी कर लिया था। नया होने के कारण वह प्रसन्नतापूर्वक पिताजी

के सुझाव भी लेने के लिए तैयार था। स्वयं की खींची हुई कुछ तस्वीरों को दस्तावेज़ी प्रमाण के रूप में संलग्न करने और 'लैंड टू द टिल्लर' क़ानून की पेचीदगियों को समझाने के लिए कभी–कभी उसे घर भी बुला लेते थे। एक दिन उसे जब पिताजी यह समझा रहे थे कि यह क़ानून केवल कृषि भूमि पर लागू होता है, उद्यानिकी जायदाद पर नहीं, मैं भी दरवाज़े के बाहर यह तर्क़ सुनने खड़ी हो गयी।

वकील को भय था कि इतने छोटे पौधों वाले बग़ीचे को शायद उद्यानिक भूमि न माना जाये। तब पिताजी ने उसे ऑक्सफोर्ड व चैम्बर्स डिक्शनरी दिखाते हुए कहा कि आन्तरिक मूल्य शब्द का प्रयोग अपने तर्क का आधार बनाने से जज साहब मान सकते हैं। वास्तव में जब लोग 1947 के अक्टूबर में कश्मीर से पलायन कर रहे थे, पिताजी ने कर्ण महल के नीचे की भूमि पर 'फार्म हाउस' के आस–पास बादाम के पेड़ लगवाये थे जो अब दो–ढाई वर्ष पुराने थे। विवाद उसी भूमि का था।

सन् 1950 में जम्मू–कश्मीर सरकार ने भूमि–सुधार के कुछ नये नियम बनाये जिनके तहत ज़मींदारी प्रथा का उन्मूलन किया गया। इसके अनुसार किसी भी परिवार का 180 कनाल (क़रीब 25 एकड़) से अधिक भूमि रखने का अधिकार नहीं रहा था। बाक़ी की ज़मीन बिना किसी मुआवज़े के ही सरकार लेकर भूमिहीन किसानों में बाँटने लगी। इस नये क़ानून के कारण सरकार को घाटी के लोग काफ़ी पसन्द करने लगे क्योंकि यहाँ अधिकतर खेती वाली ज़मीन अब तक महाराजा साहब और ज़मींदारों (जो कि अधिकतर डोगरा या कुछ पण्डित एवं पंजाबी थे) की मालकियत में थी। शेख़ साहब के इस नये क़ानून के कारण वह सब रईस लोग अधिकार से वंचित तो हो गये, परन्तु चुप रहने को मजबूर थे।

पिताजी अदालत के चक्कर लगा–लगाकर महाराजा साहब की प्रत्येक जायदाद को बचाते रहे। उन्होंने भारत सरकार के द्वारा राजघरानों को दिये हुए 'प्रिवी–पर्स एवं प्रिवलिजिज' का सहारा लिया।

इस प्रकार वह एक प्रकार से शेख़ साहब के मनसूबों में रोड़े अटका रहे थे। रात–रात भर काम करते देखकर भी माँ रोक न पाती थीं–और यदि कभी रोकने की कोशिश करती भी थीं तो उनसे डाँट खातीं।

× × ×

नवम्बर माह आते–आते घाटी में पतझड़ के साथ रातें लम्बी और दिन बहुत छोटे होने लगते हैं। फल के पेड़ों से फल तोड़ लिए जाते हैं और नग्न पेड़ उदास खड़े रहते हैं। रातों–रात कोहरा पड़ने से फूल–पौध ो शीश झुकाये नियति का मान रख कर नष्ट हो जाते हैं। हरी–भरी घास भी बेरंग और मटमैली हो जाती है। एकाएक वातावरण उदास–सा लगने लगता है। उस पर श्रीनगर के मुख्य दफ़्तर भी जम्मू चले जाते हैं।

ऐसे ही एक दिन प्रातः ही पिताजी महाराजा हरि सिंह के सबसे विशाल सेब के बाग़ 'वोडरा' के मुख्य माली के साथ बस द्वारा सोपोर के लिए निकले। बग़ीचे में एक छोर से दूसरे छोर तक पहुँचने में काफ़ी समय लगता था, इसलिए उन्होंने बस के ऊपर अपनी साइकिल भी रखवा ली। पिछली ही रात को जब माली पिताजी से मिलने आया था, तभी माँ को कुछ संशय हुआ था कि सब कुछ ठीक नहीं चल रहा। परन्तु जाते समय माँ के सभी प्रश्नों का उत्तर पिताजी ने बस यही कहकर दिया–"चिन्ता न करो, मैं रात को ही वापस लौट आऊँगा।"

शाम काफ़ी बीत चुकी थी और हल्की–हल्की बूँदाबाँदी होने लगी थी। माँ बार–बार बरामदे में जाकर पिताजी की राह देख रही थी। बीच–बीच में भीतर जाकर कृष्ण जी की प्रतिमा को भी माथा टेक कर फिर बाहर पिताजी की राह ताकने आ जाती। ऐसे में लगभग रात को आठ बजे वोडरा बाग़ का माली घबराया हुआ आ पहुँचा और आते ही पूछा–

"साहब आ गये क्या?"

उसके प्रश्न और व्यवहार को देखकर सभी अत्यधिक चिन्तित हो उठे।

दीदी के पूछने पर पता चला कि जब पिताजी के साथ वह बग़ीचे का चक्कर लगा रहा था और दो माली पेड़ों पर 'बोरडो मिक्स्चर' का छिड़काव कर रहे थे, एक ताँगे में छह–सात गुण्डे लाठियाँ और कुल्हाड़ियाँ लिए आ पहुँचे। पिताजी ने जब उनसे पूछा कि वह महाराजा साहब के निजी बग़ीचे में क्या कर रहे हैं तो उन्होंने जवाब में गाली–गलौज करना शुरू कर दिया। साथ ही वह पिताजी को लाठियों और कुल्हाड़ों से धमकाने लगे। भारी संख्या में प्रतिद्वन्द्वियों को देखकर पिताजी ने पुलिस को बुलाने की सोची और इसलिए साइकिल पर सवार होकर वहाँ के नज़दीकी पुलिस थाने का रुख़ किया। हमलावर गुण्डे भी पिताजी को ललकारते हुए ताँगे में उनके पीछे हो लिए क्योंकि वह सोच रहे थे कि वह उनसे डर कर भाग रहे हैं। आते हुए गुण्डों ने गेट पर ताला पहले से लगा दिया था। उनकी साज़िश समझ कर पिताजी साइकिल से उतरे, उसे अपने कन्धे पर उठाकर कुछ दौड़ कर एकाएक बाहर की खाई के ऊपर से कूदकर बाहर पहुँच गये। देहरादून स्थित फॉरेस्ट इंस्टिटीट्यूट के दिनों में वह मैराथन रेस में विजेता रह चुके थे और अभी भी उनका बदन गठीला और ताक़तवर था।

समस्त परिवार सारी रात चिन्ता में डूबा रहा। भैया जी ने हम बहनों को गायत्री मन्त्र का जप और भगवान से पिताजी की सुरक्षित वापसी के लिए प्रार्थना करने को कहा। वह स्वयं भी हम सबके साथ पिताजी की सुरक्षा की कामना करते रहे। परिवार के किसी भी सदस्य ने रात का खाना नहीं खाया। देर रात को दीदी ने बहुत आग्रह करके सबको दूध पिला दिया।

दूसरे दिन प्रातः आठ बजे ही पिताजी अपने ओवरकोट की जेब में हाथ डाले, प्रसन्नचित्त आ पहुँचे। सबकी साँस में साँस आयी। उन्होंने कुछ समय बाद बताया कि गत शाम वाले गुण्डे सोपोर के छँटे बदमाश थे और पहले कुछ दिनों से वह अपनी औरतों को वोडरा बाग़ में कोयला बनाने के लिए सूखे पत्ते और टहनियाँ एकत्रित करने के बहाने भेज रहे थे। बाद में उन्होंने वहाँ के मालियों को डराना–

धमकाना शुरू कर दिया। उनका आशय तो महाराजा साहब के इस विशाल बग़ीचे पर क़ब्ज़ा करने का था। मालियों में से ही किसी एक ने उनको पिताजी के वोडरा जाने का प्रोग्राम बताया हो सकता था। उन पर हमले के बाद उन्हें पूर्ण विश्वास था कि वह वहाँ ज़मीन पर क़ब्ज़ा कर लेंगे। इसलिए वह पूरी तैयारी करके उन्हें मारने आये थे। बाहर एक अन्य ताँगे में कुछ और लोग कुल्हाड़ियाँ लिए तैनात थे। वह सब गेट की ओर निगाहें टिकाये प्रतीक्षा कर रहे थे। ऐसे में पिताजी अपनी साइकिल पर सवार होकर पतली पगडण्डी से जंगल की ओर निकल गये। वह लोग ताँगों में उनका पीछा नहीं कर पाये। जब पिताजी जंगलात में डी.एफ.ओ. के रूप में बारामुला तैनात थे, उन दिनों इस जंगल में वह आया करते थे।

रात उन्होंने जंगल में एक बकरवाल के घर बितायी। वह तुरन्त पिताजी को पहचान गया था और उसने पूरी तरह से उनका आदर–सत्कार किया।

# फ़ुरसत के वह दिन

बटमालू गाँव का नाम सूफ़ी सन्त शेख़ दाऊद की ज़ियारत के कारण ही रखा गया था। प्रतिवर्ष वहाँ के उर्स में भाग लेने लोग दूर–दूर से आया करते थे। 'एक्ज़िबिशन ग्राउंड्' के साथ–साथ एक लम्बी क़तार में चिनार के हरे–भरे पेड़ों की छाँव में फुटपाथ पर उन दिनों विभिन्न दुकानों के तम्बू लग जाते थे। यहाँ भुने हुए सिंघाड़े, कमल–ककड़ी के पकौड़े, चटपटी राजमा से छोटी काले रंग की दाल और खमीरी रोटियाँ बिक्री होती थीं। साथ ही बच्चों को लुभाने वाले रंग–बिरंगे गुब्बारे, बुढ़िया के बाल और गट्टा बिकते थे। बच्चे बार–बार अपने बड़ों को उन्हीं की ओर खींचते थे, परन्तु हमें यह सब खाने की आज्ञा नहीं थी, क्योंकि माँ के बनाये गये सफ़ाई के मापदण्ड पर यह पूरा नहीं उतरते थे। उन्हें हमारी सेहत की ख़ास चिन्ता रहती थी।

स्कूल में पिन्नी और मेरी कुछ नयी सहेलियाँ बनी थीं। उनमें सबसे अधिक घनिष्ठ सहेलियाँ थीं 'कपूर सिस्टर्स' जो हमारे स्कूल के रास्ते में हरि सिंह हाई स्ट्रीट में रहती थीं। वह पाँच बहनें थीं और उनके पिता की कपड़ों की दुकान अमीराकदल के मुख्य बाज़ार लाल चौक में थी। प्रायः स्कूल जाते समय वह हमें रास्ते में मिल जाती थीं और अक्सर हम दोनों बहनें और वह लोग वापसी में इकट्ठे ही स्कूल से लौटती थीं।

प्रातः स्कूल जाते समय और वहाँ से लौटते समय अधेड़ उम्र की एक 'कश्मीरी आया' खज्जी हमेशा उनके साथ रहती थी। मुसलमान महिलाओं की पारम्परिक पोशाक 'फिरन' ही खज्जी पहनती थी और

अपने सिर पर 'कसाब' कसकर बाँधे अपने सिर को हमेशा ढँके रहती थी। वह दोनों हाथों में बड़े–बड़े चाँदी के कड़े और चूड़ियाँ पहनती और तकरीबन उतनी ही बड़ी कई बालियों को एक साथ ही कानों में पहनती थी। उनके कारण उसके कानों के छेद लम्बे और ख़ूब बड़े हो चुके थे, हालाँकि दोनों कानों का बोझ सँभालने के लिए सिर के ऊपर से मनकों वाली एक पतली पट्टी से उन्हें सन्तुलित रखा करती थी। उन दिनों में कश्मीर में परदे का रिवाज़ नहीं था और स्त्रियाँ मर्दों के साथ कन्धे से कन्धा मिलाकर किश्तियों, धोबीघाट, खेतों और बाज़ारों में काम करती दिखती थीं। प्रातः डल झील से आने वाली सब्ज़ियों की अमीराकदल स्थित मण्डी में वह सभी ख़रीददारों से बेझिझक मोल–भाव करते दिखती थीं।

हमारा कोई भाई न होने के कारण कपूर सिस्टर्स को हमारे घर आने के लिए सदैव आसानी से इजाज़त मिल जाती थी और वह प्रायः हमारे घर दिन बिताने या शाम को मिलने आया करती थीं। सर्वप्रथम खज्जी उन्हें भैया जी को प्रणाम करने ले जाया करती थीं। उसका विश्वास था कि पीर–फ़क़ीर और साधु–सन्त ख़ुदा–दोस्त होने के नाते धर्म की संकुचित परिभाषा से ऊपर होते हैं। उसका मानना था कि जो व्यक्ति श्रीनगर की भीषण सर्दी में भी नंगे पैर, नंगे शरीर–मात्र एक लँगोटी और कम्बल में एक समान सर्दी–गर्मी में रहता है वह ख़ुदा–दोस्त के अलावा कोई और नहीं हो सकता।

क्योंकि कपूर परिवार अमीराकदल के चहल–पहल वाले इलाक़े में एक फ़्लैट में रहता था। इसलिए उन्हें हमारे बटमालू वाले बँगले में भाँति–भाँति के फलदार पेड़, फूलों और पक्षियों को देखकर काफ़ी अच्छा लगता था।

दिन का भोजन भैया जी प्रायः आँगन में ही खाते थे और साथ ही विभिन्न पक्षियों को भी दाना और रोटी के टुकड़े खिलाया करते थे। दबंग कौवे उनके सामने रखी कुर्सियों पर आ बैठते और मैना तो कभी–कभी उनके कन्धे तक पर आ बैठती। निर्धारित समय पर वहाँ

बुलबुल और गौरैया भी आ पहुँचती। दूर 'हफ़ू' नामक पक्षी मज़े से अपनी लम्बी चोंच से चुन–चुनकर घास में से कीड़े–मकोड़े निकालकर खाता और दूसरे पक्षियों को बड़ी उदासीनता से देखता। इन पक्षियों में मुझे मैना और बुलबुल के सिर के बाल देखकर हैरानगी होती और सोचती इनके बाल कौन कंघी कर सँवारता होगा। साथ ही जबकि अन्य पक्षी पानी में कभी–कभार नहाते दिखते, गौरैया धूल में लोटकर अपने को साफ़ करती।

भैया जी की उपस्थिति के कारण हमें अच्छा लगता था। जब माँ और पिताजी व्यस्त होते, हमारे अटपटे प्रश्नों का सवाल वह बड़े आराम से देते। माँ को भी उनका बहुत सहारा था और आड़े समय में उनकी सलाह काम आती थी। मीमी तो अब इकोनॉमिक्स में एम.ए. करने की ठान कर घर से ही उसके लिए पढ़ाई कर रही थी। हालाँकि भैया जी केवल बी.ए. पास थे, उन्होंने इकोनॉमिक्स (अर्थशास्त्र) में पूरी पंजाब यूनिवर्सिटी में प्रथम रहने का रिकॉर्ड बनाया था। श्रीनगर में केवल डिग्री कॉलेज ही थे सो उनकी मदद से उसने अपनी पढ़ाई प्रारम्भ कर दी।

दीदी को सदैव अन्य लोगों से कुछ अलग करने में आनन्द आता था, चाहे श्रीनगर में साइकिल चलाना हो या फिर अपने बालों को घुँघराले बनाने के लिए 'पर्म' करवाना हो–बस कुछ हटके करना चाहती थीं। अब रेडियो कश्मीर में काम करने के लिए बिना किसी को बताये वहाँ जाकर 'ऑडिशन' दे आयीं और जब सफल घोषित हो गयीं और उन्हें चुन लिया गया तो घर में सबको बताया। उन दिनों कुछ गिनी–चुनी लड़कियाँ ही नौकरी किया करती थीं, इसलिए माँ आरम्भ में थोड़ा हिचकिचायी, परन्तु पिताजी और मीमी की सिफ़ारिश से उनकी आज्ञा मिल गयी।

हमारे स्कूल में शीतकालीन छुट्टियाँ ढाई महीने के लिए 15 दिसम्बर से प्रारम्भ होती थीं। अब दीदी भी नौकरी करने लगी थीं, इसलिए हम इस वर्ष नवम्बर में जम्मू नहीं गये। दिसम्बर के मध्य में हम फिर एक बार जम्मू स्थित 5 नं. माण्डा घर में पहुँचे।

वहाँ पहुँचते ही हमें बहन जी के पति, जिन्हें हम भाईजान कह कर पुकारते थे, के मेजर बनने का समाचार मिला। वह मिलिट्री में डॉक्टर थे और उनका तबादला जम्मू के निकट राजौरी में हुआ। सरहद के समीप होने के कारण वह वहाँ अपना परिवार नहीं रख सकते थे। हर पखवाड़े में दो दिन के लिए उन्हें जम्मू आने की इजाज़त थी। इसलिए बहन जी हम सबके साथ रहने जम्मू आ गयीं। दूसरी अच्छी ख़बर उनके आने पर हमें पता लगा–वह गर्भवती थीं। मेरे बाद हमारे परिवार में कोई छोटा बच्चा नहीं था, इसलिए सभी उत्साहित थे।

बहन जी के आने से हमारे घर में ख़ूब रौनक हो गयी। माँ उनके खाने–पीने का विशेष ध्यान रखती थीं। राजौरी से हर पन्द्रह दिन के बाद सप्ताहान्त पर दो दिन के लिए भाईजान भी हमारे पास आ जाते थे। उनके डॉक्टर होने के कारण माँ को इस बात का आश्वासन हो जाता था कि बहन जी की सेहत भी ठीक चल रही है। भाईजान ने फ़ैसला किया कि बहन जी के प्रसव की अपेक्षित तारीख़ जून में होने के कारण वह हमारे साथ ही जम्मू से श्रीनगर चली जायेंगी और जून–जुलाई के दो महीनों में वह भी अपनी वार्षिक छुट्टी पर श्रीनगर आ जायेंगे। उनके इस निर्णय से हम सब ख़ूब प्रसन्न थे।

भाईजान देखने में अत्यन्त आकर्षक और सुन्दर थे और अपनी वर्दी में और भी रौबीले लगते थे। स्वभाव से ही वह चपुचाप रहने वाले थे, किन्तु कश्मीर के राजनैतिक मुद्दों पर वह प्रायः पिताजी के साथ घण्टों बातचीत करते थे। वह महाराजा हरि सिंह के विषय में अधिक जानना चाहते थे। वह यह नहीं समझ पाते थे कि महाराजा हरि सिंह डोगरा सेना के मुख्य कमांडर व अध्यक्ष होते हुए कैसे क़बायली हमला होते ही कश्मीर से 'भाग' निकले। साथ ही उन्हें यह भी समझ नहीं आता था कि प्रधानमन्त्री पण्डित नेहरू महाराजा साहब की हर बात को ग़लत ठहरा कर उसके विपरीत क्यों चलना चाहते हैं।

पिताजी ने शान्तिपूर्वक उन्हें समझाया कि जम्मू–कश्मीर रियासत की ग्रीष्मकालीन राजधानी श्रीनगर है पर दशहरे की सलामी के उपरान्त प्रत्येक वर्ष दरबार छह महीनों के लिए जम्मू चला जाता था

और पुनः अप्रैल के अन्त तक दरबार श्रीनगर चला जाता था। वर्ष 1947 में दशहरा 24 अक्टूबर को था और ईद का त्योहार 25 अक्टूबर को। गुप्त सूचनाओं द्वारा पता चला था कि महाराजा साहब की बटमालू स्थित टैट्टू–ग्राउंड में सलामी लेने के दौरान हत्या करने की साज़िश बन रही थी। क़ायदे–आज़म जिन्ना को इस बात का भरोसा पाकिस्तान के वरिष्ठ अधिकारियों ने दिलाया था कि 'इंशाअल्लाह' ईद अब की बार श्रीनगर की ईदगाह में मनायेंगे। इसी प्लान के मुताबिक़ पाकिस्तानी सेना के आगे–आगे अफ़रीदी क़बायलियों को भेजा गया था। पर वह तो लूटमार और बलात्कार जैसी चीज़ों में व्यस्त हो गये और हम सब भारतीय सेना की मदद से बच गये।

भाईजान की उत्सुकता बढ़ गयी और उन्होंने पूछा–"सुनने में आता है कि ब्रिटिश सरकार ने गुप्त रूप से जिन्ना की मदद दस के दशक में पाक–लिबरेशन मूवमेंट में भी की थी।"

पिताजी ने जवाब दिया–"जब वर्ष 1931 में राउंड टेबल कॉन्फ्रेंस में महाराजा हरि सिंह ने ब्रिटिश सरकार की 'डिवाइड एंड रूल' पॉलिसी के विरुद्ध यह कहा कि भारत में सदियों से हिन्दू–मुस्लिम शान्तिपूर्वक एक साथ रह रहे हैं और अपने तर्क की पुष्टि में उदाहरण अपनी रियासत का दिया जहाँ सभी प्यार से एक साथ बैठकर एक ही थाली तक में खाते हैं–तो उन्हें यह बात हज़म नहीं हुई।"

"मैं उन दिनों इंग्लैंड से बम्बई समुद्री जहाज़ से लौट रहा था। एक अंग्रेज़ सहयात्री ने मुझे पहले ही सचेत करते हुए कहा था कि महाराजा साहब के इस कथन का दुष्परिणाम उन्हें शीघ्र ही भुगतना पड़ सकता है। मेरे वापस रियासत में पहुँचने से पूर्व ही मुस्लिम कॉन्फ्रेंस द्वारा किये गये फ़साद ने श्रीनगर में पहली बार हिन्दू–मुस्लिम एकता को झकझोर डाला था। महाराजगंज श्रीनगर में हिन्दुओं के घर और दुकानें लूटीं और जलाई गयीं और विचारनाग में हिन्दू महिलाओं पर जुल्म किये गये। ब्रिटिश सरकार तो हमेशा 'डिवाइड एंड रूल' की नीति से अपनी रोटियाँ सेंकती रही है।"

''सुना है महाराजा हरि सिंह पूर्व महाराजा के पुत्र नहीं थे। यदि अंग्रेज़ उन्हें पसन्द नहीं करते थे तो वह जम्मू–कश्मीर के महाराजा कैसे बने?''

''हाँ, महाराजा साहब पूर्व महाराजा प्रताप सिंह के अनुज राजा अमर सिंह के सुपुत्र थे। उनका अंग्रेज़ों के साथ अच्छा तालमेल था। प्रारम्भ में अंग्रेज़ों ने यही सोच कर हरि सिंह को युवराज बनाया और उनका लालन–पालन पाश्चात्य संस्कृति के अनुरूप करने के आश्रय से मात्र 14 वर्ष की आयु में ही उन्हें मेयो कॉलेज अजमेर में पढ़ने भेजा। साथ ही मेजर एच.के. बरार को उनका अभिभावक नियुक्त किया। बाद में उन्हें इम्पीरियल कैडेट कोर देहरादून में मिलिट्री की शिक्षा और ब्रिटिश तौर–तरीक़े अपनाने हेतु भेजा गया, किन्तु जब महाराजा बनने के बाद ब्रिटिश सरकार को इस बात का अहसास हुआ कि उनकी अपनी अलग सोच है और प्रत्येक बात को वह केवल अंग्रेज़ों की मर्ज़ी के मुताबिक़ शायद न करें, उनका रुख़ कुछ बदल गया।''

''शेख़ साहब का फिर कैसे इतना महत्त्व हो गया?''

''शेख़ अब्दुल्लाह किसी सम्पन्न परिवार में पैदा नहीं हुए थे। उनके पिता का निधन छोटी आयु में ही हो गया और उनका लालन–पालन उनके चाचा ने किया। शुरू में शेख़ की पढ़ाई एक 'मक़तब' में हुई पर बाद में वह सामान्य स्कूल में जाने लगे। कुछ समय के लिए श्रीनगर स्थित एस.पी. कॉलेज जाने के बाद लाहौर के इस्लामिया कॉलेज में पढ़ाई करने के बाद उन्होंने एम.ए. अलीगढ़ मुस्लिम यूनिवर्सिटी से किया।

''घाटी में वापस आने के बाद स्कूल मास्टर की नौकरी मिल गयी पर शीघ्र ही वहाँ मुस्लिम कॉन्फ्रेंस के अन्य दो पढ़े–लिखे कार्यकर्ताओं–मौलवी अब्दुल रहीम और गुलाम नबी गिल्कार के साथ 1931 डोगरा राज्य के विरुद्ध आन्दोलन में शामिल हो गये। उस आन्दोलन के नारे बहुत साम्प्रदायिक थे जैसे–

'इस्लाम ख़तरे में है' या डाउन विद हिन्दू राज।''

भाईजान ने हैरान होकर पूछा–"परन्तु शेख़ की पार्टी का नाम तो नेशनल कॉन्फ्रेंस है।"

पिताजी ने उन्हें बताया–"जब 1937 में पण्डित नेहरू से शेख़ साहब मिले तब तत्कालीन रियासत के प्रधानमन्त्री गोपालास्वामी आयंगर के कहने पर ही उन्होंने पार्टी का नाम बदलकर नेशनल कॉन्फ्रेंस रख दिया। तभी कुछ धर्मनिरपेक्ष लोग और साथ ही कुछ वामपन्थी लोग पार्टी में शामिल हो गये थे, किन्तु मुझे तो विश्वास है कि स्वयं वह पूरी तरह धर्मनिरपेक्ष नहीं हो सके। उनकी प्रत्येक जुम्मा नमाज़ के बाद हज़रत बल पर दिये गये भाषण इसका प्रमाण हैं।

"शायद यह एक संयोग हो या फिर अंग्रेज़ों की कोई साज़िश, वर्ष 1935 में शेख़ साहब का विवाह हैरी नीडोस और उनकी टंगमर्ग की रहने वाली गुज़री पत्नी की इकलौती बेटी अकबर जहान से उनके माता–पिता ने तय कर दिया। नीडोस एक सम्पन्न यूरोपियन था और उसके होटल थे। गुलमर्ग में और श्रीनगर में उसके विदेशियों में बहुत लोकप्रिय होटल होने के कारण उसका अच्छे–अच्छे लोगों से मेल–जोल होगा और बेटी भी पढ़ी–लिखी होने के अलावा सुन्दर भी थी।"

कुछ ही देर में पिताजी ने बताना शुरू किया–"वर्ष 1946 मई महीने में महाराजा हरि सिंह के विरुद्ध क्विट कश्मीर आन्दोलन का नेतृत्व करने के कारण शेख़ साहब को तीन वर्ष की क़ैद सुनाई गयी थी। पर 1947 के हालात को देखते हुए उन्हें छोड़ दिया गया था।"

"पण्डित जी को रियासत के डोगरों की अपेक्षा घाटी के कश्मीरियों के साथ अधिक लगाव और सहानुभूति थी क्या इस कारण से कि वह स्वयं कश्मीरी थे?" भाईजान ने पूछा।

"हो सकता है, पर स्वयं तो पण्डित नेहरू कश्मीरी भाषा में बात भी नहीं कर सकते थे। हो सकता है वह साम्राज्यवाद के विरुद्ध थे और नेशनल कॉन्फ्रेंस की माँग भी अवामीराज की थी। क्विट इंडिया और इसमें शायद उनको समानता महसूस हुई हो।"

इस प्रकार की बातें प्रायः हमारे घर रात के खाने के दौरान टेबल पर होती रहती थीं। प्रत्येक बहस में हमेशा महाराजा हरि सिंह का पक्ष पिताजी लिया करते थे। उनका दृढ़ विश्वास था कि शुरू से ही डोगरा राज्य का नाश करने के अभिप्राय से शेख़ साहब पूरी कोशिश करने के अलावा पण्डित नेहरू के मन को भी ज़हर से भरते रहे थे।

× × ×

5 मार्च 1950 को युवराज कर्ण सिंह का विवाह नेपाल के जनरल शमशेर राणा की सुपुत्री यशोराज्य लक्ष्मी से बम्बई में सम्पन्न हुआ। युवराज के विवाह के सपने जम्मू वाले शुरू से देख रहे थे, पर उनसे बहुत दूर बम्बई में यह शादी होने से वह उदास तो थे पर शादी की ख़ुशियाँ भी मना रहे थे। उन्होंने तो अपने युवराज के छुटपन से ही उनकी शानदार शादी के सपने सँजो रखे थे। इन्होंने कभी सोचा भी नहीं था कि उनसे दूर बम्बई में इन हालात में शादी तब होगी जब उनके प्रिय महाराजा हरि सिंह निर्वासित होंगे।

इस सुअवसर पर महाराजा हरि सिंह ने पिताजी के लिए एक विशेष रूप से बनवाई गयी स्विस घड़ी भेजी। इसके पिछले सोने से बने भाग पर महाराजा हरि सिंह का शाही प्रतीक बना हुआ था। ऐसी ही एक–एक घड़ी पण्डित परमानन्द और कर्नल कँवल सिंह के लिए भी भिजवाई–क्योंकि यह तीनों अपने कार्यवश विवाह में सम्मिलित होने में असमर्थ थे। बाद में अप्रैल के माह में महारानी तारा देवी और युवराज कर्ण सिंह की नयी नवेली तेरह वर्षीय बालिका–वधू जब जम्मू पहुँची तो उन्होंने अपने आपको डोगरा बहू के रूप में शीघ्र ही ढाल कर सब लोगों का मन मोह लिया। सभी उनकी तारीफ़ करने लगे।

उससे पूर्व ही मार्च के महीने में ही हम लोग वापस श्रीनगर लौट आये थे। रियासत के बदलते राजनैतिक वातावरण के कारण हमारे निजी जीवन पर भी प्रभाव पड़ने लगा। नये भूमि–सुधार क़ानूनों के कारण दिन प्रति दिन महाराजा साहिब की ज़मीनों पर अनधिकृत क़ब्ज़ों की ख़बरें आने लगीं और पिताजी का काम अत्यधिक बढ़ गया।

कभी–कभी तो पुलिस थाने वाले एफ.आई.आर. लिखने से ही मना कर देते थे। अन्य कई मुक़दमों में शहादत देने वाले ही सामने आने से इनकार करने लग गये थे। वह भली भाँति जानते थे कि शेख़ साहब के आदमियों के ख़िलाफ़ जाने से उनको परेशानी होगी। अब तक शेरे–कश्मीर बन चुके शेख़ अब्दुल्लाह का हुक्म ही क़ानून की तरह चलना शुरू हो चुका था। सब यह भी जानते थे कि महाराजा हरि सिंह अब कभी लौटकर रियासत में नहीं आयेंगे और युवराज की शक्तियाँ भी अत्यन्त सीमित हैं।

भाईजान मार्च में ही एक सप्ताह की छुट्टी लेकर बहन जी को हमारे पास बटमालू छोड़ गये थे। जाने से पहले आर्मी हॉस्पिटल बादामी बाग़ की डॉक्टर से मिलकर वह निश्चिन्त होकर वापस लौटे थे और पहली जून को आने का आश्वासन बहन जी को दे गये।

जम्मू से ही एक डोगरा 'आया' का प्रबन्ध कर माँ उसे अपने साथ श्रीनगर ले गयी थीं। उन्हें सदैव बहन जी की चिन्ता रहती थी और उनके लिए किसी प्रकार की कमी न हो इस बात का विशेष ध्यान रखती थीं।

अपने वादे के मुताबिक़ भाईजान पहली जून को श्रीनगर पहुँच गये और पाँच जून 1950 के दिन बहन जी ने एक प्यारे–से पुत्र को जन्म दिया। चारों ओर ख़ुशी का वातावरण था। सब जान–पहचान वाले नवजात शिशु को देखने पहुँचते रहे। माँ उसकी बलैया लेती और उसके हाथ से छूकर धनराशि दान करवाती रहीं। कुछ दिन बाद सभी परिचित परिवारों में सोहनलाल हलवाई से बेसन के लड्डू बनवाकर बाँटे गये।

माँ को सदैव बहन जी और नवजात शिशु का विशेष ख़याल रहता। उनके खान–पान में किसी प्रकार की अवहेलना न हो इस बात की हिदायत आया को थी। इतने व्यस्त होने के कारण अब कई बार उन्हें पिताजी के रात–रात भर काम करने से भी आपत्ति नहीं रही।

लगभग उन्हीं दिनों कपूर परिवार में भी एक बेटे ने जन्म लिया। इसलिए स्कूल से आते–जाते हम लोग दोनों बच्चों के विषय में बातें

करते रहते थे। किसकी सूरत किससे मिलती है या कब पहली बार नवजात शिशु ने मुस्कुराना शुरू किया।

रक्षाबन्धन का त्यौहार अगस्त माह में था और वर्षा ने मुझे अपने भाई को बाँधने के लिए ली गयी छोटी–सी रेशमी राखी दिखाई। मैंने जब घर आकर बहुत चाव से यह बात दोहराई तो मेरी ललचाई आँखों को देखकर बहन जी ने मुझे पवन को राखी बाँधने को कहा। इस प्रकार हमारे परिवार में एक नयी प्रथा चल पड़ी।

बहन जी के श्रीनगर आने से मानो माँ को एक पुरानी सहेली मिल गयी हो। दोनों अन्य बातों के अतिरिक्त अब दीदी की शादी की बातें करतीं। इकट्ठे ही वह राजबाग़ स्थित सिल्क फ़ैक्टरी में जाकर बढ़िया साड़ियाँ और सिल्क का कपड़ा ख़रीदतीं। कुछ पर तो वहीं से अपनी पसन्द के प्रिंट करवातीं और कुछ को विभिन्न रंगों में रँगवा कर लैम्बरट्सलेन' स्थित सुप्रसिद्ध लाइट–रोज़ से रेशमी कढ़ाई करवातीं।

बारामुला के बाद पहली बार पुनः माँ को दीदी और मीमी के लिए दहेज इकट्ठा करने का शौक़ हुआ। तिल्ले के काम के सूट और शाल भी बनने दिये क्योंकि यह काम अचानक तो हो नहीं सकता था। साथ ही पश्मीना की शालों की भी ख़रीददारी होने लगी।

दिवाली से पूर्व भाईजान श्रीनगर आकर अपने परिवार को मेरठ स्थित उनके पैतृक घर ले गये। जब हम उदास हुए तो जाते–जाते उन्होंने आश्वासन दिया कि जब हम दिसम्बर में जम्मू जायेंगे तो उन्हें पुनः वहाँ बुला लिया जायेगा।

जम्मू जाने से पूर्व माँ ने ध्यानपूर्वक दीदी के लिए बनवाये गये नये सूट, साड़ियाँ और शालें भी साथ रख लिए। हमारे अधिकतर सगे–सम्बन्धी, जो पाकिस्तान से 1947 में विस्थापित होकर आये थे, अब तक पंजाब के कई शहरों में बस चुके थे। वह लोग दीदी के लिए अच्छे–अच्छे परिवारों के लड़कों का सुझाव दे रहे थे। जम्मू पंजाब से सटा होने के कारण ऐसी सम्भावना अधिक थी कि उनमें से कोई हमारे परिवार से मिलने या दीदी को देखने वहाँ आयें।

# दीदी की शादी

हमारे जम्मू पहुँचते ही पठानकोट से मौसी का पत्र आया, जिसके बाद परिवार के बड़े लोगों में दीदी के विवाह की चर्चा होने लगी। मौसी ने अपने ससुराल के किसी रिश्तेदार के बेटे का प्रस्ताव दीदी से शादी के लिए भेजा था। पत्र में लड़के की तस्वीर के अतिरिक्त उसके बारे में सारी सूचना विस्तार से दे रखी थी।

कुछ ही दिन बाद मौसी के जमाई उसी लड़के को लेकर हमारे घर जम्मू पहुँचे। ऐसा लगता था कि माँ–पिताजी को उनके आने की पहले से ही सूचना थी क्योंकि मेहमानों के लिए दिन के भोजन और शाम की चाय का पहले से ही प्रबन्ध हो चुका था। दोनों मेहमानों का पूरे आदर–सत्कार से स्वागत किया गया। उनके जलपान की व्यवस्था बैठक में की गयी थी। हम उन्हें देखने के लिए उत्सुक थे, पर भीतर जाने का आदेश न होने के कारण परदे के पीछे से बाहर से ही हम एक झलक अपने मौसेरे जीजा जी के मित्र राजकुमार चड्ढा को देख पाये। उस दिन खाने के टेबल पर भी हम बच्चों को सम्मिलित होने की आज्ञा नहीं थी।

बहन जी दीदी के कमरे में आकर उन्हें और मीमी को आगन्तुक के विषय में सब कुछ बता रही थीं–

"लड़के का नाम राजकुमार है और उसने प्रसिद्ध गवर्नमेंट कॉलेज लाहौर से बी.ए. पास किया हुआ है। उसका अपना निजी व्यापार है

और उसके पिता श्री आर.डी. चड्ढा, जो पंजाब सरकार में अफ़सर हैं, मौसी के रिश्तेदार हैं। ऊपर से वह हमारी खुखरैन बिरादरी से भी हैं।''

दीदी का सुन्दर रंग–रूप देखकर इशारे से राजकुमार जी ने अपने मित्र को आँखों–आँखों में ही अपनी स्वीकृति दे दी थी, इसलिए अब बहन जी दोनों बहनों को सूचित कर रही थीं कि उनके वापस जाने से पूर्व ही माँ–पिताजी भी अपनी स्वीकृति देने वाले हैं।

उन दिनों शादी–ब्याह के लिए लड़कियों की सलाह या मर्ज़ी नहीं पूछी जाती थी–इसलिए शायद दीदी ने भी बड़ों के फ़ैसले को शिरोधार्य कर लिया होगा, परन्तु मीमी से चुप नहीं रहा गया। वह तुरन्त बोली–

''यह कैसी जोड़ी होगी भाई? इतनी सुन्दर लड़की और काला–सा पतला–सिकुड़ा लड़का?''

बहन जी ने मीमी के मुँह पर हाथ रखते हुए उन्हें सूचित किया –

''माँ पहले ही लड़के को सोने का सिक्का और उसके दोस्त को लिफ़ाफ़े में शगुन के पैसे दे चुकी हैं–सो बात अब पक्की हो गयी है। लड़का अकेला पानीपत में रहता है इसलिए दुबला है, सन्तोष शादी के बाद उसे अपने हाथ से बनाये गये भाँति–भाँति के पकवान खिलायेगी तो शीघ्र ही राजकुमार भी मोटा हो जायेगा। बाकी रही रंग की बात तो सारे पंजाबी लड़के तुम्हारे भाईजान जैसे गोरे तो नहीं हो सकते।''

दोनों पक्षों में कुछ पत्र–व्यवहार के बाद दीदी की शादी की तारीख़ 27 जनवरी 1951 पक्की हो गयी। समय का अभाव देखकर माँ घबरा रही थीं। कई बार जैन बाज़ार जाकर कोहली ज्वैलर्स की दुकान पर सोने के ज़ेवर देखे गये। माँ बहन जी और दीदी को उनकी पसन्द के अनुसार ज़ेवर बनवाने के लिए ले जातीं और कई बार लौटकर शिकायत करतीं कि लाहौर के ज़ेवरों और उनकी कारीगरी का कोई भी मुक़ाबला नहीं। बहन जी की शादी के समय उन्होंने लाहौर से ही ज़ेवर और कपड़ों की ख़रीददारी की थी और दीदी के लिए भी कुछ ज़ेवर बनवा लिए थे, जो क़बायली हमले में लुट चुके थे। सोना इन दिनों मात्र 112 रुपये तोला के हिसाब से मिल रहा था। बने–बनाये ज़ेवर उनको कुछ हल्के लगे इसलिए अपनी पसन्द के ज़ेवर बनने दिये

गये और कई बार दुकान पर फ़ोन करके उन्हें याद दिलाया जाता था कि शादी की तारीख़ नज़दीक आ रही है और उससे कुछ दिन पूर्व ही हम सब लोग अम्बाला के लिए रवाना हो जायेंगे।

दीदी को देने के लिए तीन सैट और उनके साथ मेल खाती हुई चूड़ियाँ और कंगन लिए गये। जीजा जी के लिए सोने की अँगूठी के अतिरिक्त उनकी माँ के लिए भी सोने के ज़ेवर खरीदे गये। लगभग 55 तोला सोना दीदी के लिए देने के बाद भी माँ को लग रहा था कि कहीं कुछ कमी न रह गयी हो।

माँ और दीदी हम सबसे पहले ही अमृतसर चली गयीं। रास्ते में पठानकोट से हमारे मौसेरे भाई भी ख़रीददारी के लिए उनके साथ हो लिए। लाहौर के बाद अक्सर अमृतसर से ही पंजाबी लोग अब शादी ब्याह की ख़रीददारी करते थे। विवाह से मात्र दो दिन पूर्व ही पिताजी के साथ हम सब सीधे जम्मू से अम्बाला पहुँचे। हमारे फूफा जी, जो अम्बाला के जाने–माने वकील थे, पहले से अम्बाला छावनी में किराये की एक बड़ी–सी कोठी की व्यवस्था कर चुके थे जहाँ सब प्रकार की सुविधाएँ प्राप्त थीं। माँ, दीदी और पंजाब से हमारे कुछ और रिश्तेदार पहले ही पहुँच चुके थे। खाना बनाने के लिए एक हलवाई और उसके कुछ सहायक विभिन्न प्रकार के पकवान बना रहे थे जो वहाँ रहने वाले मेहमानों के अतिरिक्त बारातघर में ठहरे बारातियों के लिए भी भेजे जा रहे थे।

उधर माँ को इस बात की चिन्ता हो रही थी कि शादी परदेस में होने के कारण किसी प्रकार की कोई कमी न रह जाये जबकि पिताजी हँसते हुए उन्हें आश्वासन देते–

"भई हमें कोई भी किसी कमी के लिए उलाहना नहीं देने वाला, क्योंकि हम तो स्वयं पुरी साहब के मेहमान हैं और सभी इन्तज़ाम तो उन्हीं के हैं।"

शादी की पूर्व–सन्ध्या को सभी महिलाएँ संगीत–सभा के लिए एकत्रित हुईं। कुछ वृद्ध महिलाएँ और कुछ पुरुष 'हाल' के किनारे–किनारे रखी गयी कुर्सियों पर विराजमान थे, परन्तु अधिकतर सभी लोग धरती

पर बिछाये गये गद्दों पर बैठे थे। हमारी बड़ी मामी जी और उनके साथ एक मौसेरी बहन बारी–बारी ढोलकी बजा रही थीं। समस्त परिवार के लोग पंजाबी लोक–संगीत का आनन्द ले रहे थे। कुछ गीत दुल्हन के सौन्दर्य के विषय में थे और कुछ उसके ससुराल चले जाने और मायके की याद आने को लेकर। कुछ देर बाद 'भाँगड़ा' और 'बोलियों' के साथ माँ और पिताजी की ओर से आये हुए सभी रिश्तेदारों को बारी–बारी नाचने पर भी बाधित किया जा रहा था। कुछ लोग स्वेच्छा से सामने आ रहे थे और कुछ को खींचकर सबके बीच में लाया जा रहा था। एक प्रकार से सभी रिश्तेदारों का परिचय कराया जा रहा था। बुरी नज़र से बचने के लिए उनके सिर से पैसे घुमाकर निछावर किये जा रहे थे।

कुछ देर के बाद हल्की–सी बारिश होने लगी। सब लोगों ने खाना खाया पर माँ की तो चिन्ता से भूख ही मर गयी। रात भी वह मुश्किल से सो पायीं। परन्तु शादी वाली सुबह को आकाश नीला और स्वच्छ था और सर्दियों की सुहानी धूप निखर रही थी। बँगले के विशाल उद्यान में सुन्दर शामियाना लगाया गया, एक ओर कोने में 'वेदी' बनायी गयी और पीछे की ओर हलवाइयों के लिए अलग से टैंट लग गये।

परिवार के कुछ युवकों को नाश्ता लेकर बारातघर भेजा गया। परिवार की महिलाएँ परस्पर एक–दूसरे से शाम को पहने जाने वाले कपड़ों और ज़ेवर को लेकर विचार–विमर्श कर रही थीं। कुछ ही क्षण में 'चूड़ा चढ़ाने' की रस्म होने वाली थी, इसलिए गुल्ली जाकर सभी को निश्चित समय पर पहुँचने की याद दिला रही थी।

लगभग ग्यारह बजे हमारे मौसेरे भाई ने पण्डित जी के कहने के अनुसार वेद–मन्त्रों के उच्चारण के बीच दीदी को हाथी दाँत का लाल और सफ़ेद 'चूड़ा' दोनों हाथों में पहनाया। परिवार की बड़ी–बूढ़ियाँ पंजाबी के 'सुहाग' गा–गा कर दीदी को सदा सुहागिन रहने और ससुराल में सब प्रकार के सुख मिलने की शुभकामनाएँ दे रही थीं। परिवार के सदस्यों ने उसी समय दीदी को विभिन्न उपहार और कुछ लोगों ने लिफ़ाफ़े में डाल कर नक़द पैसे दिये। सारा समय दीदी रोती

रहीं और माँ भी उनके आँसू पोंछते और उन्हें चुप करवाने के साथ स्वयं भी रोती रहीं। सबको रोते देख बरबस मेरे भी आँसू निकल आये।

बग़ीचे में शामियानों के अतिरिक्त पेड़ों और झाड़ियों में भी छोटी–छोटी रंग–बिरंगी लैम्पों की लड़ियाँ शाम होते ही जलने लगीं। मुख्य गेट पर बड़ी–सी दो बत्तियाँ और वहाँ से भीतर जाते रास्ते पर भी बड़े लैम्प लगाये गये थे। गेट हरे पत्तों, फूलों, बत्तियों और अन्य चीज़ों से सुसज्जित था। बहुत–से मेहमान बग़ीचे में एक–दूसरे से मिल–जुल रहे थे। हमारे रिश्ते में कुछ युवक सभी की अगवानी और आव–भगत में व्यस्त थे।

मैं अपनी चोटियाँ नहीं बना सकती थीं और मुझे चिन्ता हो रही थी कि मेहमान आने लगे हैं और मैं अभी तैयार नहीं। बाहर जाऊँ तो कैसे? गुल्ली ने आकर मुझे पहले तो तिल्ले की कढ़ाई वाला गरारा–सूट पहनाया और फिर उससे मेल खाते रंग के रिबन से मेरी दो चोटियाँ बना दीं।

अचानक बैंड–बाजे की आवाज़ सुनकर सभी लोग गेट की ओर लपके। अभी तक जो महिलाएँ घर के भीतर थीं वह भी बारात का स्वागत करने बाहर आ गयीं। दूल्हे राजा घोड़ी पर सवार थे और उनके चेहरे पर चाँदी के मुकुट के सहारे सुनहरे रंग का सेहरा जिसमें कुछ बेला की मालाएँ भी थीं–झूल रहा था। हल्के गुलाबी रंग की पगड़ी और मोतिया रंग की अचकन और चूड़ीदार पहने हुए और कमर में तलवार लटकाये हुए हमारे राज जीजा जी वास्तव में ही किसी राजकुमार जैसे लग रहे थे। उनके पीछे–पीछे उन्हीं के जैसे कपड़े पहने उनका पाँच वर्षीय भांजा बैठा था।

हमारे पक्ष के कुछ पुरुषों ने आगे बढ़कर बारातियों पर पुष्प–वर्षा और गुलाबजल का छिड़काव कर उनकी अगवानी की। सारी बारात में मात्र चार ही महिलाएँ थीं–उन्हें सम्मानपूर्वक कुछ महिलाएँ अन्दर ले आयीं। गेट पर ही मिलनी की रस्म पूरी हुई और तत्पश्चात दो–तीन युवक आगे बढ़कर दूल्हे राजा और उनके भांजे को घोड़ी से उतारकर

अन्दर शामियाने में सजे सोफ़ों तक ले आये। समस्त बारात की देखभाल हमारे पक्ष के लोग पूरी लग्न से कर रहे थे।

दूल्हे की दो छोटी बहनें, एक मौसी और एक बुआ–चारों महिलाओं को भीतर हाल में ले जाया गया। उनकी देखभाल करते हुए हमारी ओर की कुछ महिलाएँ उन्हें 'सिठानियाँ' गा–गाकर मज़ाक़ कर रही थीं और इस बात का उलाहना दे रही थीं कि उनका दूल्हा हमारी फूल जैसी कोमल और सुन्दर दुल्हन के लायक ही नहीं। इसी हँसी–मज़ाक़ के वातावरण में दूल्हे की मौसी व बुआ ने सूटकेस खोल कर सामान सोफ़ों पर फैलाकर दिखाना शुरू किया। यह ज़ेवर और भारी काम के कपड़े दुल्हन के लिए उसकी ससुराल से 'वरी' के रूप में लाये गये थे। उस समय हमारी मौसी, जो दूल्हे के परिवार से भी सम्बन्धित थीं, पहचान गयीं कि उस सामान में से कुछ सामान केवल पुराना ही नहीं अपितु कुछ कपड़े और ज़ेवर किसी और से उधार लिए गये हैं।

माँ ने अपनी क़सम दिलाकर मौसी को चुप रहने को कहा। उन दिनों कुछ परिवारों में रिवाज़ था कि भारी ज़ेवर–कपड़ा लोगों से माँग कर दुल्हन को सबके सामने चढ़ा दिया जाता और बाद में ससुराल जाते ही सास सब कुछ वापस ले लेती थी। ऐसे रिवाज़ को देखकर माँ का मन तो अवश्य खट्टा हुआ पर शान्ति बनाये रखने के लिए उन्होंने मौसी को कुछ भी कहने से रोक दिया।

तभी गुल्ली ने आकर सभी को बाहर जयमाला की रस्म के लिए बुलाया। दीदी ने रेशमी लाल रंग का सुनहरी तिल्ले के काम का सूट पहना हुआ था और दुपट्टे के ऊपर से पंजाबी दुल्हनों के द्वारा पहना जाने वाला 'फुलकारी सालू' जो लगभग सारे शरीर को ही ढँक रहा था। दीदी के चेहरे को लम्बा–सा घूँघट ढँके हुए था। केवल उनके मेंहदी लगे हाथों में ज़ेवर और लम्बी–लम्बी कलीरे, मखाने और नारियल की लड़ियाँ दिख रही थीं। विश्वास ही नहीं हो रहा था कि अन्य महिलाओं का सहारा लेकर धीरे–धीरे चलने वाली यह लाल प्रतिमा हमारी सुन्दर और फुर्तीली व फ़ैशनेबल दीदी ही होगी। वही दीदी जो श्रीनगर में स्वच्छन्द रूप से साइकिल पर सवार इधर–उधर घूमती थी।

कुछ भाई लोग दूल्हे राजा को भी विवाह–मण्डप तक ले आये। मण्डप से पहले एक मंच पर दीदी अपनी सहेलियों के बीच खड़ी थी। पण्डित जी के मन्त्रोच्चारण के बीच दूल्हा–दुल्हन ने एक–दूसरे को सुन्दर सुगन्धित लाल गुलाब की मालाएँ पहनायीं। चारों ओर लोगों के बीच खुले आसमान के नीचे चार केले के पेड़ों और गेंदे की मालाओं से बने हुए विवाह मण्डप में दोनों ओर के पुरोहित विराजमान हो गये और उन्होंने अग्निकुण्ड में मन्त्रों के उच्चारण के बीच अग्नि प्रज्वलित कर कई प्रकार की रस्में पूरी कर लीं–वर–वधू दोनों ने उस कुण्ड के कुछ चक्कर लगाये और घोषणा हुई कि विवाह सम्पन्न हुआ।

दूसरी सुबह दीदी की विदाई थी। बैंड पर एक उदास धुन, "छोड़ बाबुल का घर, मोहे पी के नगर आज जाना पड़ा" बजने लगी। सभी महिलाओं की आँखें भर आयीं। दीदी से गले मिलकर माँ और मीमी तो फूट–फूटकर रोने लगीं। सबको रोते देख मैं भी रोने लगी, तब तीन–पीस के विदेशी सूट में कुछ अलग लगने वाले राज जीजा जी ने मुझे और पिन्नी को स्नेहपूर्वक अपनी जेब से निकाल कर एक–एक पैकेट चॉकलेट दिया और उसी समय से हमारी उनसे दोस्ती हो गयी।

# फिर वही दिनचर्या

दीदी की शादी के बाद जम्मू आकर हमें कुछ दिन उनकी कमी काफ़ी महसूस होती रही, फिर सभी कुछ सामान्य रूप से चलने लगा। मीमी ने अम्बाला से लौटकर अपनी एम.ए. की पढ़ाई पर अधिक ध्यान देना शुरू कर दिया। उनकी परीक्षा तो अप्रैल महीने में होनी निश्चित थी, पर उसके उपरान्त उन्हें मौखिक परीक्षा के लिए शिमला जाना था। दोनों की तैयारी में भैया जी और पिताजी के मित्र पुरी साहब के पुत्र प्रोफ़ेसर बलराज पुरी उनकी मदद कर रहे थे।

हमारे स्कूल सर्दियों की छुट्टी के बाद मार्च में खुल रहे थे, इसलिए पिताजी ने गुल्ली, पिन्नी और मुझे साथ लेकर श्रीनगर जाने के लिए हवाई जहाज़ की टिकटें ख़रीद लीं–हम तीनों बहनों के लिए हवाई यात्रा का यह पहला अवसर था क्योंकि उन दिनों कम ही लोग हवाई जहाज़ में यात्रा किया करते थे। जम्मू का 'सतवारी' हवाई अड्डा भी उन दिनों अधिक बड़ा नहीं था–सभी यात्री एक ही हाल में प्रतीक्षा किया करते थे।

कुछ ही देर बाद कुछ अफ़सरों के साथ रियासत के प्रधानमन्त्री शेख़ मुहम्मद अब्दुल्लाह भी वहाँ आ पहुँचे। पिताजी उन्हें जानते थे और उठकर उन्होंने पहले उनका अभिनन्दन किया और हम तीनों बहनों का उनसे परिचय भी करवाया। उनका काफ़ी ऊँचा क़द था और शरीर भी काफ़ी गठीला, वह पिताजी से भी क़द में लम्बे थे। उन्होंने मोटे फ्रेम के चश्मे, कराकुली टोपी और साथ में 'डबलब्रेस्ट' सूट पहना हुआ था।

जिस प्यार से उन्होंने हमारी ओर देखा, मुझे प्रतीत हुआ कि उन्हें बच्चे पसन्द होंगे। कुछ देर बाद उन्होंने शैतानी से मेरी और गुल्ली की लम्बी चोटियों को कुर्सी के पीछे आपस में बाँध दिया था और जब हम उठीं तो वह ख़ूब हँसे।

हालाँकि पिताजी और शेख़ साहब में आपस में महाराजा साहब को लेकर काफ़ी मतभेद थे, किन्तु वह दोनों सदैव एक–दूसरे को पूरी इज़्ज़त से मिलते थे। पिताजी उन्हें रियासत का प्रधानमन्त्री होने के नाते उनसे पूर्ण रूप से शिष्टाचारपूर्वक मिलते और शेख़ साहब पिताजी के वनस्पति विज्ञान एवं वानिकी के अभूतपूर्व ज्ञान की पूरी क़द्र करते थे। बाहर से आने वाले सभी लोगों से वह पिताजी का परिचय "यह हमारी रियासत के सबसे लायक और जानकार बॉटेनिस्ट हैं" कह कर करवाया करते थे। कुछ ही महीने पहले उन्होंने पिताजी को रियासत का मुख्य कृषि निर्देशक बनाने की भी पेशकश की थी, जिसे पिताजी ने यह कहकर कि अब उनके रिटायर होने में कुछ ही साल बचे हैं मना कर दिया।

जैसे ही उड़ान की घोषणा हुई, हम सभी लोग कुछ दूर खड़े 'डैकोटा' हवाई जहाज़ तक पैदल गये और फिर सीढ़ियाँ चढ़कर भीतर। मैं खिड़की के पास वाली सीट पर बैठना चाहती थी, पर मुझे 'मोशन सिकनेस' होने के कारण गुल्ली ने मुझे बीच वाली सीट पर बैठाया और मेरी कुर्सी की पेटी भी ठीक प्रकार लगा दी। अधिकतर यात्री श्रीनगर जाने वाले सरकारी अफ़सर ही थे। उन दिनों सीटों पर बैठने के लिए कोई निर्धारित संख्या नहीं होती थी–लोग अपनी इच्छानुसार या फिर उपलब्धता अनुसार बैठ जाया करते थे। कुछ ही समय पश्चात एक 'ट्रे' में स्वीट्स, सौंफ और रूई के छोटे–छोटे पैकेट लिए 'स्टीवर्ड' प्रस्तुत हुआ। साथ ही उसने हमारी सीट–बैल्ट भी चैक कर ली। उन दिनों के पुराने हवाई जहाज़ में पूर्ण रूप से हवाई–दबाव का सन्तुलन न होने के कारण उड़ान भरते समय कानों में रूई के छोटे टुकड़े डाल लेने पड़ते थे–उड़ान भरते ही मुझे ऐसा लगा जैसे पैरों तले ज़मीन खिसक रही हो।

भयभीत होकर मैंने गुल्ली का हाथ पकड़ लिया। उसने स्नेहपूर्वक 'शीघ्र सब ठीक हो जायेगा' कहकर मुझे आश्वस्त किया।

क़रीब तीस–चालीस मिनट बाद गुल्ली ने मुझे खिड़की से झाँककर नीचे घाटी में बहती हुई झेलम नदी दिखायी। जैसे–जैसे जहाज़ नीचे उतरता गया, धीरे–धीरे पतली–सी नदी भी बड़ी होती गयी और शंकराचार्य पहाड़ी भी दिखने लगी। ऊपर से सब घर ऐसे दिख रहे थे मानो मेरी कहानियों की पुस्तक 'गुलीवर ट्रेवल्स' के मकान हों। दूर–दूर बादाम के बग़ीचों में भी गुलाबी रंग के शिगूफ़े खिल रहे थे।

यात्रा सम्पन्न होते ही हमने अपने स्कूल के बैग उठाये और साथ रखे हुए गर्म कोट पहन लिए क्योंकि बाहर घाटी का तापमान अभी भी काफ़ी कम होने के कारण खिली धूप में भी काफ़ी ठण्ड थी। सामान इकट्ठा करके जब हमने घर की ओर प्रस्थान किया, मार्ग में अधिकतर सफ़ेदे, चिनार इत्यादि के पेड़ों पर अभी भी पत्ते नहीं थे। कई खेतों में सरसों फूल रही थी और कहीं–कहीं बादाम और आलूबुखारे के पेड़ों पर शगूफ़ा।

बटमालू में घर पहुँचकर माँ की कमी महसूस हुई, पर पिताजी ने आश्वासन दिया कि स्कूल जाते हुए एक–आध महीना कैसे कट जायेगा हमें मालूम भी नहीं होगा। गुल्ली ने घर पहुँचते ही हम सबकी देखभाल शुरू कर दी–स्कूल की किताबें, यूनीफॉर्म और टिफिन बॉक्स ठीक से तैयार करके टेबल पर दूसरे दिन के लिए तैयार थे। रसोइया बोधराज एक दिन पूर्व ही जम्मू से बस द्वारा पहुँच चुका था। उसे गुल्ली ने रसोई का सामान लेने के लिए अमीराकदल भेज दिया और दूसरे दिन सुबह से शाम तक क्या–क्या बनाना है, उसे उस सबकी सूची भी दे दी। इस प्रकार घर का प्रबन्ध करते देखकर पिताजी प्रसन्न हुए और उसे ख़ूब शाबाशी दी। उन दिनों स्वयं पिताजी भी अधिकतर शाम को जल्दी लौटने का प्रयास करते और रास्ते से हमारे लिए कुछ–न–कुछ अच्छी खाने की चीज़ भी ले आते। माँ और मीमी के पत्रों का हमें ख़ूब इन्तज़ार रहता।

मार्च के अन्त में हमारी वार्षिक परीक्षा के बाद हमें एक सप्ताह की छुट्टियाँ मिलीं और अप्रैल में स्कूल खुलते ही हम अपनी–अपनी नयी कक्षा में बैठने लगे। मैं अपनी कक्षा में प्रथम रही, इसलिए पिताजी मुझसे ख़ूब प्रसन्न थे।

मई के अन्त में भैया जी, माँ–मीमी, बहन जी और उनका छोटा–सा बेटा पवन और उसकी डोगरा आया भी श्रीनगर पहुँच गये। पुराना रसोइया भैया सिंह अब अपने गाँव जाकर अपनी ज़मीन जायदाद देखना चाहता था क्योंकि उसके बेटे को मिलिट्री में नौकरी मिल गयी थी। माँ ने उसे एक महीना बोधराज को ठीक से काम करना सिखाने का अनुरोध किया। वह भी जून में पवन के पहले जन्मदिन तक रुकना चाहता था, इसलिए उसने माँ की बात मान ली।

पाँच जून को पवन का जन्मदिन था इसलिए उसके तीन दिन पहले ही भाईजान दस दिन की छुट्टी लेकर श्रीनगर आये। बहन जी और उन्होंने गुल्ली की मदद से शाम की पार्टी की ख़ूब अच्छी तैयारी कर ली। नीडोस होटल में केक का ऑर्डर और कई प्रकार की मिठाइयों का प्रबन्ध माई सोमा बाज़ार स्थित सन्तराम हलवाई से हो गया। विभिन्न प्रकार के व्यंजन भैया सिंह जी ने पूरे शौक़ से स्वयं बनाये और आस–पास के कुछ लोगों को बहन जी ने चाय पर बुला लिया। मिलिट्री में उन दिनों पार्टियाँ ख़ूब होती थीं, इसलिए इस काम में बहन जी निपुण थीं। इस अवसर पर दीदी की कमी सभी को महसूस हुई पर उनके ससुर जी उन दिनों शिमला में रहते थे और गर्मी के कुछ दिन बिताने के लिए जीजा जी और दीदी शिमला गये हुए थे।

हमारे बटमालू स्थित मकान मालिक कर्नल देवी सिंह के एक भतीजे कैप्टन मोहन सिंह का तबादला श्रीनगर हो गया था और वह अपनी पत्नी और माता जी सहित पास ही एक मकान में रहने लगे थे। उनके वहाँ आ जाने से और उनके यहाँ जम्मू से काफ़ी मेहमान आये रहने से वहाँ अब काफ़ी रौनक हो गयी थी।

पिताजी के पुराने मित्र बलदेव सिंह त्रेहण का भी श्रीनगर बिजली विभाग में तबादला हो जाने के बाद वह भी अपने रिश्तेदार चेतराम

चोपड़ा की बटमालू स्थित कोठी में रहने लगे थे। पहले हम और वे लोग बारामुला इकट्ठे रह चुके थे। इसलिए माँ की और उनकी आपस में ख़ूब दोस्ती थी। उन्हें हम मासी जी कहकर सम्बोधित करते थे और उनके बच्चे माँ को मासी कहकर पुकारते। हम सब प्रायः आपस में मिलते थे और छुट्टी वाले दिन काफ़ी देर तक खेलते रहते। माँ बहुत अच्छे–अच्छे अचार बनाने में निपुण थीं, इसलिए अचार के नुस्ख़ों, विभिन्न व्यंजनों के बनाने की विधि भी वह दोनों महिलाएँ आपस में बाँट लेती थीं। बुनाई–सिलाई के नये–नये डिज़ाइन को लेकर भी चर्चा होती और जब कभी किसी गम्भीर विषय में उन दोनों ने आपस में बातचीत करनी होती, हमें कमरे से बाहर भेज दिया जाता।

मीमी के एम.ए. पास होने की सूचना हमें मिली और उसके बाद तो बधाई की तारों का और मिलने वालों का ताँता लग गया। हमारे सरलजंग चाचा जी, जिन्होंने स्वयं कैम्ब्रिज विश्वविद्यालय से पीएच.डी. की हुई थी और जो पंजाब इंजीनियरिंग कॉलेज में प्रोफ़ेसर थे, ने एक सुन्दर शब्दों वाला लम्बा–सा भावुक पत्र लिखकर मीमी को बधाई के साथ ही बिना कॉलेज गये केवल भैया जी की मदद से द्वितीय श्रेणी में एम.ए. पास करने की ख़ूब शाबाशी दी।

अक्टूबर में भाईजान अपनी दो महीने की वार्षिक छुट्टी लेकर श्रीनगर आये और चार–पाँच दिन हमारे साथ रहने के बाद बहन जी, पवन एवं उसकी आया को लेकर हवाई जहाज़ से दिल्ली चले गये जहाँ से उन्होंने अपने माता–पिता के पास मेरठ जाना था। उन सबके चले जाने से घर बहुत सूना–सूना लगने लगा।

# स्थानान्तरण

श्रीनगर में अच्छा मौसम आते ही अधिकतर घरों में फ़सली बेटरों की भाँति मेहमानों का आना भी प्रारम्भ हो जाया करता था। कुछ लोग तो 'दरबार' श्रीनगर आ जाने के कारण अपने सरकारी काम करवाने के लिए यहाँ आते थे और कुछ अच्छे मौसम का आनन्द लेने। हमारे पड़ोसी कैप्टन मोहन सिंह के घर भी ऐसे ही एक अतिथि आये जो कर्नल देवी सिंह के भतीजे थे।

सन् 1956 के हिन्दू सक्सेशन एक्ट के पारित होने से पूर्व हिन्दू परिवार की सम्पत्ति बेटियों को नहीं मिला करती थी, अपितु किसी भी बेटे या नज़दीकी पुरुष वारिस को मिलती थी। कर्नल देवी सिंह की पाँच बेटियाँ थीं–बेटा कोई नहीं जिस कारण उनकी कोठी, जिसमें हम रहते थे, उनके किसी निकट सम्बन्धी को मिलना तय थी। अपनी पिछली यात्रा के दौरान उस व्यक्ति ने पिताजी को पूरी लगन से कर्नल साहिब की कोठी में नये फलदार पौधे और चारदीवारी के साथ–साथ सुन्दर फूलों वाले कँटीले पेड़ लगवाते देखा था, इसलिए उनको लगा कि शायद हम लोग यह कोठी कभी ख़ाली न करें, इसलिए उस व्यक्ति ने कर्नल साहिब को कई प्रकार से भयभीत करने का पूरा यत्न किया और उन्होंने हमें कोठी ख़ाली करने को कह दिया।

ग्रीष्मकाल आरम्भ होते ही पर्यटकों के आने और जम्मू से 'दरबार' श्रीनगर आ जाने के कारण नज़दीक में हमें कोई कोठी मिलना सम्भव नहीं था, इसलिए माँ ने पिताजी से कर्नल देवी सिंह से कुछ और समय

रहने देने का अनुरोध करने को कहा, परन्तु पिताजी अपने वचन पर अटल होने के कारण ऐसा नहीं करना चाहते थे। माँ और मीमी लगभग रोज़ वृद्ध सम्पत्ति एजेंट के साथ घर देखने जातीं पर बड़े बग़ीचे वाली कोई भी कोठी उपलब्ध नहीं थी। घर में तनाव का माहौल हो गया।

ऐसी परिस्थिति में जंगलात के विभाग से पिताजी के एक अच्छे मित्र ने उनका धर्मसंकट दूर करने में मदद की। उनके ससुर जी के कुछ फ़्लैट हफ़्त चिनार में उपलब्ध थे–उनमें से दो हमें किराये पर मिल गये। उन्हीं की कुछ खेती की भूमि एयरपोर्ट रोड पर स्थित थी, जो खजूरिया साहब की सिफ़ारिश से उनके ससुर जी ने हमें अपने फूल–पौधे लगाने के लिए दे दी।

घर का सामान तो बटमालू से हफ़्त चिनार एक ही दिन में चला गया, किन्तु भूमिगत फूलों के 'बल्ब' निकालना आसान काम नहीं था। दिहाड़ी के कुछ मज़दूरों को बुला युद्ध–स्तर पर मीमी, कभी माँ या फिर पिताजी अपने निरीक्षण में उन सभी बल्ब व जड़ों को निकलवाने में व्यस्त हो गये। माँ का व्यापार पहले ही बारामुला से विस्थापित होने पर पिछड़ गया था, अब और नुक़सान होना निश्चित था। पहली प्राथमिकता थी बटमालू से सामान निकाल कर एयरपोर्ट रोड स्थित भूमिखण्ड पर पहुँचाना। वहाँ उन्हें छाँव में फैलाकर रखा गया–तभी कैप्टन मोहन सिंह के अनुरोध पर कर्नल देवी सिंह ने पिताजी को कहा कि मकान तो ख़ाली हो ही चुका है, शेष सामान वह सुविधानुसार और मौसम के अनुसार नवम्बर तक उखड़वा सकते हैं।

बसन्त ऋतु में खिलने वाले नरगिस, डैफोडिल, पियूणी, ट्यूलिप, हाइसिंथ और आइरिस इत्यादि तो निकालकर नये भूमिखण्ड पर क्यारियाँ बनाकर लगा दिये गये, पर ग्रीष्मकाल में खिलने वाले कुछ पौधे उखाड़ने शेष रहे, जिनके लिए बाद में अक्टूबर–नवम्बर माह में निकलवाने का प्लान बना।

इधर कम–से–कम दस कनाल वाली कोठी की खोज में हम लोग लगे रहे। माँ और मीमी प्रायः बड़े सम्पत्ति एजेंट से सम्पर्क कर नये घर की खोज में व्यस्त रहीं पर श्रीनगर में दिन–ब–दिन बड़े बँगलों

की संख्या कम हो चुकी थी। कर्ण नगर, वजीरबाग़, गोगजी बाग़ और राजबाग़ जैसी नयी कॉलोनियों में छोटे प्लॉटों में ही घर बने हुए थे और बड़ी कोठियाँ केवल नगर से दूर–दूर स्थानों पर ही रह गयी थीं। माँ यह जानती थीं कि उन्हें अगस्त–सितम्बर तक धैर्य रखना पड़ेगा, क्योंकि तब जम्मू वाले कुछ अफ़सर जो अपने परिवार श्रीनगर 'दरबार मूव' के बाद लाते थे–वापस उन्हें जम्मू भेज देते थे।

अगस्त के प्रथम सप्ताह में माँ और मीमी जब घर लौटीं तो उनके चेहरे पर सन्तोष की झलक देखते ही हम समझ गये कि उन्हें कुछ पसन्द आ गया है। पता चला कि गोलपार्क (जहाँ अब स्थानीय हाई कोर्ट स्थित है) और उस्मान जनाना पार्क (जहाँ स्थानीय सेक्रेटरिएट है) के कोने में एक आठ कनाल का सुन्दर बँगला किराये के लिए उपलब्ध है और क्योंकि उसका मालिक सदैव के लिए दिल्ली चला गया है, उसमें काफ़ी अच्छा फ़र्नीचर भी साथ ही मिलेगा। पिताजी ने तुरन्त 80 रुपये माह के किराये पर दूसरे ही दिन उसके इकरारनामे पर हस्ताक्षर कर शीघ्रतम वहाँ जाने का मन बना लिया।

अब हम लोग बटमालू से अधिक दूर नहीं थे और घर के साथ काफ़ी बड़ी ज़मीन का भूखण्ड भी था। इसलिए फिर एक–आध महीने के बाद मीमी ने बटमालू जाकर शेष पौधों को उखड़वाने का प्रोग्राम बनाया। वह हमेशा से माँ और पिताजी की बेटा न होने की कमी को पूरा करने में प्रयत्नशील रहती थी और अब वह यह मौक़ा मिलने पर पूरी मेहनत से बाकी का सामान लाकर नयी कोठी में लगवाना चाहती थी। कर्नल साहिब की स्वीकृति तो थी ही, इसलिए वह माली फत्ता को साथ लेकर और गुल्ली को अपनी साइकिल पर पीछे बिठाकर बटमालू से बाकी का सामान निकलवाने में जुट गयी। दोनों बहनों के गाल गर्मी से लाल हो जाते, फिर भी वह अपने काम में लगी रहतीं। ऐसे ही अवसर पर एक दिन जब वह 'डबल बिगोनिया' और 'डेहलिया' के बल्ब उखाड़ रही थीं, कर्नल के भतीजे ने मीमी का हाथ पकड़कर उन्हें रोकना चाहा। मीमी ने क्रुद्ध हो बेलचा हाथ में उठाकर उस व्यक्ति

को अंग्रेज़ी में पूरे ज़ोर से ललकारा और उसकी पुलिस में शिकायत करने की धमकी भी दे डाली। उन दिनों बहुत कम डोगरा ज़मींदारों के बेटे अच्छी अंग्रेज़ी बोल सकते थे–वह व्यक्ति भी भौचक्का होकर माफ़ी माँगने लगा।

इस समस्त प्रकरण से ख़ूब उत्साहित होकर गुल्ली ने घर आते ही सारी घटना का वर्णन विस्तारपूर्वक कर दिया। एक सुरक्षात्मक माँ होने के नाते माँ ने फ़ैसला सुना दिया–

"अब तुम में से कोई भी वहाँ नहीं जायेगा।"

× × ×

मीमी एवं दोनों दिवान बहनें बीच–बीच में युवरानी के साथ बैडमिंटन खेलने जाया करती थीं। जब उन्हें पता चला कि विवाहोपरान्त दीदी पहली बार श्रीनगर आयी है तो युवरानी ने हमारे परिवार के सभी सदस्यों को शाम की चाय का निमन्त्रण भेज दिया। हमारे नये घर में पैलेस की दो मोटरगाड़ियाँ भिजवाकर उन्होंने हमें कर्ण महल बुलवाया।

महाराजा हरि सिंह ने लगभग दो दशक पूर्व ही कर्ण महल का निर्माण विशेषकर युवराज के लिए करवाया था। हालाँकि 17 नवम्बर 1952 से उनके सदर–ए–रियासत बन जाने के बाद उन्हें कहीं भी सरकारी घर मिल सकता था, पर उन्होंने अपने महल में ही रहना ठीक समझा। शंकराचार्य पहाड़ी के दामन में स्थित इस सुन्दर महल पर डोगरा राजघराने का केसरी झण्डा अभी भी फहराया करता था।

चाय की पार्टी पर बस हमारे ही परिवार को बुलाया गया था–माँ और पिताजी और साथ में हम पाँचों बहनें। महल के पोर्च में युवराज के ए.डी.सी. ने हमारा स्वागत कर हमें ले जाकर ड्राइंग रूम में बिठाया। अट्ठारह वर्षीय शर्मीली युवरानी हमसे मिलने वहीं पहुँचीं। माँ और पिताजी को वह पहले मिल चुकी थीं, पर मीमी ने बाकी हम सबका साक्षात्कार उनसे करवाया। वह स्वयं एक भरे–पूर परिवार से थीं और हमें बड़े सान्निध्य से मिलीं और कहने लगीं कि हम तीनों उन्हें उनकी छोटी बहनों की याद दिला रही हैं। तत्पश्चात् युवराज कर्ण सिंह भी

वहाँ पधारे और हम सबके साथ चाय पीने के बाद किसी कार्य से शीघ्र चले गये।

कर्ण महल में पिताजी के बाद मीमी सबसे अधिक शान्त मनःस्थिति में थी क्योंकि उसका युवरानी से मेल–जोल और आना–जाना रह चुका था। दीदी युवरानी की सादगी से प्रभावित हुई और हम तीनों इस बात से ख़ुश थीं कि उन्होंने हम तीनों से अलग–अलग हमारे नाम, कक्षा, शौक़ और रुचि के विषय में प्रश्न पूछे।

वापसी में माँ युवरानी के इस छोटी आयु में ही अपनी हैसियत के बावज़ूद लोगों के लिए पूर्ण सौहार्द्र बनाये रखने में एक बढ़िया सन्तुलन की तारीफ़ करती रहीं।

# राजनीतिक उलट-पलट

23 जून 1953 को भारतीय जनसंघ के प्रख्यात नेता श्यामा प्रसाद मुखर्जी का सन्दिग्ध हालात में श्रीनगर में निधन हो गया। पण्डित प्रेमनाथ डोगरा और अन्य कुछ जम्मू के नेताओं के अनुरोध पर मई 1953 में उन्होंने बिना किसी 'परमिट' के पंजाब से रावी पुल पार कर जम्मू–कश्मीर की सरहद में लखनपुर चौकी को लाँघकर रियासत में पर्दापण किया। वह यह क़दम जम्मू वालों की माँग 'एक निशान, एक विधान और एक प्रधान' के समर्थन में उठा रहे थे। रियासत के तत्कालीन प्रधानमन्त्री शेख़ अब्दुल्लाह ने उन्हें 11 मई को हिरासत में ले श्रीनगर भिजवाने का आदेश दिया। उसके बाद मुखर्जी भूख हड़ताल पर चले गये। पहले कुछ दिन उन्हें एक जीर्ण–शीर्ण भवन में नज़रबन्द किया गया और जब उनकी सेहत वहाँ बिगड़ने लगी, तो उन्हें स्थानीय अस्पताल (महाराजा हरि सिंह अस्पताल) में भर्ती कर दिया किन्तु यहाँ भी न तो उनसे किसी को मिलने दिया गया और न उनके मित्र एवं पारिवारिक चिकित्सक डॉक्टर बी.सी. राय की कोई सलाह ली गयी। श्यामा प्रसाद मुखर्जी पहले 'ड्राई प्लूरिसी' से पीड़ित रह चुके थे और उन्हें पैंसिलिन से एलर्जी भी थी।

उन्हीं दिनों, रिवाज़ के अनुसार, दीदी भी अपने पहले डिलिवरी के कारण हमारे पास श्रीनगर में रह रही थीं। वह नियमित रूप से अपने डॉक्टर से मिलने उसी एस.एम.एस. अस्पताल में प्रत्येक माह जाया करती थीं। उसी अस्पताल की नर्स विद्या मल्होत्रा अस्पताल से आने

वाले मार्ग में हमारे घर आकर दीदी से मिलकर भी उनका हाल–चाल जान लेती थीं। हमारा घर उनके रास्ते में ही था इसलिए उन्हें कोई असुविधा नहीं होती थी।

24 जून को प्रातः ही विद्या मल्होत्रा रात की 'ड्यूटी' करने के बाद हमारे घर पहुँचीं–वह बहुत घबराई हुई दिख रही थीं। हाँफते हुए उन्होंने कहना शुरू किया–

"अरे, इन जल्लादों ने बंगाल के शेर को धोखे से मार दिया। इतने बड़े आदमी की बस एक ही इंजेक्शन से जान ले ली।"

माँ ने उन्हें पानी का गिलास देते हुए शान्त होकर ठीक से बताने का अनुरोध किया कि आख़िर हुआ क्या?

माँ और पिताजी को उन्होंने बताया कि श्यामा प्रसाद मुखर्जी को 'पैंसिलिन' से एलर्जी थी, यह बात जानते हुए भी उन्हें स्थानीय डॉक्टर ने पैंसिलिन का इंजेक्शन लगा दिया, जिससे उनकी मृत्यु होना स्वाभाविक था।

यह पूछने पर कि उनके पार्थिव शरीर को कब अस्पताल से लाया जायेगा और उनका अन्तिम संस्कार कब होगा, उसी उत्तेजित भाव में वह बोली–"अरे कोहली साहब आप क्या जानें, जिन्होंने इतनी चालाकी से उन्हें मारा है क्या वह उसका पार्थिव शरीर वहाँ से चोरी–चोरी निकाल नहीं देंगे?"

उन दिनों श्रीनगर के अत्यधिक घरों में टेलीफ़ोन की सुविधा नहीं थी, इसलिए दफ़्तर पहुँचने पर पिताजी ने भाईजान के मित्र कर्नल राय को बादामी बाग़ स्थित सेना के अस्पताल में फ़ोन करके पूछा तो पता चला कि श्यामा प्रसाद मुखर्जी का पार्थिव शरीर अस्पताल से सीधे एयरपोर्ट ले जाया जा रहा है और वहाँ से उसे शीघ्रतम एयरफोर्स के हवाई जहाज़ से कलकत्ता ले जाया जायेगा।

पिताजी ने मालियों से फटाफट फूलों की एक 'रीथ' बनवायी और उसे ले जाकर हवाई अड्डे पर दिवंगत आत्मा को श्रद्धापूर्वक समर्पित की। वह यह देखकर हैरान थे कि मुखर्जी जैसे महान व्यक्ति

पर जम्मू–कश्मीर में वही एक इकलौती पुष्पांजलि थी; तभी उनकी जान–पहचान वाले एक व्यक्ति उन्हें एक ओर ले जाकर बोले–

"अरे, कोंहली साहब आपने यह क्या किया? इस काम के फलस्वरूप शेख़ साहब आपसे और भी ज़्यादा नाराज़ होंगे?"

पिताजी ने शान्तिपूर्वक कहा–"उनके क़द के एक भारतीय नेता को मरणोपरान्त इतनी इज़्ज़त तो देना बनता है, भाई।"

पश्चिम बंगाल के तत्कालीन मुख्यमन्त्री डॉक्टर बी.सी. राय जो मुखर्जी परिवार के डॉक्टर भी थे, ने केन्द्रीय सरकार को पत्र लिखकर मुखर्जी की इस प्रकार सन्दिग्ध हालात में मृत्यु होने पर जाँच संस्था स्थापित करने की माँग की और पता लगाना चाहा कि उन्हें बिना किसी मुक़दमे के कैसे इतने समय तक हिरासत में रखा गया और क्यों उनसे परिवार के सदस्यों या किसी अन्य व्यक्ति से मिलने नहीं दिया गया।

केन्द्रीय सरकार की इस विषय में चुप्पी और किसी जाँच न करवाने के फ़ैसले के कारण दिल्ली में तो कुछ लोग असन्तुष्ट थे ही, पर कलकत्ता में तो लोगों ने **चीख–**चीखकर अपने सवालों के जवाब माँगे। लोगों ने साथ–साथ शेख़ पर उँगली उठायी और उनके प्रति नेहरू की कमज़ोरी दिखाने की निन्दा भी की।

किन्तु जम्मू–कश्मीर रियासत में अब तक अधिकांश लोग शेख़ व उनकी बेगम की चापलूसी और जी–हुज़ूरी के आदी हो चुके थे। जम्मू के लोग भी केन्द्र सरकार से कोई सहयोग न मिलने के कारण थक–हार चुके थे। हालाँकि अन्दर–ही–अन्दर वह डोगरा राजवंश और महाराजा हरि सिंह की आलोचना होते देखकर दुखी भी होते थे, पर विवश थे।

सन् 1951–53 के दौरान शेख़ अब काफ़ी निरंकुश नेतृत्व के आदी हो चुके थे और जुम्मे की नमाज़ के बाद हज़रतबल मस्जिद से काफ़ी भड़कीले भाषण देने लगे थे। आई.बी. जैसी ख़ुफ़िया एजेंसियाँ केन्द्र सरकार और स्वयं प्रधानमन्त्री को इन सबकी लगातार ख़बर देती रहीं

किन्तु पण्डित जी शेख़ साहिब की दोस्ती से इतने प्रभावित थे कि उन सबकी अनदेखी कर रहे थे।

इधर पिताजी की महाराजा हरि सिंह के प्रति अद्वितीय निष्ठा के कारण हमारे परिवार में प्रायः पण्डित नेहरू के मन में शेख़ के लिए अटूट विश्वास और महाराजा के प्रति बदला लेने की भावना को लेकर चर्चा होती रहती थी। बड़े लोग अक्सर रात के खाने के बाद खाने की टेबल पर इस मुद्दे को लेकर बातचीत करते थे। हमें उन्हीं बातों से पता चला कि कश्मीर घाटी में क़बायली हमले से कुछ वर्ष पूर्व तत्कालीन जम्मू–कश्मीर रियासत की पश्चिमी पंजाब से लगने वाली सीमा पर कोहाला स्थित था–वहीं से रियासत की सरहद शुरू होती थी। यहाँ महार।जा के सिपाहियों ने बन्दूक़ की नोक पर पण्डित जी को आने से रोका था क्योंकि वह शेख़ का समर्थन महाराजा की सरकार के विरुद्ध हुए विद्रोह में करते थे। उस समय ब्रिटिश सरकार ने कारावास से कांग्रेस के कुछ अन्य नेताओं–जैसे मौलाना आज़ाद और ख़ान अब्दुल गफ़्फ़ार ख़ान को रिहा किया था और वह सभी स्वास्थ्य लाभ के लिए गुलमर्ग जा रहे थे। अन्य नेताओं को किसी ने नहीं रोका जिस कारण पण्डित जी इसे अपना अपमान मानते थे।

इस घटना की पुष्टि इस प्रकार भी होती है कि पचास के दशक में एक बार जम्मू स्थित रानी तालाब पर हुई एक सार्वजनिक सभा में अपने भाषण में स्वयं पण्डित जी ने कहा था कि महाराजा को यह पता नहीं था कि जिन्हें बन्दूक़ की नोक पर उसके सिपाही रोक रहे थे, वह एक दिन भारत का प्रधानमन्त्री बनेगा और स्वयं महाराजा को रियासत छोड़कर जाना पड़ेगा। हालाँकि जम्मूवासी पण्डित जी का बड़ा आदर करते थे, इस बात को सुनकर चुपचाप वहाँ से उठकर खिसकने लगे। इसी सार्वजनिक सभा में शेख़ ने भी डोगरा राज्य एवं जम्मू के लोगों के लिए अपनी नफ़रत का प्रदर्शन किया। जम्मूवासियों के लिए यह कोई आश्चर्यजनक बात नहीं थी–वह भली प्रकार जानते थे कि जहाँ घाटी के भूमिहीन लोगों को भूमि आबंटन हो चुका था, वहीं जम्मू वालों की कोई सुध नहीं ले रहा था।

9 अगस्त 1953 को तड़के ही हमारा माली फत्ता जब शहीदगंज मस्जिद से लौटा तो उसने हमें शेख़ अब्दुल्लाह के हिरासत में लिए जाने एवं बख़्शी गुलाम मुहम्मद को जम्मू–कश्मीर का नया प्रधानमन्त्री बनने का समाचार दिया।

उन दिनों श्रीनगर में राष्ट्रीय समाचार–पत्र दिल्ली से दोपहर की हवाई उड़ान से ही पहुँचते थे, इसलिए स्थानीय लोग भाँति–भाँति की अटकलें लगाने लगे। कुछ लोगों का मानना था कि पण्डित जी आई. बी. की चिन्ताजनक रिपोर्ट पर भी नहीं ध्यान दे रहे थे, किन्तु कांग्रेस के वरिष्ठ नेता रफ़ी अहमद किदवई और मौलाना आज़ाद की सलाह पर ही उन्होंने शेख़ को हिरासत में लेने का फ़ैसला किया था।

श्रीनगर के कुछ भीतरी भागों में इस बात के विरोध में कुछ नारेबाज़ी हुई और कुछ दुकानें भी बन्द रखी गयीं, किन्तु बख़्शी गुलाम मुहम्मद के तुरन्त प्रधानमन्त्री बन जाने के कारण स्थिति क़ाबू में रहीं। वह शेख़ साहिब के डिप्टी रह चुके थे और कभी किसी ने उन दोनों की आपसी लड़ाई के बारे में भी नहीं सुना था। बख़्शी को आम लोग उनके अच्छे स्वभाव, मिलनसार होने और विनम्रता के कारण पसन्द भी करते थे। सन् 1953 से 1964 तक उनका लगातार प्रधानमन्त्री बने रहना इस बात का सबूत था। उसी समय भारतवर्ष के नागरिकों को रियासत में आने के लिए आवश्यक 'परमिट' की प्रणाली भी समाप्त हो जाने के फलस्वरूप पर्यटन में ख़ूब वृद्धि हुई। उनके कार्यकाल में रियासत में बहुमुखी विकास भी ख़ूब हुआ।

हालाँकि सेवानिवृत्ति की 55 वर्ष की आयु पिताजी गत दो वर्ष पूर्व पार कर चुके थे, किन्तु महाराजा साहिब की जायदाद की देखभाल में अभी भी व्यस्त थे और उनके विभिन्न मुक़दमों में लगातार लगे रहते थे। यह जायदाद अब कर्ण सिंह के नाम हो चुकी थी, पर युवराज अपनी अधूरी पढ़ाई पूरी करने, संस्कृत सीखने और रियासत के सदर–ए–रियासत होने के कारण इतने व्यस्त रहते थे कि उन्हें अपनी जायदाद देखने का समय नहीं था। वह पूर्ण रूप से आश्वस्त थे कि सब ठीक चल रहा है।

पिताजी जब 31 अगस्त 1953 को अपने दफ़्तर पहुँचे तो युवराज के निजी सचिव ने उनका साक्षात्कार झिझकते हुए श्री सुखदेव सिंह जमवाल से यह कह कर करवाया–'यह आज से नये मैनेजर साहब होंगे।'

पिताजी श्री जमवाल को जानते थे। उनके आश्रम–सोपोर में कुछ पुश्तैनी सेब के बग़ीचे थे, किन्तु न तो उन्हें प्रशासन का कोई अनुभव था और न ही कृषि एवं बाग़बानी का अधिक ज्ञान। उन्हें बधाई देने के बाद वह युवराज से मिलने गये। युवराज ने पिताजी को ज़मीन जायदाद के चलते हुए मुक़दमों पर डटे रहने को कहा और कहा कि उसके लिए उन्हें अलग मुआवज़ा दे दिया जायेगा जिसे लेने से पिताजी ने साफ़ इनकार कर दिया किन्तु उन्हें आश्वस्त किया कि उनके रहते हुए महाराजा साहिब की एक इंच ज़मीन भी कोई हथिया नहीं पायेगा। अपने वादे के अनुसार पिताजी कुछ समय बाद तक निःशुल्क मुक़दमों की पैरवी करते रहे।

बाद में पता चला कि सुखदेव सिंह जामवाल को तो कुछ ही समय के लिए मैनेजर बनाया गया था–वास्तव में महारानी अपने भतीजे कुँवर नसीब सिंह को ही इसका प्रभारी बनाना चाहती थीं। उनके आने के बाद काफ़ी मुक़दमे अदालतों से वापस ले लिये गये थे और पिताजी की भी ज़िम्मेवारी कम हो गयी।

× × ×

पिताजी अपनी पेंशन का केस सुलझाने जब स्थानीय सचिवालय गये तो उन्हें यह जानकर हैरानी हुई कि उनका सेवाकाल 1946 से लेकर अगस्त 1953 तक गिना नहीं जा रहा था। तर्क़ यह दिया जा रहा था कि 1946 में वह महाराजा के आदेशानुसार जंगलात छोड़ उनकी निजी नौकरी में चले गये थे और शेख़ साहिब की सरकार उसे सरकारी नौकरी नहीं मानती। हालाँकि जब वह उनकी नौकरी में श्रीनगर शामिल हुए तब महाराजा हरि सिंह रियासत के निरंकुश शासक थे और वह किसी भी सरकारी कर्मचारी का कहीं भी तबादला कर सकते थे–इसे सरकारी आदेश ही माना जाता था। ऐसा कोई

पूर्ववर्ती केस न होने के कारण पिताजी को 253 रुपये महीने की पेंशन से ही सन्तोष करना पड़ा।

एक सुशिक्षित मध्यमवर्गीय परिवार से होने के कारण पिताजी सदैव ईमानदारी और परिश्रम में विश्वास रखते थे। जब वह मात्र चौदह वर्ष के थे, उनके पिताजी ने संन्यास ले लिया था जिस कारण उन्हें न केवल अपनी शिक्षा के लिए स्वयं प्रबन्ध करना पड़ा, बल्कि घर चलाने के लिए भी सहायता करनी पड़ती थी। इसलिए वह न परिश्रम से डरते थे और न ही ग़रीबी से–वह सदैव कड़ी मेहनत से सफलता प्राप्त करने में विश्वास रखते थे।

दूसरी ओर माँ अपनी चार बेटियों की पढ़ाई–लिखाई और भविष्य में उनके विवाह की चिन्ता से परेशान थीं। कभी वह कहतीं कि महाराजा हरि सिंह के साथ जो उनके वफ़ादार लोग रियासत छोड़कर बम्बई रह रहे थे वही लोग हमसे अधिक फ़ायदे में रहे–जिस पर पिताजी खीझ कर कहते कि 'जीवन में प्रत्येक वस्तु में फ़ायदा–नुक़सान ही नहीं देखा जाता।' जिस पर माँ के पास सिवाय रोने के कुछ विकल्प नहीं बचता। इस प्रकार का घर का वातावरण हम लोग देखने के आदी नहीं थे। सन् 1947–48 के बाद एक बार पुनः हमने अपने ख़र्चे एकदम कम कर दिये और मीमी और हम तीनों हर प्रकार से माँ और पिताजी को प्रसन्न करने का प्रयत्न करते। मीमी कमाई के साधनों पर चिन्तन करने लगी।

हालाँकि मीमी ने अर्थशास्त्र में एम.ए. पास किया था, पर उसकी अंग्रेज़ी भाषा पर पकड़ बहुत अच्छी थी। उसके लिखे हुए लेख अंग्रेज़ी की पत्रिकाओं में छपते रहते थे और उसके अंग्रेज़ी के उच्चारण की अंग्रेज़ भी सराहना करते थे। तुरन्त एक बोर्ड बनवा कर उसने हमारे गेट पर लगवा दिया जिसमें स्थानीय लड़कियों को अंग्रेज़ी भाषा की शिक्षा का निमन्त्रण दिया गया और कुछ लड़कियाँ उनसे पढ़ने आने लगीं।

मीमी ने 'एशिया क्राफ्ट', 'सुभाना दि वर्स्ट' और 'गैनीमेड' जैसी कश्मीरी कला एवं शिल्प की दुकानों पर जाकर मुफ़्त नमूने लेकर उन्हें

देश–विदेश की कम्पनियों को भी भेजा जिससे उनके यहाँ से कुछ ऑर्डर आ सकें।

× × ×

हालाँकि महाराजा हरि सिंह के विषय में लोगों की यह धारणा थी कि वह बड़े गुस्सैले और अकड़बाज हैं, पर पिताजी को तो उनका वह रूप कभी देखने को मिला नहीं था–इसलिए इस धारणा के विपरीत पिताजी को लगता था कि महाराजा कला के पारखी व सौन्दर्य के गुणज्ञ थे। श्रीनगर के झेलम नदी के किनारे स्थित पैतृक महलों के बदले उन्होंने डल झील के किनारे जबरवान पहाड़ की ढलान पर शंकराचार्य पहाड़ी के निकट अपने नये महलों के लिए ऐसे स्थान का चयन किया था, जहाँ से पूरी डल झील के साथ–साथ पुराने शहर का भी विहंगम दृश्य दिखता था। झील के किनारे–किनारे एक सुन्दर सड़क का निर्माण करवाया जहाँ आज तक लोग झील के सौन्दर्य का आनन्द लेने जाते हैं। नये महल पूर्ण रूप से पश्चिमी आधुनिक सुविधाओं से लैस थे।

लगभग दो–ढाई साल में ही जब पिताजी ने महलों से लगे हुए बाग़ का स्वरूप ही बदल दिया और उन्हें अत्यधिक सुन्दर फूल–पौधों से भर दिया, तो महाराजा ने पूरी सराहना की। महलों के आस–पास की ख़ाली भूमि पर फलदार पेड़–पौधों के लगवाने और पुराने फलों के बग़ीचों के पूर्णजीवित करने के कारण भी महाराजा पिताजी से प्रसन्न थे ही, साथ ही उनके कर्मठ व्यवहार और कार्य–शैली से महाराजा हरि सिंह शीघ्र ही समझ गये थे कि पिताजी शाही चापलूसी के बदले अपने काम से अपनी पूर्ण निष्ठा का प्रमाण देना चाहते हैं। शायद इसलिए उन्होंने अपने पुराने डोगरा सामन्तों के बदले अपनी पॉवर ऑफ़ एटॉर्नी पिताजी के नाम कर दी थी।

महाराजा की उदारता का भी पिताजी को अच्छा अनुभव था। जब भी वह विदेश यात्रा पर जाते, पिताजी के लिए 'पारकर' या 'शेफ्फरस' पेन सैट या कुछ अन्य उपहार लाना न भूलते। युवराज कर्ण सिंह के विवाह के उपलक्ष्य में भी उन्होंने अपने शाही निशान वाली सोने की

'स्विस' हाथ की घड़ी भिजवाई थी। यहाँ तक कि जब महाराजा हरि सिंह जम्मू–कश्मीर से निष्कासित किये गये और उन्होंने पूर्ण विश्वास से पिताजी के नाम अपनी 'पॉवर ऑफ़ एटॉर्नी' दी तो यह ध्यान में रखते हुए कि अब उनका काम और बढ़ जायेगा, उन्होंने पिताजी के वेतन में भी बढ़ोतरी कर दी थी। पिताजी यह सोच कर भी गुस्सा होते थे कि माँ यह क्यों नहीं समझ पा रही है कि महाराजा के साथ बम्बई जाना या पीछे रियासत में रह कर उनके निजी हित की देखरेख करने का फ़ैसला महाराजा साहब का था, पिताजी का नहीं। वह कर्ण सिंह के इतनी छोटी आयु में उचित या अनुचित फ़ैसले कर पाने की चिन्ता के कारण यह ज़िम्मेदारी पिताजी को सौंप कर स्वयं निश्चिन्त थे।

युवराज कर्ण सिंह मिलनसार और अपने विनम्र स्वभाव के लिए लोकप्रिय थे। उनका रुझान पढ़ाई–लिखाई एवं ज्ञान अर्जन में अधिक था। किन्तु छोटी आयु में ही उन्हें इतनी बड़ी ज़िम्मेदारी मिल जाने के कारण उन्हें प्रायः अपनी माँ महारानी तारा देवी और मामा की सलाह लेनी पड़ती थी।

अपनी अटल इच्छा–शक्ति एवं अथक परिश्रम से पिताजी ने अपनी सारी ताक़त माँ के उभरते फूल–पौधों के व्यापार में लगा दी। वैसे भी सदैव उनकी रुचि इन्हीं में थी।

दीदी हमारे पास ही रह रही थीं। डॉक्टर के कथनानुसार उनकी प्रसव की प्रत्याशित तिथि दिसम्बर के पहले पखवाड़े में थी। माँ उन्हें ज़बरदस्ती पारम्परिक रूप से अनुशासित पदार्थ जैसे असली देसी घी, बादाम–किशमिश, छुआरे इत्यादि खिलाने की पूरी कोशिश करती थीं पर वह इस डर से कि वह मोटी न हो जाये, खाने से इनकार करती थीं। फिर भी मालिश करने वाली बूढ़ी महिला और माँ की सहेलियों के अनुरोध पर आने वाले शिशु की ख़ातिर कुछ ले लिया करती थीं।

इधर दीदी को हर प्रकार से खुश रखने का प्रयास हो रहा था, उधर बीच–बीच में उनकी सास के पत्र आने पर वह उदास हो जातीं। पता चला कि वह प्रायः दीदी को यूँ कुछ लिखतीं–

"मुझे तो पोते का मुँह देखने की लालसा है, तुम कहीं अपनी माँ की तरह बेटियों की लाइन न लगा देना।"

यह पढ़कर वह डर से काँप उठतीं–वह अपनी सास से बहुत डरती थीं और उन्हें सदैव प्रसन्न रखने का प्रयत्न करती रहती थीं।

माँ उन्हें यह कह कर–"बेटा होगा या बेटी, यह सब तो भगवान के हाथ में है। तुम बस यही प्रार्थना करो कि शिशु अच्छी सेहत वाला और दीर्घायु हो।"

परन्तु अपनी प्रिय सखी बलदेव आंटी से कभी अपने मन की बात करते हुए कहतीं–"यदि बेटी हो गयी तो न जाने बहन जी बहू से कैसा व्यवहार करेंगी?"

पलट कर आंटी कहतीं–"उसकी सास को कहो, भगवान को चिट्ठी लिखकर पोता मँगवा ले।"

× × ×

सन् 1953 के दिसम्बर माह का पहला ही सप्ताह था–अचानक मौसम बदल गया। खिली–खिली धूप के बदले आकाश बादलों से घिर गया और शरीर को चीरती ठण्डी हवा चलने लगी। पत्तों से विहीन पेड़ों से उड़कर पक्षी भी घरों की कंगनी और झरोखों में बैठने की जगह ढूँढ़ने लगे। माँ ने मिस्त्री जी को कमरों में लोहे की बुखारियाँ लगाने के लिए बुलाया हुआ था, जहाँ दीदी के कमरे को सबसे अधिक प्राथमिकता दी जा रही थी। मोटे नये 'बग्गू' फ़र्श पर बिछा कर ऊपर से मोटी दरी और उसके भी ऊपर ऊनी नमदों को बिछवाया गया। उत्तरी दिशा की खिड़कियों के काँच पर ब्राऊन पेपर लगवा दिया गया ताकि किसी ओर से भी कमरे में ठण्डी हवा न आये।

मिस्त्री जी का काम पूरा होने पर माँ ने मुझे अपना मोटा कोट पहनने और ऊपर से गर्म गुलूबन्द से सिर ढँकने का आदेश दिया और हम दोनों मिस्त्री जी के साथ टैंकी कदल की ओर रवाना हो गये। माँ को अजनबी लोगों के सामने उनसे अधिक सवाल पूछना पसन्द नहीं था, इसलिए चुपचाप मैं उन दोनों के पीछे–पीछे चल दी। हम वीरान

पड़े आज़ाद हिन्दी सिनेमा (वर्तमान का नीलम) और शाली–स्टोर के बाद सड़क पार कर 'धर–विल्ला' के साथ की कच्ची सड़क से 'शॉर्ट कट' लेकर टैंकी कदल की ओर बढ़े। उस कच्चे रास्ते पर विगत रात को हुई वर्षा के कारण कीचड़ हो रहा था, इसलिए हम दीवार से सट कर चलते रहे। वहीं एक विशाल चिनार के बड़े से खोखले तने में कुछ नवजात पिल्ले अपनी माँ से चिपक कर सो रहे थे–किसी दयालु व्यक्ति ने उन्हें कुछ पुराल एवं एक पुरानी बोरी से कुछ गर्मी पहुँचाने की चेष्टा की थी।

सारा रास्ता मिस्त्री जी माँ को समझाते रहे कि कैसे उन्हें केवल ढाई सौ रुपये का एक बियरर चेक हैड–क्लर्क गोपीनाथ संस को देना है और उसके बाद सब ठीक हो जायेगा। वह जंगलात महकमे में पिताजी के ग्रहणाधिकार के काग़ज़ात पूरे करके उनकी पेंशन की फ़ाइल में लगा देगा। इसके बाद पिताजी को उनकी पूरी पेंशन मिलना शुरू हो जायेगी। मिस्त्री जी ने एक बार फिर माँ को आश्वासन दिया कि गोपीनाथ से सविस्तार सारी बात हो चुकी है–एक हाथ चेक देंगे और दूसरे हाथ काम हो जायेगा।

शाम के बढ़ते क़दमों से पेड़ों और मकानों के साये भी लम्बे और गहरे होते गये। कुछ छोटी दुकानें खुली थीं, पर छाबड़ी वाले अपना सामान बटोर कर आज जल्दी घर लौटने की तैयारी कर रहे थे। हम एक पुराने तिमंज़िले मकान के बाहर रुके जहाँ उसकी दो खिड़कियों से भीतर की रोशनी दिख रही थी। मिस्त्री जी ने ऊँचे फाटक को उस पर लगी साँगली से खटखटाया और भीतर से आवाज़ आयी–

"कुस्सा छुस्स?" (कौन है?)

इससे पूर्व कि मिस्त्री जी कोई उत्तर दे पाते, मुझे घसीटते हुए माँ ने अचानक पीछे मुड़कर वापस घर का रुख़ कर लिया। भौचक्के से मिस्त्री जी भी हमारे पीछे हो लिए।

माँ की आँखें पश्चाताप के आँसुओं से तर थीं।

'मैं तुम्हारे पिताजी के उसूलों के विपरीत जाने की सोच भी कैसे

पायी?' मेरे किसी उत्तर के बिना ही मानो अपने आप से बात करते हुए वह बोल रही थीं–

'यह' तो सारी उम्र इतने ईमानदार रहे कि पराये लोग भी 'इनकी' ईमानदारी पर अटूट विश्वास रखते हैं–फिर मात्र 85 रुपये प्रति माह की बढ़ोतरी के लिए रिश्वत देकर मैं दूध में नीबू डालने वाली बात क्यों करूँ? भगवान ने चाहा तो इस कमी को वह इन्हें लम्बी आयु देकर पूरी कर देंगे।

'इंशाअल्लाह' कह कर मिस्त्री जी ने भी उनकी बात का अनुमोदन किया।

विपरीत हालत में भी ईमानदारी के उसूल पर डटे रहने की यह अमिट छाप माँ ने अल्पायु में मेरे चरित्र पर लगा दी।

उस रात जब हम सब खाना खा रहे थे, फत्ता बुख़ारी के लिए लकड़ी लेकर भीतर आया, उसकी गहरे सलेटी रंग की लोही पर बर्फ़ के कुछ कण बाहर हो रही पहली बर्फ़बारी के द्योतक थे।

रात भर लगातार भारी हिमपात के उपरान्त सारी घाटी बर्फ़ की मोटी चादर से ढँक गयी थी। प्रातः उठते ही मैं बरामदे से बर्फ़ का दृश्य देखने निकली। माँ ने लपक कर एक मोटे शॉल से मुझे ढँकते हुए इस प्रकार गर्म बिस्तर से निकल बाहर ठण्ड में जाने के लिए मना किया।

पिताजी अपना मोटा ट्वीड का कोट और ऊपर से ओवर कोट पहन, अपनी पैंट को रबड़ के गमबूट में ठूँस कर हाथ में अपना रौली फ्लैक्स कैमरा लेकर पहले से ही बाहर जाने को तैयार हो चुके थे। बाहर बर्फ़ अभी पड़ रही थी, पर चाहते हुए भी माँ उन्हें इस कड़ाके की सर्दी में बाहर जाने से नहीं रोक सकती थीं। बाग़बानी के बाद फ़ोटोग्राफ़ी ही उनका जुनून था और लोगों के पदचिह्न या ताँगा इत्यादि के चलने से बर्फ़ के दृश्य ख़राब हो जायें, उससे पूर्व ही वह बिजली की तारों, पेड़ों, घरों एवं हाउसबोटों की छत और सड़कों को बर्फ़ की सुन्दर चादर से ढँके होने वाले दृश्यों को अपने कैमरे में क़ैद कर लेना चाहते थे।

सारा दिन बर्फ़बारी के बाद धरती पर जब लगभग सोलह इंच बर्फ़ की तह जम चुकी थी, अकस्मात आसमान से बादल छँटने लगे और शाम के सूर्य की किरणों से सारा वातावरण स्वर्णमयी हो गया।

बर्फ़ से ढँके विशाल चिनार से लेकर धूसर धरती तक सभी वातावरण स्वर्णमयी होकर चमकने लगा—मानो प्रकृति ने किसी जादुई छड़ी से सभी कुछ बदल दिया हो। गुल्ली, पिन्नी और मैं अपने छोटे—से कुत्ते 'मारमट' के साथ रूई जैसी नर्म बर्फ़ का आनन्द लेने बाहर निकले। रसोइया—बोधराज जिसने अपने जीवन में इतनी अधिक बर्फ़ कभी नहीं देखी थी, हमारे साथ बर्फ़ से एक छोटा—सा पुतला बनाने में व्यस्त हो गया। पुतले की आँखों के गड्ढे में दो कोयले लगा दिये और मुँह के स्थान पर दो लाल मिर्च लगा कर होंठ बना दिये। एक टहनी को तोड़कर उसके होंठों के बीचों—बीच गाड़कर पाइप बना दिया —ऊपर से पिताजी की पुरानी सोला हैट और उनका पुराना गुलूबन्द पहनाकर उसे अच्छा—ख़ासा 'साहब' बना दिया।

इधर हम बर्फ़ से खेलकर ख़ुश हो रहे थे, तो दूसरी ओर माँ बड़ी चिन्तित लग रही थीं। उन्हें मालूम था कि इस प्रकार सन्ध्याकाल में आकाश स्वच्छ हो जाने का अर्थ था कि रात को तापमान बहुत तेज़ी से गिरेगा जिससे सारी बर्फ़ जमकर पत्थर—सी सख़्त हो जायेगी। उन्होंने फत्ता को पिछले मोहल्ले से दो मज़दूर लाकर शीघ्रतापूर्वक लकड़ी की छिंगलवाली छत से बर्फ़ हटाने का आदेश दिया अन्यथा 16 इंच बर्फ़ के बोझ से छत गिरने की भी सम्भावना हो सकती थी। लालटेन साफ़ करवाकर उसमें केरोसिन भी भरवाया गया क्योंकि प्रायः ऐसी स्थिति में 'मोहोरा' पॉवर स्टेशन से बिजली मिलना भी बन्द हो जाया करती थी। दूसरी ओर पिताजी अपने 'बिगोनिया' व 'फूशिया' जैसे फूल—पौधों को बचाने के लिए उनके गमले भीतर ला रहे थे।

अगली सुबह को फिर धुन्ध से सारा वातावरण धूमिल हो गया और आकाश सारा दिन सलेटी रंग के बादलों से आच्छादित रहा। अब हिमपात तो नहीं हो रहा था, किन्तु गुसलख़ाने में पड़ी पानी की बाल्टी

पर हल्की–सी बर्फ़ की परत जमने लगी थी। पिताजी माँ की दूरदर्शिता की प्रशंसा कर रहे थे कि समय रहते ही पिछली रात को, घर के बाहरी नल्के के पाइपों पर पुराल एवं टाट लगवा कर उन्हें जमने से बचा लिया था। हमारे पड़ोसियों एवं हमारी गौशाला के पाइप रात को जमकर फट चुके थे। हमें भी समझाया गया कि नल्के के नीचे बाल्टी रख कर उसे बूँद–बूँद टपकने दिया जाये ताकि वह जम न जाये।

कुछ ही दिनों में पारा–10 डिग्री सेल्सियस तक गिर चुका था, धूप का कहीं नामोनिशान नहीं था और बाहर शरीर को चीरती ठण्डी हवा चल रही थी। सुनने में आया था कि डल झील के किनारे भी जम चुके थे। ऐसे वातावरण में दीदी को प्रसव की पीड़ा आरम्भ हुई और लेडी डॉक्टर को बुलवाया गया। मुआयना करने के बाद उन्होंने अन्दाज़ लगाया कि अभी समय काफ़ी है, पर माँ ने मिन्नत कर मल्होत्रा नर्स को रात को हमारे यहाँ ही रोक लिया।

सुबह क़रीब चार बजे घर में काफ़ी खुसर–पुसर सुनाई दे रही थी जब अचानक मल्होत्रा नर्स की गरजती आवाज़ सुनाई दी–

'बधाई हो जी, बेटा हुआ है।'

सबने एक बार माँ की फिर से प्रशंसा की कि उन्होंने मल्होत्रा नर्स को घर ही में रोक लिया था। बाद में लेडी डॉक्टर ने आकर दीदी को देखकर बच्चे और जच्चा के सकुशल होने की घोषणा की। माँ ने उन्हें उनकी फ़ीस के साथ सूट का कपड़ा और घर में बनायी गयी 'पिन्नियों' (मिठाई) का पैकेट देकर आभार व्यक्त किया।

दीदी के यहाँ बेटा होने पर माँ ने चैन की साँस ली कि दीदी की सास अब उन्हें कुछ नहीं कह पायेगी। तुरन्त उनके ससुराल बधाई का तार भेजा गया और इस भीषण सर्दी से दीदी और नवजात शिशु को बचा कर रखने के लिए माँ भरसक प्रयत्न करतीं। कमरे में बुख़ारी होने के बावजूद गुसलख़ाने में एक अँगीठी रख दी गयी। शिशु को नर्म सूती चादर के ऊपर से पुरानी मुलायम पश्मीना शाल से कई परतों में लपेटकर रखा जाता। सिर पर गरम ऊनी टोपी और पैरों में

बुनी हुई जुराब–जिनसे कुछ को मैंने और पिन्नी ने भी बहुत शौक़ से बनाया था। फिर भी दीदी और मुन्ना को उनके कमरे में ही सुरक्षित रखा गया क्योंकि श्रीनगर का मौसम सुधर ही नहीं रहा था।

कई दिनों तक श्रीनगर का तापमान–9 डिग्री से–11 डिग्री सेल्सियस के बीच ही रहने के कारण डल झील भी जम गयी थी और सुनने में आया था कि वज़ीर–ए–आज़म बख़्शी ग़ुलाम मुहम्मद ने डल पर जीप भी चलाई थी। सारी घाटी भारत के अन्य हिस्सों से श्रीनगर–जम्मू राजमार्ग बन्द होने के कारण और काफ़ी दिन हवाई उड़ानें थम जाने के कारण बिल्कुल अलग–थलग पड़ गयी थी। न तो बाहर से समाचार–पत्र आ रहे थे और न ताज़ा फल एवं सब्ज़ियाँ। किन्तु उन दिनों लोग स्थानीय सब्ज़ियों को सर्दी के महीनों के लिए सुखाकर रखते थे या उन्हें ज़मीन में कुछ नीचे गाड़ कर जमने से बचाया जाता था। हमारे परिवार में भी ऐसा ही किया जाता था।

जनवरी समाप्त होते–होते बर्फ़ और कोहरा भी छँटने लगे और स्थानीय भीषण सर्दी का चालीस दिन का समय 'चिल्ला कलान' भी समाप्त हुआ। तब तक स्थानीय जीवन कुछ हद तक सामान्य हो गया। दीदी हवाई जहाज़ से दिल्ली चली गयी और हम सब कुछ दिन तक काफ़ी उदास रहे।

# 1954 की गर्मियाँ

ग्रीष्मकाल प्रारम्भ होते ही हमारे घर श्रीनगर में मेहमानों का ताँता लग जाता था। पिताजी के मित्र एवं दूर–पार के रिश्तेदार भी आकर काफ़ी दिन हमारे पास रह जाया करते थे। गर्मी के दौरान बढ़ते दिनों के कारण स्कूल से आने के बाद भी हमारे पास काफ़ी समय होता था और विभिन्न प्रकार के मेहमानों के आने से जो रौनक घर में होती, हम उसका भरपूर आनन्द लेते, किन्तु बेचारे नौकरों का काम़ बढ़ जाता और माँ का घर चलाने का ख़र्चा।

1954 की गर्मियों में हमारे चचेरे भाई की दो फ़ैशनेबल सालियाँ लखनऊ से कश्मीर आयीं। बड़ी बहन विमला लखनऊ में इतिहास की अध्यापिका थीं और छोटी बहन सरला केन्द्रीय सूचना एवं प्रसारण विभाग़ में एक पेशेवर फ़ोटोग्राफ़र। वह दोनों दीदी एवं मीमी की हमउम्र थीं इसलिए उन सबकी आपस में ख़ूब दोस्ती हो गयी। पचास एवं साठ के दशक में बहुत कम उत्तर भारतीय महिलाएँ अध्यापक–अध्यापिका या डॉक्टर होने के अलावा किसी दूसरे व्यवसाय में दिखती थीं। इधर सरला दीदी फ़ोटोग्राफ़र होने के कारण आधुनिक कैमरे, फ़्लैशगन, स्टैंड इत्यादि लिए घूमती थीं; उन्हें सरकारी लैंडरोवर जीप लेने आती और उनके अधीन काम करने वाले पुरुष दौड़कर उनके कैमरा इत्यादि उनसे ले लेते–यह सब देखकर हम ख़ूब प्रभावित थीं।

श्रीनगर और उसके आस–पास के काफ़ी टूरिस्ट स्थलों का दौरा करने के बाद सरला दीदी ने रविवार को श्रीनगर स्थित कुछ प्राचीन स्मारकों एवं मस्जिदों के अतिरिक्त और रमणीय स्थलों पर भी जाने का प्रोग्राम बनाया। विमला दी को तो इतिहास की अच्छी जानकारी थी ही इसलिए उन्हें, तोषी दीदी, मीमी, गुल्ली और मुझे भी साथ चलने को कहा। हम भी ख़ूब उत्साहित थे और इस अवसर का पूरा आनन्द लेना चाहते थे। माँ ने दोपहर का भोजन साथ ले जाने को कहा परन्तु सरला दीदी ने मना कर दिया और बताया कि सभी तैयारी उनकी 'टीम' कर रही है।

सुबह के नाश्ते के बाद घर के बाहर दो सरकारी लैंडरोवर जीप पहुँच गयीं और हम सभी सरला दीदी के साथ एक जीप में सवार हो गये और हमारे पीछे–पीछे दूसरे वाहन में उनके सहायक फ़ोटोग्राफ़र कैमरे, स्टैंड और अन्य उपकरणों व एक बड़ी–सी 'टिफिन बास्केट' लेकर साथ हो लिए।

कुछ दूर सिविल लाइंस क्षेत्र की चौड़ी सड़कों से होते हुए हम पुराने शहर की सँकरी गलियों एवं भीड़–भाड़ वाले इलाक़े में पहुँचे। सर्वप्रथम हमारा क़ाफ़िला श्रीनगर की सुप्रसिद्ध शाहे–हमदान मस्जिद पर रुका। झेलम के दायें तट पर स्थित तीसरे पुल के ज़रा–सा नीचे प्राचीन, भव्य एवं विशालकाय मस्जिद पुल के ऊपर से और नीचे नदी के दोनों ओर से दिखती है।

विमला दीदी को इतिहास के साथ–साथ भारतीय वास्तुकला का भी अच्छा ज्ञान था। उन्होंने मार्ग में ही हमें बताया था कि कश्मीर घाटी में आदिकाल से ही हिन्दू एवं बौद्ध धर्म के धार्मिक स्थल पत्थर से बनते थे। बाद में केवल लकड़ी या पत्थर और लकड़ी की इमारतें बनने लगीं। यहाँ पर चौकोर आकार में पिरामिड जैसी बहु–मंज़िला इमारतों पर मिट्टी की छत बनाने का चलन हुआ और बाद में इस आकार की काफ़ी मस्जिदें बनीं जिन पर मिट्टी के नीचे भोजपत्र लगा कर पानी टपकने से रोका जाता था। शहंशाह जहाँगीर ऐसी छतों पर खिलते फूल देखकर बहुत प्रभावित हुआ था।

सरला दीदी ने बाहर से शाह–ए–हमदान दरगाह की कई जगहों से तस्वीरें खींचीं पर उन्हें भीतर जाकर तस्वीरें खींचने की इजाज़त वहाँ के कार्यकर्ताओं ने नहीं दी थी, इसलिए अपने मुसलमान सहायक को उन्होंने काफ़ी हिदायतें देकर भीतर तस्वीरें खींचने के लिए भेजा। हम सबको भी बाहर से ही वहाँ की रंग–बिरंगी दीवारों और विशाल फ़ानूसों को देखकर सन्तुष्ट रहना पड़ा।

जब तक सरला दीदी का सहायक भीतर जाकर तस्वीरें खींच रहा था, विमला दीदी ने वहाँ खड़े एक ख़िदमतगार से शाह–ए–हमदान के विषय में और जानकारी लेनी चाही। ज्ञात हुआ कि सन् 1395 में इस दरगाह को मीर सैयद अली हमदानी की याद में बनवाया गया था। वह फ़ारसी के प्रख्यात कवि एवं इस्लाम के प्रचारक थे और उन्हीं को कश्मीर में इस्लाम का पहला प्रचारक होने का श्रेय दिया जाता है।

विमला दीदी ने टोकते हुए उनसे पूछा–"पर वह मस्जिद तो काफ़ी वर्ष बाद जल गयी थी, यह उसके बाद कब बनी?"

ख़िदमतगार साहिब प्रभावित होकर बोले–"आप तो बहुत कुछ जानती हैं। हाँ, 1732 में एक बार फिर से उसी जगह इसका निर्माण हुआ। आप देख सकती हैं, इसमें लाजवाब पेपर–मैशी की कारीगरी छत और दीवारों पर हो रखी है। यहाँ का वातावरण बेहद शान्त है।"

तत्पश्चात हम स्थानीय पत्थर–मस्जिद पर रुके। कहा जाता है कि इस क्षेत्र में मुग़लों द्वारा निर्मित यह सबसे पुरानी इमारत है। शेष मस्जिदों से अलग यह मस्जिद पूर्ण रूप से पत्थरों से बनी है और इसलिए इसका नाम 'पत्थर–मस्जिद' पड़ गया।

उसके बाद कुछ समय हरिपर्वत के नीचे सड़क और काठी–दरवाज़े के पास सरला दी ने कुछ और तस्वीरें लीं। उन्होंने परम्परागत लिबास में भी कुछ बच्चों, औरतों और पुरुषों की तस्वीरें खींचीं।

इस समय तक हम सबको ख़ूब भूख लग चुकी थी। सरला दीदी ने ड्राइवर को चश्मा–शाही का रुख़ करने को कहा। वहाँ के चश्मे का ठण्डा, मीठा और सेहत के लिए लाभदायक पानी जगत्प्रसिद्ध है। वहाँ पहुँचते ही कर्मचारियों ने दो गब्बे चिनार की छाँव में बिछा दिये और

ऊपर से दो सफ़ेद मेज़पोश। उन्होंने हमें चश्मे पर जाकर मुँह–हाथ धोने की सलाह दी और हमारे लौटने तक कश्मीर 'वाजवान' के कई व्यंजन चावलों के साथ परोस दिये। मीमी, जो शाकहारी थी, को तो केवल हरा साग और मूली की चटनी के साथ ही सन्तोष करना पड़ा, पर हम सबका तो ऐसे स्वादिष्ट भोजन को खाकर मन प्रसन्न हो गया। तत्पश्चात थर्मस से गरमा–गरम कहवा भी परोसा गया।

विशाल चिनार की छाँव में हम अपनी पिकनिक का पूरा मज़ा ले रहे थे और नन्हा अनूप जो केवल छह महीने का था सरला दीदी के कैमरों की विभिन्न तारों के साथ खेलते–खेलते उन्हीं में उलझ गया–ऐसे में सरला दी ने उसकी कई सुन्दर तस्वीरें खींचीं।

चश्माशाही मुग़ल गार्डन से परीमहल जंगल के रास्ते पैदल ही जाना पड़ता था। इतने स्वादिष्ट भोजन के बाद हम सब तो आलस कर रहे थे पर विमला दी और सरला दीदी व उनके स्टाफ के लोगों के साथ मीमी भी परीमहल जाने को तैयार हो गयी। वापस लौटकर विमला दीदी ने हमें बताया कि कुछ स्थानीय लोगों की यह मिथ्या धारणा है कि वहाँ दिन छिपते ही प्रेतात्माएँ और परियाँ आती हैं। वास्तव में इस सात आरचिस वाली इमारत को बादशाह शाहजहाँ के पुत्र शहज़ादे दारा शिकोह ने अपने सूफ़ी गुरु मुल्लाह शाह के लिए एक भव्य पुस्तकालय एवं बोधशाला (Oservatory) के रूप में बनवाया था। अब तो वहाँ खंडहर हैं किन्तु अब भी ज़बरवान पहाड़ी पर स्थित इस स्मारक से डल झील के दूसरे छोर पर हरिपर्वत के पीछे सूर्य अस्त होते हुए और झील को स्वर्णमयी होते देखने में अपना ही आनन्द है।

जब तक हम लोग वापस घर लौटे, अँधेरा हो चुका था। पिताजी ने हमें अपने पास बुलाकर पूछा कि हमने क्या–क्या देखा। मुझे सभी जगहों के विषय में तोते की तरह व्याख्या करते देखकर विमला दीदी ख़ूब प्रभावित हुईं।

दूसरे दिन दोनों साहनी बहनें हवाई जहाज़ से दिल्ली के लिए विदा हो गयीं। पर उन दोनों को हम सब बहुत दिन तक याद करते रहे। दोनों बहनों और मीमी–दीदी में एक अच्छी और पक्की दोस्ती हो

गयी और उनका पत्र–व्यवहार चलता रहा। विमला दीदी का विवाह तो प्रख्यात अमरीकी इतिहासकार वेन बैगली से हो गया और वह अमरीका चली गयीं–फिर भी जब कभी वह दिल्ली आतीं दोनों बहनों से अवश्य सम्पर्क करतीं।

× × ×

कुछ ही सप्ताह बाद जुलाई की गर्म शाम को हमारे यहाँ एक मेहमान आये। उत्तर भारत के प्रख्यात आँखों के डॉक्टर मथुरादास के साथ एक और बुजुर्ग जिनका नाम निरंजनदास बधवार था और उनके दो बेटे भी थे। सर्वप्रथम तो डॉक्टर साहब ने बैठते ही पिताजी से बिना सूचना दिये यूँ आ धमकने के लिए क्षमा याचना की और फिर अपने साथ पधारे आगन्तुक की पहचान करवायी–

"आपकी मथुरा, मोगा, कैथल और कई और स्थान पर कपास की जिनिंग मिलें हैं। बाग़वानी का इन्हें बहुत शौक़ है, इसलिए आप से मिलवाने ले आया।"

हमारी बड़ी बुआ जी उन दिनों हमारे पास गर्मी के कुछ दिन बिताने श्रीनगर आयी हुई थीं और वह इन दोनों लोगों को लाहौर से ही जानती थीं। मुझे भेजकर उन्हें भी बैठक में बुलवाया गया।

मेहमानों के चले जाने के बाद माँ–पिताजी और बुआजी बन्द कमरे में काफ़ी समय कुछ चर्चा करते रहे। हमेशा की तरह उस दिन भी गुल्ली बन्द किवाड़ के बाहर कान लगाकर चुपके से उनकी बातें सुनती रही और बाद में उसने हमें बताया कि बधवार साहिब के पाँच बेटों में से तीसरे बेटे का रिश्ता मीमी के लिए लेकर वह लोग आये थे।

बुआ जी बधवार परिवार के विषय में काफ़ी कुछ जानती थीं। निरंजनदास जी की छोटी भाभी डॉक्टर शकुन्तला बधवार जो रावलपिण्डी की प्रख्यात लेडी डॉक्टर थीं, को वह भली प्रकार जानती थीं। बँटवारे के बाद अब वह दिल्ली में ही काम कर रही थीं। यह समूचा परिवार काफ़ी समृद्ध एवं प्रसिद्ध परिवार था और बुआजी को थोड़ा आश्चर्य भी हो रहा था कि इतने रईस लोग स्वयं मीमी का हाथ माँगने कैसे आ पहुँचे।

परन्तु मीमी को विवाह के लिए राज़ी करना आसान काम नहीं था। वह तो शादी करना ही नहीं चाहती थी–सदैव अपने आपको माँ–पिताजी का बेटा मानने वाली मीमी श्रीनगर छोड़कर दूर पंजाब जाकर न बसना चाहती थी और न ही उसे मंजूर था कि ससुराल के कारण उन्हे माँ–पिताजी को छोड़ना पड़े। अब तक तो वह केवल माँ के फूल–पौधों के व्यवसाय में ही उनकी सहायता करती थी, पर पिताजी के रिटायरमेंट के उपरान्त उनकी मदद से मीमी को काफ़ी समय मिल जाता था। इसलिए अब उन्होंने कश्मीर हस्त–कला के सामान को भी विदेश निर्यात करने की सोच ली थी। उन्होंने अखरोट की लकड़ी के सामान और पेपर मैशी की चीज़ों के कुछ नमूने कीनिया भेजे थे और वहाँ से उनको अच्छी प्रतिक्रियाएँ मिल रही थीं।

पिताजी और बुआजी ने काफ़ी समझा–बुझाकर मीमी को शादी के लिए तैयार कर लिया। दोनों ने समझाया कि माँ–बाप तो सदैव जीवित नहीं रहेंगे और छोटी बहनों की शादी के बाद वह एकदम अकेली पड़ जायेगी। इससे बेहतर होगा कि वह ठीक समय पर विवाह करके अपना परिवार सँवारे। फिर भी मीमी बहुत उदास थी।

बधवार परिवार श्रीनगर गर्मी की छुट्टियाँ मनाने आया हुआ था और वह लोग दो हाउसबोटों में रह रहे थे। वह चाहते थे कि विवाह शीघ्र हो जाये।

दूसरे ही दिन पिताजी और बुआ जी कुछ फल और मिठाइयाँ लेकर उनकी हाउसबोट में जब पहुँचे तो उन्होंने देखा कि वह लोग शादी की तारीख़ भी निकलवा चुके थे। उन्होंने मिठाई से दोनों का मुँह मीठा करवाते हुए बताया कि बारह अगस्त को शादी का शुभ मुहूर्त है और इसलिए वह पिताजी की मंजूरी चाहते हैं। पिताजी तो बुआ जी की ओर हैरान होकर देखते रहे जब उन्होंने अपनी स्वीकृति सीधे बधवार साहब को देते हुए कहा–

"शादी की तैयारी के लिए समय तो बहुत ही कम है, पर हम आपकी बात का मान रखते हुए बारह अगस्त की तारीख़ पक्की करते

हैं, पर यदि कुछ कमी रह जाये तो आप उसका कारण भलीप्रकार समझ सकेंगे।''

उत्तर में तुरन्त बधवार साहब ने कहा–''हमें आप अपनी हीरे जैसी बेटी दे रहे हैं, हमारे पास भगवान का दिया सब कुछ है और किसी चीज़ का लालच नहीं।''

अकस्मात् शादी की तारीख़ पक्की होने के कारण माँ काफ़ी चिन्तित थीं–वह भी ऐसे रईस घर में। वह चाहती थीं कि मीमी को अपनी ससुराल में किसी प्रकार की हीन भावना का सामना न करना पड़े। दीदी के श्रीनगर में होने के कारण माँ को थोड़ा सहारा था। मीमी स्वयं तो अपने लिए न कपड़े पसन्द करने में दिलचस्पी दिखा रही थी और न ज़ेवर चुनने में ही। इसलिए दीदी की सलाह बहुत ज़रूरी थी–वैसे भी माँ को उनकी 'स्टाइलिश' और फ़ैशनेबल पसन्द पर पूर्ण भरोसा था।

बहन जी, जो उन दिनों कलकत्ता में थीं, को शीघ्र ही सूचित किया गया और साथ ही उन्हें वहाँ से कुछ ख़रीददारी करने को भी कहा गया। जीजा जी को भी आर्मी अस्पताल से छुट्टी लेने के लिए पर्याप्त समय दिया गया। घर के सबसे बड़े दामाद होने के कारण उनका होना तो अनिवार्य था। उन दिनों बहुत ही कम लोगों के पास टेलीफ़ोन की सुविधा होती थी इसलिए लम्बी–लम्बी तारों और एक्सप्रेस पत्रों के द्वारा नज़दीकी रिश्तेदारों को सभी प्रकार की सूचना देने के साथ ही श्रीनगर पधारने का निमन्त्रण भी दिया गया।

स्थानीय 'ब्रोका–प्रेस' पर शादी के कार्ड छपने के लिए दिये गये और सब ओर अच्छे रसोइयों, टैंट हाउस और पंजाबी शादी की शेष तामझाम की व्यवस्था में सभी जुट गये। माँ की सबसे पक्की सहेली बलदेव आंटी माँ के पास आकर उन्हें कई प्रकार की सलाह देती रहीं और अपने पति को भी शादी के काम में हाथ बँटाने के लिए उत्साहित करती रहीं। पिताजी के घनिष्ठ मित्र ठाकुर हरनाम सिंह प्रायः शनिवार और रविवार शाम आकर पिताजी से सलाह–मश्वरा करते रहे।

माँ को इस बात का पूरा सन्तोष था कि उन्होंने मीमी को देने के लिए पशमीना की शॉलें और कुछ बेहतरीन कश्मीरी कढ़ाई और तिल्ले के काम की साड़ियाँ पहले से ही तैयार कर रखी थीं क्योंकि अपनी मन पसन्द और अच्छी गुणवत्ता की यह वस्तुएँ रेडीमेड नहीं मिलती थीं। माँ को प्रायः यह ख़याल रहता था कि जवान बेटियों के यह सामान पहले से ही तैयार होने चाहिए न जाने कब उनका शादी का संयोग हो जाये। इसीलिए दीदी के विवाह के बाद जम्मू से उन्होंने मीमी के लिए दो सोने के सैट और चूड़ियाँ बनवा रखे थे। फिर भी माँ को लगता था कि बधवार परिवार में जाकर मीमी का ज़ेवर हल्का न दिखे। स्थानीय सर्राफ़ तारा सिंह से कुछ और ज़ेवर शीघ्र बनाने का भी अनुरोध किया गया।

माँ की चिन्ता का सबब और पिताजी की वित्तीय स्थिति का दीदी को पूर्ण रूप से अनुमान था, इसलिए उन्होंने अपनी सोने और मानक की हँसली का सैट मीमी को विवाह के तोहफे के रूप में देने की ठान ली। माँ ने कई बार मना किया पर राज जीजा जी और दीदी अपने फ़ैसले पर डटे रहे। वह सुन्दर सैट मीमी ने फेरों के समय पर पहना और उस पर वह ख़ूब जँच रहा था।

विवाह में सम्मिलित होने वाले जो मेहमान बाहर से आते थे, प्रायः उनमें से बहुत लोगों को वापस लौटकर जाने की कोई जल्दी नहीं होती थी। वह श्रीनगर में लम्बी छुट्टी मनाने का ही प्रोग्राम बनाकर आते थे। ऐसे कुछ रिश्तेदारों को मीमी ने, दीदी से सलाह कर कार्ड ही काफ़ी देर से पोस्ट किये। उन दिनों भारत के अन्य भागों से जम्मू आने के लिए एक परमिट बनवाना पड़ता था (यह प्रथा 1 अप्रैल 1959 में समाप्त हुई थी) और गरमी के दिनों में उसके लिए प्रार्थी लोगों की लम्बी फेहरिस्त होती थी।

श्रीनगर में सभी जान–पहचान वालों को कार्ड के साथ मिठाई भी भिजवाई गयी। कार्ड मिलने पर बहुत–से लोग अपने लायक काम पूछने आते रहे। कश्मीर में बेटी के विवाह पर सब लोग काम करना

या किसी अन्य प्रकार की सहायता करने के लिए सदैव तत्पर रहते थे। एक मित्र एक बेहतरीन पण्डित रसोइये का प्रबन्ध कर उसे अपने साथ मिलवाने ले आये। इस व्यक्ति ने महाराजा पटियाला के महल में भी काम किया हुआ था।

ताज़े मसाले ख़रीदने के बाद उन्हें धूप में रखकर और साफ़ करके वायुरोधक डिब्बों में बन्द किया गया। काफ़ी मसालों को बारीक पिसवाकर रखा गया। विभिन्न मौक़ों पर कौन–कौन से व्यंजन बनेंगे उनकी एक फ़ेहरिस्त बनी और उस सूची के अनुसार सामान की लिस्ट। यह ख़ास ख़याल रखा गया कि कोई भी व्यंजन दो बार न दोहराया जाये। बारात वाली रात को तो शुद्ध शाकाहारी कश्मीरी पण्डित खाने का प्रबन्ध था, पर साथ ही बारातियों की पसन्द का ख़याल रखते हुए पंजाबी व्यंजन भी तैयार किये गये। सुबह नाश्ते में 'इंग्लिश ब्रेकफास्ट' के अतिरिक्त पूरी, आलू, खीर और हलवा भी बनवाने का प्रबन्ध था।

बहन जी, भाईजान एवं उनके दोनों बच्चे विवाह से एक सप्ताह पूर्व ही श्रीनगर पहुँच कर विवाह के प्रबन्ध में पूरा सहयोग दे रहे थे। घर में रौनक बढ़ गयी थी। माँ की फ़रमाइश पर बहन जी कलकत्ता से कुछ भारी बनारसी साड़ियाँ लेकर आयीं। साथ ही कलकत्ता की सुप्रसिद्ध 'न्यू मार्केट' से आधुनिक साड़ियाँ, सैंडल, बैग और बाक़ी सामान भी ख़रीद कर लायी थीं। हम बच्चे तो ख़ूब उत्साहपूर्वक उन सब चीज़ों को देखते नहीं अघाते थे।

दर्ज़ी को माँ ने हमारे ही घर कुछ दिनों के लिए आकर सिलाई करने का अनुरोध किया और वह वहीं पर मीमी के सूट, ब्लाउज़, पेटीकोट इत्यादि के साथ–साथ हमारे भी कुछ कपड़े सीने में व्यस्त रहा। दर्ज़ी की दुकान पर बार–बार चक्कर लगाने का न तो समय था, न हिम्मत।

उन दिनों में कश्मीर में बेटी के विवाह में सभी लोग चाहे वह किसी भी धर्म के हों, मदद करना अत्यन्त पुण्य का काम मानते थे। इसलिए श्रीनगर के सुप्रसिद्ध 'नीडोस होटल' के मालिक ने सारा

कटलरी, क्रॉकरी (चीनी के बर्तन) और सारे मेज़पोश इत्यादि का सामान और 'सूरी रैंटल' वालों ने टेबल, कुर्सियाँ, सोफ़े इत्यादि–सभी निःशुल्क भिजवाये व किसी प्रकार का किराया लेने से साफ़ इनकार कर दिया।

तब तक कश्मीर में मुट्ठीभर लोगों के पास ही अपनी मोटरगाड़ियाँ हुआ करती थीं। तीर्थ राम आमला अंकल ने अपनी लैंड रोवर जीप, चालक सहित हमारे घर एक सप्ताह पहले ही भेज दी और लाख मना करने पर भी उसे वहीं तैनात रखा। उसके कारण बहुत–से शादी के काम करने में काफ़ी सुविधा हो गयी।

मगरमल बाग़ के शेख़ अमीन साहिब, जो जंगलात के बहुत बड़े ठेकेदार थे, भी शादी के प्रबन्ध में हाथ बँटाना चाहते थे पर क्योंकि पिताजी पहले जंगलात विभाग में 'कंसर्वेटर' थे, पिताजी ने कोई भी मदद लेने से साफ़ इनकार कर दिया। उसके बाद उन्होंने ठाकुर हरनाम सिंह से शिकायत करते हुए कहा–

"पंजाब के रईस लोगों की बारात आ रही है। सुकन्या हमारी भी तो बेटी है, इसी ख़याल से हम भी कुछ मदद करना चाहते थे पर कोहली साहब ने तो साफ़ मना कर दिया। वह हैं कि किसी की सुनते ही नहीं।"

तत्पश्चात ठाकुर साहिब ने पिताजी को समझाते हुए कहा कि पिछले 7–8 वर्ष से तो वह जंगलात में हैं ही नहीं और अब तो रिटायर (सेवानिवृत्त) हो चुके हैं, इसलिए शेख़ साहिब की भावनाओं का तिरस्कार नहीं करना चाहिए।

फलस्वरूप, शेख़ अमीन अंकल के लोग मदद करने में जुट गये। शादी से एक दिन पूर्व ही देवदार की हरियाली और गेंदे के फूलों से 'एग्ज़िबिशन ग्राउंड' से लेकर हमारे घर तक तीन ड्योढ़ियाँ बन गयीं और शादी वाले दिन प्रातः ही एक सुन्दर मण्डप बना दिया गया। साथ ही मुख्य बारातियों के बैठने के लिए एक ट्रक में बेहतरीन सोफ़ासेट, मेज़ और कश्मीरी कालीन लाकर बग़ीचे के सामने वाले भाग में सजा दिये। बलदेव अंकल ने सभी ड्योढ़ियों और घर पर रंग–बिरंगी बिजली के लैम्प लगवाने की व्यवस्था की।

मीमी अपने विवाह और तत्पश्चात हम सबको छोड़कर जाने के विचार से दुःखी थी। बहुत आग्रह करके दीदी ने शादी वाले दिन उसका श्रृंगार किया। उसका वह रमणीय रूप देखकर बहुत–सी पंजाबी शादी लायक लड़कों के माँ–बाप मन–ही–मन पछता रहे थे कि इतनी सुन्दर सुघड़ एवं सुशील लड़की के लिए उन्हें पहले रिश्ता भेजने की बात क्यों नहीं सूझी। बलदेव आंटी ने तो चुटकी लेते हुए राममुंशी बाग़ वाली एक आंटी को कह ही डाला–

"अब पछताये होमुंत क्या जब चिड़िया चुग गयी खेत।"

# मुश्किल भरी राहें

पचास के दशक में मात्र 253 रुपये प्रति माह की अल्प पेंशन और 80 रुपये प्रति माह बारामुला की कोठी के किराये में एक भरे–पूरे परिवार का ख़र्च चलाना आसान नहीं था। तीन–तीन कुँवारी बेटियों वाले परिवार में माँ एक सभ्य जीवन–स्तर का दिखावा भी करना चाहती थी। परन्तु उस समय प्रचलित गाँधीवादी सिद्धान्तों के अनुरूप सादा जीवन को आदर की दृष्टि से देखा जाता था। हमें भी उच्च विचार एवं सरल जीवन के नारे से सहारा मिला। यूँ भी भगवान की कृपा से हमारा सम्बन्ध एक शिक्षित परिवार से होने के फलस्वरूप हमें कम पढ़े–लिखे व्यापारिक परिवारों या खेतिहरों के मुक़ाबले में अधिक सभ्य माना जाता था।

उन दिनों अभी पंजाब एवं पूर्वी बंगाल से काफ़ी बड़ी संख्या में विस्थापित लोगों के आने से भारत की काफ़ी जनसंख्या अभी अपने जीवन के नव–निर्माण में व्यस्त थी। महँगाई व बेरोज़गारी से लोग जूझ रहे थे। अनाज, चीनी और कपड़े जैसी आवश्यक वस्तुओं की कमी भारत में हर ओर थी और राशन की दुकानों पर लोगों की क़तारें लम्बी होती जा रही थीं।

सादगी के मुखौटे के पीछे हमने भी अपनी कम आय को पूरी तरह से ढँकने का प्रयास किया। भले ही घर में हम सस्ती शालों और गर्म कपड़ों का प्रयोग करते, किन्तु बाहर जाने के समय सभी असली पश्मीना की शॉलें, रेशमी या खादी के कपड़े इत्यादि ही पहनतीं।

अपने हाथों से चार–पाँच सुन्दर और विभिन्न रंग के स्वेटर बुनकर उन्हीं को आपस में बदल–बदलकर पहन लेने से लोगों को उनकी बहुतायत का आभास होता। दर्ज़ी से कपड़े सिलवाने के बदले अब हमें घर में ही सिलाई करनी पड़ती और अभ्यास से शीघ्र ही हम तीनों बहनें अच्छी सिलाई करने लगीं। हमारे यहाँ कृत्रिम रेशमी कपड़े का पूरा निषेध था।

अपने ही आँगन में उगाई गयी विभिन्न सब्ज़ियों का ही प्रयोग अधिकतर घर में किया जाता। दूसरी सब्ज़ियों को खुदरा ख़रीदने के बदले प्रातः अमीराकदल में लगने वाली सब्ज़ी मण्डी से ख़रीदा जाता जहाँ किश्तियों में डल झील से ताज़ा और सस्ती सब्ज़ी मिल जाती थी। पैदल ही वहाँ प्रातः जाकर वहाँ से थैले भरकर जब वापस आते तो आपस में मज़ाक़ से उसे अपनी प्रातःकाल की सैर का नाम देते।

जहाँ कहीं भी बचत की कोई सम्भावना होती हम बहनें पूरी कोशिश से उसे करतीं। घर में देसी घी की खपत कम करने के अभिप्राय से बोधराज ने भी दाल में जब छौंका नहीं दिया तो गुल्ली ने उसे मज़ाक़ में कहा–

"बोधराज करछी को चूल्हे में गर्म करके दाल में डुबा दिया होता–कम–से–कम आवाज़ के कारण तो लोगों को लगता कि दाल को छौंक दिया गया है।" इसी प्रकार हम सभी मुश्किलों के बावजूद भी हँसते रहते।

हम अपने प्रतिकूल हालात और विपत्ति को भी हँसकर सहना चाहते थे–शायद इसलिए हमें अधिक कष्ट नहीं हुआ। गुल्ली बड़े मज़े से याद दिलाती– "सब दिन न रहत एक समान।"

हम अपनी पढ़ाई–लिखाई, बुनाई–सिलाई और बग़ीचे में पूरी मेहनत करने में किसी भी प्रकार पीछे न रहते थे और पिताजी के बताये हुए "सादा जीवन और उच्च विचार" का अनुसरण करते। मीमी की अब शादी हो चुकी थी, इसलिए हम तीनों बहनों ने माँ एवं पिताजी की मदद का बीड़ा उठा लिया था। सुबह–शाम हम अपने फूल–पौध

ों के व्यापार में जितना भी हो सकता हाथ बँटाने का प्रयास करतीं। अब तक हमने बाग़वानी और वनस्पति विज्ञान के काफ़ी तरीक़े सीख लिए थे।

वर्ष 1955 की बसन्त ऋतु में हमारे बग़ीचे में प्रचुर मात्रा में नरगिस के फूल खिल रहे थे और उनकी सुन्दर महक से सारा वातावरण सुगन्धित हो रहा था। पिताजी ने उदास मन से यूँ ही कहा–''महाराजा साहिब को नरगिस बहुत पसन्द थी, अब बम्बई में उन्हें कहाँ यह दिखती होगी?''

माँ ने उनका दिल रखने को कह दिया–''आप उनको कुछ फूल पार्सल से बम्बई भेज दें तो वह खुश हो जायेंगे।''

माँ ने मानो पिताजी के मन की बात कह दी हो। फिर क्या था, दूसरे ही दिन प्रातः अधखिली कलियों वाले नरगिस का एक पार्सल ख़ूब अच्छी तरह गत्ते के डिब्बे में बन्द कर, पिताजी स्थानीय इंडियन एयरलाइंस के दफ़्तर जाकर पहुँच गये। उन दिनों श्रीनगर से सीधे बम्बई की कोई उड़ान नहीं होती थी और मार्ग में दिल्ली जहाज़ रुकते थे। पिताजी तो मन बना चुके थे, सो पार्सल भेज ही दिया। दूसरे ही दिन बम्बई से महाराजा साहिब का धन्यवाद का तार हमें पहुँच गया, जिसमें उन्होंने बताया था कि फूल एकदम अच्छी हालत में पहुँचे।

बस यहीं से माँ व पिताजी के हाथों कटे फूलों के व्यापार का कश्मीर में सर्वप्रथम शुभारम्भ हुआ। इस पार्सल के सफलतापूर्वक बम्बई पहुँच जाने के बाद पिताजी ने दिल्ली, बम्बई और कलकत्ता के कई फूल–विक्रेताओं से सम्पर्क कर उन्हें पहला पार्सल निःशुल्क भेजने की पेशकश की पर फिर भी लोग विश्वास ही नहीं कर पाते थे कि फूल जैसी कोमल वस्तु कैसे इतनी दूर पहुँच सकती है।

परन्तु 1955 के नवम्बर माह में जब रूस के प्रधानमन्त्री निकोलाई बुलगानिन एवं जनरल सेक्रेटरी निकिता क्रुस्ताव भारत के दौरे पर आये हुए थे, कलकत्ता स्थित ग्लोब फ्लोरिस्ट ने एक तार भेजकर एक हज़ार गुलदाऊदी के फूल माँगे और माँग की कि जो भी अच्छे फूल हों उन्हें तुरन्त भेज दिया जाये।

हाथों–हाथ ग्लोब की माँग पूरी कर दी गयी और वह फूलों की खेप से पूर्णतया सन्तुष्ट होकर बाद में भी फूल मँगवाते रहे।

बहुत–सी ब्रिटिश कम्पनियों के हैड–ऑफ़िस उन दिनों कलकत्ता में होने के कारण अभी भी वहाँ क्रिसमस एवं नये वर्ष को ख़ूब शानदार तरीक़े से मनाया जाता था। पार्क–स्ट्रीट स्थित सभी रेस्तराँ और सभी बड़े होटलों में इन दिनों एक से बढ़कर एक शानदार आयोजन हुआ करते थे। 'ग्लोब' फ्लोरिस्ट के अतिरिक्त हमें सीधा ओबरॉय ग्रैंड, फिरपोस एवं ग्रेट ईस्टर्न होटलों से पारम्परिक रूप से क्रिसमस की सजावट में लगने वाले होली और मोतियों जैसे मिस्लटो के बड़े ऑर्डर मिले। सभी ने क्रिसमस ट्री के लिए देवदार के पेड़ों की भी माँग की थी और मुँहमाँगे दाम देने की पेशकश परन्तु पिताजी के जंगलात के प्रति प्रेम ने उन्हें वह भेजने से रोक दिया।

कुछ ही दिनों के बाद अपने पति के साथ मीमी बम्बई घूमने गयी तो वहाँ के नामी–गिरामी फ्लोरिस्ट 'अपोलो' एवं 'पुष्पमिलन' से सम्पर्क किया और तत्पश्चात कई दशकों तक वह हमसे फूल मँगवाते रहे। माँ के फूलों के व्यापार की प्रशंसा सब ओर इतनी हुई कि अन्तरराष्ट्रीय फूल वितरण प्रणाली 'इंटरफ्लोरा' ने माँ को उत्तर भारत में सर्वप्रथम मनोनीत किया। उसके बाद ही दिल्ली की प्रख्यात फ्लोरिस्ट मिसेज़ जे.के. पॉल को भी मनोनीत किया गया और यह दोनों महिलाएँ उन दिनों में इस व्यापार में अग्रणी माने जाने लगीं। दोनों में व्यावसायिक सम्बन्ध के अतिरिक्त एक–दूसरे के लिए आदर भी था।

# नीड़ का निर्माण बार-बार

हमें पार्क रोड के बँगले में रहते हुए क़रीब–क़रीब छह वर्ष हो चले थे और हम सब यहाँ आराम से रह रहे थे। हमारा बग़ीचा भी ख़ूब अच्छा लग रहा था। कुछ आलूबुखारे और आड़ू के जो नये पेड़ हमने लगाये थे वह भी अब फल देने लगे थे। स्ट्रॉबरी की क्यारियों से भी मौसम में भरपूर मात्रा में फ़सल मिल रही थी। ऐसे में अकस्मात् हमारे कश्मीरी पण्डित मकान मालिक किचलू साहब ने मकान बेचने का निर्णय ले लिया। माँ का मन तो था कि बारामुला की कोठी बेचकर उस धन से हम इसे ख़रीद लें, किन्तु यह सम्भव नहीं था, क्योंकि सेना ने जो भी कोठियाँ बारामुला में किराये पर ले रखी थीं उनमें से किसी को भी वह ख़ाली नहीं करना चाहती थी। इसका कारण यह था कि वहाँ पर भारतीय सेना की कोई भी रिहायशी छावनी नहीं थी जहाँ सैनिकों और अफ़सरों को रखा जा सके।

फिर एक बार फेज कैप वाले सम्पत्ति एजेंट मियाँ जी को बुलवाया गया और माँ और बहन जी ने कई मकान देखे परन्तु कुछ भी पसन्द नहीं आया। आस–पास कोई अच्छे घर नहीं बचे थे और माँ को नया घर पुराने घर से अधिक दूर भी नहीं चाहिए था। क्योंकि बार–बार वह अपना पता–ठिकाना बदलना नहीं चाहती थीं–उनके उभरते व्यापार के लिए यह मुनासिब नहीं था। पिछले कुछ वर्षों से श्रीनगर में किराये काफ़ी बढ़ चुके थे और सैलानियों की भीड़ के कारण बड़ी कोठियों के बाग़ के हिस्से करके उन्हीं में नयी कोठियाँ बन गयी थीं। इस कारण

से हमें बड़े बाग़ वाली कोठी मिलना सम्भव नहीं था। तभी मियाँ जी ने एक नव–निर्मित दो–मंज़िला घर दिखाया जो हमारे घर के काफ़ी पास था। वह केवल एक ही कनाल ज़मीन में बना हुआ था और उसकी दोनों ओर पहले से ही घर बने हुए थे जहाँ कुछ पंजाबी परिवार रह रहे थे। घर के कमरे काफ़ी छोटे–छोटे थे, फिर भी पार्क रोड पर ही स्थित होने के कारण माँ ने इसे लेना ठीक समझा।

फिर भी माँ उदास थीं–उन्हें पहले बारामुला और फिर बटमालू की बीस कनाल में बनी हुई बड़ी कोठियों में रहने की आदत थी। तत्पश्चात किचलू वाला घर भी आठ कनाल भूमि पर निर्मित था और उसमें आगे–पीछे काफ़ी जगह ख़ाली थी। किन्तु यहाँ तो आते ही मानो माँ का दम घुटने लगा। उन्हें एक बार फिर अपनी बारामुला की कोठी और उसके विशाल फलदार बाग़ और खुले वातावरण की याद सताने लगी उन्हें भारत सरकार से भी शिकवा था कि गत दस वर्ष से न तो उनके घर का वह किराया बढ़ा रही थी और न ही उसे ख़रीद रही थी। हद तो यह थी कि वहाँ के फलदार पेड़ अब अपने चरम यौवन पर होने के कारण फल से लदे रहते थे। फिर भी वहाँ से कभी एक डिब्बा फल भी उपलबध नहीं हुआ। खिन्न मन से वह हमें डाँटतीं और एकदम धीरे–धीरे बात करने को कहतीं। उन्हें ऐसा प्रतीत होता था मानो पड़ोसी हमारी सभी बातें सुन रहे होंगे। उसके विपरीत पिताजी सन्तुष्ट थे और माँ से प्रायः मज़ाक़ करते हुए कहते थे कि उनके बचपन के लाहौर स्थित ग्वालमण्डी मोहल्ले की भाँति इस नये घर में भी तीनों बरामदों से वह अपने पंजाबी पड़ोसियों से गप–शप लगा सकती हैं।

हमारे घर और नये पड़ोसी सेठी परिवार के बीच एक लकड़ी का जंगला था। गुल्ली और मैं रात के समय अपने कमरे की बत्ती बुझाकर उनके परिवार में हो रही चहल–पहल देखा करती थीं। उनका एक संयुक्त परिवार था और दादा, दादी, चाची व उनके बच्चे एवं सेठी परिवार के सातों सदस्य–ख़ूब रौनक रहती थी। गर्मी के दिनों में तो कभी सन्ध्या समय उनके घर तन्दूर पर रोटियाँ भी लगायी जाती थीं–हमारे लिए तो यह एक नयी बात थी।

उनकी एक बेटी गुल्ली के कॉलेज में पढ़ती थी और वह दोनों प्रायः मौलाना आज़ाद रोड स्थित कॉलेज तक एक साथ जाया करती थीं। उन दिनों के रिवाज़ के अनुरूप नये घर में आने के बाद एक दिन माँ और बहन जी गुल्ली के साथ सेठी परिवार को मिलने गयीं। उनसे मिलकर माँ को अच्छा लगा क्योंकि वह सभी काफ़ी मिलनसार और धार्मिक प्रवृत्ति के लोग थे। गर्मी के दिनों में उनके यहाँ काफ़ी साधु–सन्त भी आया करते थे और समस्त परिवार उनकी काफ़ी सेवा करता था।

कुछ ही महीनों के बाद भाईजान इंडोचाइना से वापस आये और अपने परिवार को देवलाली ले गये। बहन जी और बच्चों के चले जाने के कारण घर की रौनक कम हो गयी–तब हम सबका सेठी परिवार से अधिक मेल–जोल हो गया। उनकी मँझली बेटी शामा से मेरी घनिष्ठ मित्रता हो गयी। उसकी बड़ी बहन व दोनों भाइयों को माँ के हाथ के स्वादिष्ट अचार बहुत पसन्द थे और गुल्ली को उनके घर के तन्दूरी पराँठे–बस इसी प्रकार सभी चीज़ों का आदान–प्रदान होने लगा और हम दोनों परिवारों के परस्पर घनिष्ठ सम्बन्ध हो गये। माँ और सेठी आंटी प्रायः आपस में पंजाबी तीज–त्योहारों की बात करतीं। माँ लाहौर की बातें और वह होशियारपुर की बातें सुनातीं।

अगस्त 1953 में जम्मू–कश्मीर रियासत के प्रधानमन्त्री का पद बख़्शी गुलाम मुहम्मद ने सँभाला था। अपनी आसान पहुँच और विकासात्मक नीति से वह शीघ्र ही काफ़ी लोकप्रिय हो गये थे। उनके कार्यकाल में रियासत, ख़ासकर कश्मीर घाटी में, अनेक सड़कें, पुल, स्कूल–कॉलेज, क्लब, टूरिस्ट–बँगले एवं टूरिस्ट हट बनवाये गये। यह सभी विकास बहुत तीव्र गति से हुआ।

वर्ष 1959 में श्रीनगर स्थित महाराजा हरि सिंह अस्पताल के साथ रियासत का प्रथम मेडिकल कॉलेज बनकर तैयार हो गया और तत्पश्चात शीघ्र ही नसीम बाग़ श्रीनगर में रीजनल इंजीनियरिंग कॉलेज।

झेलम नदी के दोनों किनारों पर बसे हुए नगर को अभी तक सात पुल परस्पर जोड़ते थे। अब बढ़ते हुए आवागमन को देखते हुए बख़्शी साहब ने दो और पुलों का निर्माण करवाया–पहला एम्पोरियम के निकट राज़ बाग़ को सीधा शहर से जोड़ते हुए और दूसरा अमीराकदल और हब्बाकदल के बीचों–बीच।

इस नवीन पुल का नाम कश्मीर के सुप्रसिद्ध शासक ज़ेन–उल–आब्दीन पर रखा गया जिसे लोग प्रेम व श्रद्धा से 'बड़शाह' के नाम से याद करते थे। इस पुल को जोड़ने के लिए एक ओर बहुत घनी आबादी वाले क्षेत्र माई सोमा बाज़ार से सड़क का निर्माण करने से पूर्व वहाँ के निवासी इस क्षेत्र को ख़ाली नहीं करना चाहते थे क्योंकि उन्हें आशंका थी कि न जाने कितने वर्षों के बाद उन्हें सरकार से मुआवज़ा मिले। कहा जाता है कि बख़्शी साहब ने बड़ी–बड़ी नोटों की गड्डियाँ हाथों–हाथ देकर उनसे मकान ख़ाली करवा लिए।

बख़्शी गुलाम मुहम्मद ने शीघ्र ही माई सोमा बाज़ार के अतिरिक्त और भी भीड़ वाले क्षेत्रों एवं सँकरी गलियों में रहने वाले लोगों को इस बात के लिए उत्साहित किया कि वह नये खुले क्षेत्रों में बसें और इसके लिए कई नयी कॉलोनियाँ छानपोरा, रावलपोरा, सुथरेशाही और बेमिना जैसी आबादियों में नये घरों का निर्माण करने के लिए सरकारी कर्मचारियों को सस्ते दाम पर प्लॉट दिये गये और साथ ही ब्याज रहित क़र्ज़ भी। निर्माण कार्य बड़ी तेज़ी से होने लगा।

सुथरेशाही कॉलोनी हमारे नये घर के पास उस ज़मीन पर बनी जहाँ अब सब्ज़ी की खेती होती थी। अचानक वहाँ सड़कें और नये–नये मकान बनने लगे। शीघ्र ही चारों ओर ख़ूब चहल–पहल हो गयी। कुछ वर्ष के बाद इसी क्षेत्र से सटे हुए महारानी ज़नाना पार्क में नये सेक्रेटरिएट (सचिवालय) का निर्माण हो गया।

घाटी में हो रहे नये निर्माण कार्य, सेना की उपस्थिति और तेज़ी से बढ़ते हुए पर्यटन के कारण स्थानीय लोगों को रोज़गार तो मिल ही रहा था, साथ ही हाउसबोट, होटल और दस्तकारी के क्षेत्र में भी

काफ़ी विकास होने लगा। बड़शाह पुल से निकलने वाली चौड़ी सड़क के दोनों ओर जहाँगीर, गिरनार एवं लालारुख़ जैसे होटलों का निर्माण हुआ और उनके नीचे बनी दुकानों के कारण वहाँ ख़ूब चहल–पहल रहने लगी। यहाँ पयर्टकों की बढ़ती संख्या के कारण उनकी सुविधा को ध्यान में रखकर पर्यटक पुलिस भी बनायी गयी। इस नयी सड़क के कारण गुल्ली, पिन्नी और मेरे कॉलेज की दूरी भी कम हो गयी।

हवाई उड़ानों में वृद्धि होने के साथ–साथ हमारा 'कट–फ्लावर' बिज़नेस भी तरक़्क़ी करने लगा। प्रत्येक दिन दिल्ली एवं बम्बई के लिए पार्सल जाने लगे। पिन्नी को विज्ञान की छात्रा होने के कारण प्रैक्टिकल्स के लिए देर तक कॉलेज में रुकना पड़ता था और मैं और गुल्ली शीघ्र घर आ जाती थीं–इसी कारण से फूलों की गिनती, छँटाई, सँवारने और पैकिंग करने का कार्य हमारे ज़िम्मे था। हम दोनों को कई बार घण्टों तक गुलाब के काँटे भी साफ़ करने पड़ते थे। माँ एवं पिताजी दोनों किसी प्रकार से भी गुणवत्ता में समझौता नहीं करना चाहते थे, इसलिए हमें भी पूरी ईमानदारी और मेहनत से कार्य करना पड़ता था।

पतझड़ के मौसम में कट–फ्लावर का कार्य तो बन्द या कम हो जाता था किन्तु स्कूल–कॉलेज से आने के बाद हम विदेश भेजने वाले स्थानीय स्वदेशी किस्मों के फूलों के बल्ब जैसे नारगिस टैजेटा, फ्रिटिलेरिया, स्टरनबर्जिया, ऐरिमेरस और ट्यूलिप्स की गाँठें साफ़ कर उनको उनके नाप के अनुसार छाँटकर विदेश भेजने के लिए लकड़ी के बक्सों में पैक करते थे।

मीमी द्वारा कुछ पूर्व भेजे गये पेपर मैशी के नमूने अब अपना रंग दिखा रहे थे और हमें एक अमरीकन कम्पनी के बड़े ऑर्डर आ रहे थे। हस्तकला होने के बावजूद उन्हें इन चीज़ों में मशीन जैसी परिशुद्धता चाहिए थी, जिसके लिए हमारी निगरानी में ही पेपरमैशी को–ऑपरेटिव वालों से मूल आकार का 'साख़्ता' बनवाना और चित्रकारी व असली सोने के वर्क से पृष्ठभूमि या रूपरेखा बनवाना पड़ता था। सामान तैयार होने के बाद भी भली प्रकार छँटाई करनी पड़ती थी। पिताजी का मेरी अवलोकन की शक्ति पर भरोसा था, इसलिए यह कार्य मुझे करना

पड़ता था–छोटी–से–छोटी भी अवहेलना और त्रुटि मेरी आँख से नहीं बच पाती थी।

उन दिनों सोने का भाव 160 रुपये प्रति तोला था और पुराने शहर के भीतरी भाग में केवल दो ही ऐसे कारीगर बचे थे जो सोने को कूट–कूटकर उसका महीन वर्क बनाते थे। अमरीका में हमारे भेजे गये सामान की प्रशंसा हो रही थी और हमें पहले से बड़े और विभिन्न प्रकार की वस्तुओं के ऑर्डर मिल रहे थे।

× × ×

वर्ष 1960 तक पिताजी के काफ़ी पंजाबी मित्र, चाहे हिन्दू या मुसलमान थे, सरकारी नौकरियों से सेवानिवृत्त हो चुके थे। उनमें से अधिकतर हिन्दू अधिकारी तो जम्मू चले गये और शेष लोग जिनके पश्चिमी पंजाब में घर थे–देहरादून और चण्डीगढ़ में बस चुके थे। चण्डीगढ़ में तो पूर्वी पंजाब की नयी राजधानी बन रही थी और पश्चिमी पंजाब के पाकिस्तान बनने के बाद आये रिफ़्यूजियों को उनकी वहाँ छूटी हुई जायदाद के बदले में नये प्लॉट मिल रहे थे। पिताजी को भी लाहौर की हमारी कोठी के उपलक्ष्य में चण्डीगढ़ के सेक्टर–27 में प्लॉट मिल चुका था।

पाकिस्तान और भारत के बिगड़े हुए रिश्तों के कारण कश्मीर में रहने वाले मुसलमान पंजाबी अपने रिश्तेदारों से सम्पर्क नहीं कर सकते थे और कश्मीर में उन्हें अपने बेटे–बेटियों के लिए अच्छे रिश्ते नहीं मिलते थे–प्रायः वह लोग अपने रिश्तेदारों में ही शादी–ब्याह करते थे। इसी कारण से धीरे–धीरे पंजाबी मुसलमान दोस्तों की भी संख्या कम हो गयी क्योंकि उनमें से कुछ वापस लाहौर, रावलपिण्डी, सियालकोट वग़ैरह अपने पैतृक घरों में चले गये।

माँ की निकटतम सहेली बलदेव आंटी भी अपना नया घर जम्मू की नयी कॉलोनी गाँधी नगर में बनवा रही थीं और अंकल के सेवानिवृत्त होने पर उनका भी जम्मू में बसने का इरादा था। माँ को उदास होते देख पिताजी ने उन्हें आश्वस्त किया कि सर्दियों के लिए वह चण्डीगढ़

में हमारे लिए नया घर बनवा देंगे। परन्तु यह भी याद दिलाया कि उनके बढ़ते व्यापार के कारण उन्हें अधिकतर तो श्रीनगर में ही रहना होगा क्योंकि फूलों और पेपरमैशी का व्यापार यहीं रहकर भली–भाँति हो सकता है। हम बहनों की पढ़ाई भी यहीं ठीक हो रही थी।

परन्तु 'दूध का जला छाछ को भी फूँक कर पीने' वाली बात थी। माँ को अभी तक बारामुला और लाहौर में हुई मारकाट और अपना घर लुटने की बात भली प्रकार स्मरण थी। उन्हें लगता था कि घाटी में मुसलमानों की जनसंख्या अधिक है, इसलिए कभी इस बात का दुःखद परिणाम न हो। पिताजी उन्हें पूरे धैर्य से घाटी में हिन्दू, सिख एवं मुसलमानों की एकता और कश्मीर के मुसलमानों के सूफ़ी दर्शनशास्त्र में विश्वास की बात समझाकर शान्त करते रहते थे। वह माँ को प्रायः यह बात भी याद दिलाते कि बारामुला से भैया जी एवं दोनों बहनों को अपनी कार में सुरक्षित श्रीनगर लाने का श्रेय जम्मू–कश्मीर जंगलात के मुसलमान मन्त्री को जाता है, जो ठाकुर साहिब के कहने पर अपनी जान को ख़तरे में डालकर सेंट जोसेफ़ कॉन्वेंट से गोलियों की गड़गड़ाहट के बावजूद इन सबको लेने गये थे। साथ ही पिताजी शहीद मक़बूल शेरवानी का भी हवाला देते जिसने क़बायली आक्रमणकारियों को गुमराह करके श्रीनगर जल्दी नहीं पहुँचने दिया था।

अक्टूबर 1960 में दीदी और मीमी ने गुल्ली की शादी का एक रिश्ता पसन्द किया। लड़का रावलपिण्डी के एक समृद्ध एवं जाने–पहचाने परिवार से था और अफ़ग़ानिस्तान में बहुत अच्छे वेतन पर अमरीकी कम्पनी के लिए काम कर रहा था। साथ ही पत्र में लड़के की तस्वीर भी भेजी जिसे देखते ही गुल्ली तो अपने भविष्य के सपने देखने लगी और माँ–पिताजी को रिश्ता पसन्द आ गया। विवाह दिसम्बर माह में दिल्ली में ही होना निर्धारित हुआ। गुल्ली कुछ दिन बाद ही अपने पति के साथ काबुल चली गयी।

शादी वाले दिन माँ की लाहौर वाली पुरानी सहेली ने जब पिन्नी को देखा तो तुरन्त उसके लिए अपने इकलौते बेटे से विवाह का प्रस्ताव

मासी के हाथ भिजवा दिया। पिन्नी ने शादी से साफ़ इनकार कर दिया। हमारे परिवार में पहली बार ऐसा हुआ था और माँ बहुत परेशान हुई। बहनों के काफ़ी पूछने पर पता चला कि वह केवल अपनी पसन्द के लड़के वीरेन्द्र सूरी से ही शादी करेगी। माँ को तो मानो कोई बड़ा धक्का लगा हो, वह प्रेम–विवाह के नाम से ही घबराती थीं। ''लोग क्या कहेंगे'' इस बात का उन्हें सदैव भय रहता था।

श्रीनगर वापस लौटने से पूर्व माँ और पिताजी चण्डीगढ़ जाकर अपना प्लॉट देखना चाहते थे। मैं भी उनके साथ हो ली। पिताजी के पुराने मित्र लक्ष्मीनारायण खोसला, जो स्वयं 9 सेक्टर में रहते थे, हमें अपने साथ जगह दिखाने ले गये। कोने के इस तीन कनाल के प्लॉट के सामने बड़ी–सी मार्किट थी। खोसला साहब ने हमें आश्वासन दिलाया कि घर के निर्माण के समय वही पूरी निगरानी करेंगे। उन्होंने स्थानीय दो अच्छे वास्तुशास्त्रियों का पता भी हमें दिया। हमारे बारामुला वाले पड़ोसी और माँ के मुँह–बोले भाई डॉ. गोपाल सिंह भी पास ही स्थित 19 सेक्टर में बस गये थे। उन्होंने तो यहाँ तक कह दिया कि जब तक घर का निर्माण पूर्ण न हो, माँ उन्हीं के संग रहे और अपनी निगरानी में मन–पसन्द घर बनवायेंगे।

अब हमारे पास चण्डीगढ़ में कोठी बनवाने के लिए पर्याप्त धन भी था, इसलिए माँ वहाँ पर आने वाली सर्दियों तक घर बनाकर तैयार करना चाहती थी। उनकी योजना थी कि श्रीनगर जाने के बाद दोनों में से किसी एक वास्तुकार से घर का नक्शा बनवा कर शीघ्र घर बनाना शुरू किया जाये ताकि आने वाली सर्दी के मौसम तक वह बन कर तैयार हो सके।

श्रीनगर पहुँचने पर गुल्ली की कमी ख़ूब खलने लगी। उसके बिना घर में रौनक नहीं थी। पिन्नी शाम देर से कॉलेज से लौटती और तत्पश्चात या तो अपनी पढ़ाई में या फिर वीरेन्द्र जी के सपने देखने में मस्त रहती। प्रत्येक सप्ताह मैं गुल्ली को लम्बे–लम्बे पत्र लिखती। उनमें उसे श्रीनगर के सब समाचारों से अवगत कराती, इसलिए उसे भी

इनका ख़ूब इन्तज़ार रहता। उसके पति मज़ाक़ में मेरे पत्रों को 'श्रीनगर टाइम्स' कहते क्योंकि उनमें परिवार के सदस्यों के अतिरिक्त पड़ोसियों एवं गुल्ली की सहेलियों के भी सभी समाचार होते।

माँ पिन्नी के विवाह को लेकर परेशान थीं। हालाँकि वीरेन्द्र सूरी, जिसे हम सब प्यार से 'वीरा' के नाम से बुलाते थे, हमारी बिरादरी से था और उसके परिवार को हम भली–भाँति जानते थे। वह भले लोग थे, फिर भी माँ को प्रेम–विवाह से परहेज था। अब उन्हें यह भी पता लग चुका था कि गत वर्ष पिन्नी बनारस हिन्दू विश्वविद्यालय से अपनी एम.एससी. की पढ़ाई दो ही महीने में छोड़कर वापस श्रीनगर क्यों आ गयी थी। जिससे न केवल उसका शैक्षणिक वर्ष अपितु पैसा भी नष्ट हुआ था। इस बात का उन्हें विशेष गुस्सा था।

26 अप्रैल 1961 को महाराजा हरि सिंह के बम्बई में हुए निधन का दुःखद समाचार मिला, जिसने पिताजी को मानो झकझोर दिया हो। रुँधे गले से उन्होंने यह समाचार हमें दिया और शेक्सपियर के 'किंग लीयर' नाटक का हवाला देते हुए कहा–Like King Lear, he was a man more sinned against than sinning.

कुछ दिन बाद हमें महाराजा साहब की वसीयत के विषय में पता चला। उनके जम्मू क्षेत्र के प्रेम को उनकी यह इच्छा दिखाती थी कि उन्होंने चाहा था उनकी अस्थियों की राख को जम्मू ले जाया जाये–अपने जीवित रूप में तो वह वहाँ लौट नहीं सके इस बात का दुःख यह इच्छा दर्शाती थी। उन्होंने अपने साथ बम्बई जाने वाले सभी लोगों को उदारतापूर्वक धनराशि दी और अपने बेशक़ीमती रेस के घोड़े जाकीस और प्रशिक्षकों को दे दिये। अपनी सम्पत्ति का एक बड़ा भाग उन्होंने आर्य समाज को दान दिया और अपने निष्ठावान सेवकों को तो घर तक दिये। माँ को उन लोगों से एक प्रकार की ईर्ष्या हो रही थी क्योंकि वह लोग तो केवल अपना–अपना काम करते रहे, परन्तु पिताजी ने तो अपनी जान पर खेलकर महाराजा साहब की कश्मीर घाटी स्थित ज़मीन–जायदाद की रक्षा की थी। पिताजी ने उन्हें समझाया कि महाराजा साहब ने अपने जीवनकाल में ही घाटी की ज़मीन–जायदाद

युवराज कर्ण सिंह को सौंप दी थी, इसलिए उनका सरोकार अब उन्हीं से रहा था। युवराज तो पिताजी के अगस्त 1953 में सेवानिवृत्त होने के बाद अपनी ज़मीनें भी ठीक से नहीं सँभाल पा रहे थे। गुलाब महल, जिसे पिताजी ने शेख़ साहब के चँगुल से बचाया था, अब युवराज कर्ण सिंह ने 'ओबरॉय होटल्स' को किराये पर दे दिया था। उनकी बाकी सम्पत्ति भी काफ़ी कम हो चुकी थी—एक सौ बीस एकड़ का विशाल अमर सिंह बाग़ उन्होंने जम्मू–कश्मीर विश्वविद्यालय के लिए रियासती सरकार को दान दे दी थी। सोपोर के निकट वोडरा के विशाल सेब के बाग़ात भी कश्मीर कृषि विश्वविद्यालय को दे दिये गये थे। इसको कुछ ही वर्ष पूर्व पिताजी ने अपनी जान पर खेलकर बचाया था। महाराजा साहब के शुभचिन्तक यह नहीं समझ पा रहे थे कि यह सब युवराज किसी दबाव या मजबूरी के कारण दे रहे थे या फिर नये सलाहकारों की असमर्थता के कारण।

वर्ष 1961 के जुलाई माह में माँ को ज्वर होने लगा। प्रारम्भ में तो उनके ज्वर का मूल कारण डॉक्टर को समझ नहीं आया, परन्तु जब उनको पेट में भीषण दर्द होने लगा, उन्हें स्थानीय अस्पताल में दाख़िल किया गया। वहाँ के तत्कालीन सर्वश्रेष्ठ शल्य–चिकित्सक डॉक्टर गिरधारी लाल कौल ने उनका ऑपरेशन किया तो पाया कि उनके जिगर एवं अग्नाशय में कैंसर फैल चुका था। डॉक्टर कौल पिताजी को अच्छी तरह जानते थे। उन्होंने पिताजी को बताया कि कैंसर रोग इतना फैल चुका है कि माँ का दस एक दिन से अधिक बचना सम्भव न होगा। यह सुनकर पिताजी को बहुत धक्का लगा। उन्होंने यह कभी नहीं सोचा था कि मात्र 55 वर्ष की आयु में माँ हम सबको छोड़कर जा सकती है। वह हमेशा ठीक–ठाक रहीं और अभी उनके बड़े भाई–बहन जीवित थे। उनके पिता भी गत वर्ष 85 वर्ष की आयु में स्वर्ग सिधारे थे।

ऑपरेशन के आठ दिन बाद माँ को अस्पताल से घर भेज दिया गया, जिसके बाद उनकी पीड़ा दिन–प्रतिदिन बढ़ती ही गयी। कुछ दिनों के बाद तो उन्हें 'नावलजिन' जैसी दर्द निवारक दवाइयों का भी

असर होना कम हो गया। हम सभी पूजा–आराधना और दान–पुण्य का सहारा लिए उनके स्वस्थ होने की कामना करते रहे। शंकराचार्य मन्दिर जाकर प्रत्येक दिन महा मृत्युंजय का जाप करना, जियारतों में जकात देने और ईसाई फेथ–हीलर किसी चीज़ को नहीं छोड़ा पर होनी बलवान है–आठ अक्टूबर 1961 सायंकाल पिताजी की गोद में सिर रख माँ ने एक बार हम पाँचों बहनों और उनकी प्रिय सखी बलदेव आंटी को बुझी आँखों से देखकर 'राम–राम' कहते हुए प्राण त्याग दिये।

पिताजी माँ का अन्तिम संस्कार करने के पश्चात मानो बिल्कुल ही बदल गये। उनका अलग–थलग रहने का कठोर स्वभाव न जाने कहाँ लुप्त हो गया। वह हम सबके लिए माँ की कमी की पूर्ति करने का पूरा प्रयत्न कर रहे थे। उनके स्वभाव के विपरीत कई दिन तक उन्होंने अपने किसी काम को हाथ तक नहीं लगाया। तेरह दिन तक आने वाले लोगों का ताँता लगा रहा। हम धरती पर कालीन पर सफ़ेद चादरों वाले कमरे में तेरह दिन बैठे रहे और विभिन्न लोग माँ के बारे में अपनी–अपनी भली यादें दोहराते रहे। कुछ लोग तो आकर चुपचाप बैठे रहते। उन दिनों पुरुष अलग कमरे में बैठा करते थे और महिलाएँ अलग से पर हम बहनें पिताजी को इस हालत में अकेला नहीं छोड़ना चाहती थीं इसलिए हम सभी उनके साथ ही बैठती रहीं और इस प्रकार हमारे परिवार की एक पुरातन रस्म का अन्त हुआ।

पिताजी को जब कभी अपने जीवन में कोई मुश्किल या परेशानी हुई जैसे भारत के बँटवारे के कारण लाहौर व बारामुला में बड़ा नुक़सान होने, घर में आग लग जाने या फार्म में सन् 1958 में बाढ़ से क्षति होने से फूलों के बिज़नेस में घाटा, माँ ने उनका पूर्ण सहयोग दिया और उनकी ताक़त बनी रहीं। दोनों पक्षियों के जोड़े की भाँति बार–बार नीड़ का निर्माण किया करते रहे परन्तु अब पिताजी एकदम अकेले पड़ गये थे।

बलदेव आंटी एवं घर के दोनों ओर स्थित घरों के सेठी परिवारों से कोई न कोई सदैव हमारे पास तेरह दिन तक रहते रहे–उनका हमें बड़ा सहारा रहा।

माँ के जाने के बाद मेरे जीवन में एक बड़ा रिक्त स्थान बन गया। मैं मात्र 18 वर्ष की थी और सबसे छोटी होने के कारण अभी भी माँ पर ही भावनात्मक रूप से निर्भर थी। पिताजी वह कमी पूरी करने का भरसक प्रयत्न कर रहे थे। उनका व्यवहार मेरे प्रति विनम्र एवं प्रेम से परिपूर्ण हो गया। फिर भी मैं अपनी छोटी–छोटी चिन्ताओं से उनकी तकलीफ़ बढ़ाना नहीं चाहती थी। ऐसे में मेरी सहेली शामा सेठी और मुझमें घनिष्ठता बढ़ गयी। हम दो घरों के बीच के जंगले के आर–पार खड़ी दोनों घण्टों आपस में बातें करती रहतीं। दोनों सन्ध्या समय सैर के लिए भी इकट्ठी जाने लगीं और हम आपस में घनिष्ठतम सहेलियाँ बन गयीं।

# विद्या की राह में

मैं और पिन्नी जिस स्कूल में पढ़ती थीं, उसे चालीस के दशक में बड़े चाव से कुछ स्थानीय जाने–पहचाने लोगों ने बंगाल के विश्व भारती से प्रभावित होकर स्थापित किया था। वह खुले विचारों के आधुनिक लोग थे इसलिए यहाँ लड़के–लड़कियाँ साथ–साथ पढ़ते थे। प्राथमिक कक्षाओं में मोंटेसरी प्रणाली से पढ़ाया जाता था और अंग्रेजी की अध्यापिका एक अंग्रेज़ महिला–मिस रॉजर्स थीं। यहाँ अंग्रेज़ी मीडियम में पढ़ाई होने के अतिरिक्त विद्यार्थियों के बहुमुखी विकास पर भी ध्यान दिया जाता था।

परन्तु क़बायली आक्रमण के बाद इस पाठशाला के अधिकतर ट्रस्टी (न्यासी) जज कपूर, डॉक्टर शर्मा एवं श्री चोपड़ा कश्मीर को सदैव के लिए छोड़ गये जिसके बाद स्थानीय प्राध्यापक ही इस अद्वितीय प्रगतिशील स्कूल को कुछ समय तक चलाते रहे पर जम्मू–कश्मीर में अब शिक्षा पूरी तरह से निःशुल्क हो जाने के कारण अधिक–से–अधिक लोग अपने बच्चों को सरकारी स्कूलों में पढ़ाने लगे थे। इस कारण हमारे स्कूल की वित्तीय स्थिति ख़स्ता हो गयी एवं स्कूल का किराया भरने या अध्यापकों के वेतन तक देना कठिन हो गया और स्कूल बन्द होने के कगार पर था। दिसम्बर की शीतकालीन छुट्टियों से पूर्व हमें सूचना मिली कि मार्च 1955 में परीक्षा हो जाने और नतीजे निकलने के बाद पाठशाला को बन्द कर दिया जायेगा।

उन दिनों श्रीनगर में मगरमल बाग़ स्थित डी.ए.वी. स्कूल (लड़कों के लिए) एवं वज़ीरबाग स्थित देवकी आर्य पुत्री पाठशाला ऐसे दो स्कूल थे जिनका दसवीं कक्षा में बेहतरीन परिणाम आता था और प्रायः यहीं के ही बच्चे मैट्रिक में पहले कुछ पदों पर रहते थे। यहाँ पर विद्यार्थियों को अति उत्तम संस्कार भी दिये जाते थे और पंजाबी परिवारों के बच्चे यहाँ बहुतायत में पढ़ते थे। देवकी आर्य पुत्री पाठशाला की संचालिका फूल साहनी घई हमारी बड़ी बहनों और माँ को भली प्रकार जानती थीं और उन्होंने सहर्ष मुझे अपने स्कूल में लेने की बात की। माँ को यही चिन्ता थी कि वह हिन्दी मीडियम स्कूल है और वहाँ साइंस लैब ऊँचे स्तर की नहीं थी। पिताजी ने उनकी समस्या का समाधान यह कह कर किया–

"उर्वशी (पिन्नी) को अमीराकदल, गर्ल्स स्कूल में पढ़ाया जाये क्योंकि वहाँ की प्रयोगशाला ऊँचे स्तर की है और पिन्नी का डॉक्टर बनने का सपना साकार हो जायेगा। किरण को आर्य स्कूल में दाख़िल किया जाये क्योंकि वहाँ की पढ़ाई के कारण यूनिवर्सिटी में उसकी अच्छी स्थिति रहेगी।"

और मार्च 1955 से हम दोनों बहनें अलग–अलग स्कूलों में जाने लगीं। 1956 में पिन्नी दसवीं पास कर स्थानीय गवर्नमेंट कॉलेज फॉर वूमेन में दाख़िल हो गयी और उसी वर्ष गुल्ली भी भैया जी के निरीक्षण में दसवीं कक्षा पास कर उसी कॉलेज में भर्ती हो गयी। दोनों बहनों की वहाँ नयी–नवेली सहेलियाँ बनीं और मेरी आर्य पुत्री पाठशाला में।

देवकी आर्य पुत्री पाठशाला में दो वर्ष के गम्भीर अध्ययन एवं नाटक, डिबेट (बहस), खेल–कूद और पिकनिक जैसी विविध गतिविधियों में भाग लेने के उपरान्त वर्ष 1957 मार्च में हम अपनी मैट्रिक की परीक्षा के बाद स्कूल छोड़ने जा रहे थे। इसलिए शीतकाल की छुट्टियों से पूर्व नवीं क्लास की लड़कियों ने हमारे लिए विदाई समारोह की व्यवस्था की।

उन दिनों काफ़ी लड़कियाँ दसवीं के बाद ही 17–18 वर्ष की आयु में ही अपने गृहस्थ में व्यस्त हो जाया करती थीं। केवल कुछ ही लड़कियाँ और आगे स्नातक स्तर तक पहुँचा करती थीं। इस अवसर

पर हमारी हैड मिस्ट्रेस श्रीमती फूल घई ने छोटा–सा एक भाषण दिया जिसमें छात्राओं को उनके भविष्य के लिए शुभकामनाएँ देते हुए अच्छी बहू, पत्नी और माँ बनने के साथ ही एक अच्छी नागरिक बनने की भी सलाह दी। साथ ही उन्होंने कहा कि जीवन में सदैव ऐसी कोशिश करना जिससे तुम्हारे व्यवहार से पाठशाला का नाम सदैव ऊँचा रहे।

सदा अत्यधिक रोबीली दिखने वाली महिला होने का जो मुखौटा हम सबने अभी तक देखा था, आज उसके पीछे से उनके वात्सल्य एवं मातृत्व की झलक हमें देखने को मिली। अपनी कुछ प्रिय शिष्याओं को तो उन्होंने गले भी लगा लिया। ऐसे ही गले लगाकर मुझे उन्होंने स्नेहपूर्वक कहा–"तुमसे मेरी बहुत–सी अपेक्षाएँ हैं। तुम्हें यूनिवर्सिटी में प्रथम रहना होगा–कम–से–कम लड़कियों में तो प्रथम आ ही सकोगी।"

वह भली प्रकार जानती थीं कि मेरे चुने हुए विषयों के साथ साइंस सब्जेक्ट वाले बच्चों से आगे रहना सम्भव नहीं होगा।

मैंने भी दो–ढाई महीना कड़ा परिश्रम किया क्योंकि उनको और अपने माँ–पिताजी को हमेशा मैं प्रसन्न देखना चाहती थी। इस परिश्रम के बाद जब हमारी परीक्षा का परिणाम आया तो ज्ञात हुआ कि रियासत की महिला छात्राओं में मैं प्रथम नम्बर पर थी। सब ओर खुशी का माहौल छा गया। माँ ने सैकड़ों गुलाब जामुन घर में ही बना डाले और जो कोई भी बधाई देने आता उसे बड़े चाव से वह खिलातीं। उन दिनों ऐसे मौक़ों पर आस–पड़ोस के लोग भी एक–दूसरे की खुशी में शामिल हुआ करते और बधाई देने स्वयं आया करते थे।

तीनों बड़ी बहनों को भी सूचना दी गयी और उनके बधाई और शाबाशी के पत्र आये–साथ ही मिलने पर उपहार देने का वादा भी किया गया।

× × ×

दसवीं कक्षा में उत्तीर्ण होने के बाद मैंने 'गवर्नमेंट कॉलेज फॉर वूमेन' में दाख़िला ले लिया। गुल्ली और पिन्नी भी अभी इसी कॉलेज में

पढ़ रहीं थीं। अपनी आगे की पढ़ाई के लिए भी मैंने मानविकी एवं सामाजिक विज्ञान के विषयों का चयन किया जिस कारण मुझे यहाँ भी नाटक एवं डिबेट इत्यादि में भाग लेने का समय आसानी से मिल जाता था। हमारे कॉलेज में एक छात्रा–परिषद् भी था जिसके लिए मेरा आसानी से चुनाव हो गया क्योंकि मेरी जान–पहचान काफी लड़कियों से थी। हमारे कॉलेज की प्रिंसिपल महमूदा बेगम एक आगे की सोच रखने वाली महिला थीं जो अनुशासन एवं शिक्षा का महत्व भली प्रकार जानती थीं। वह चाहती थीं कि कॉलेज से पास होकर निकलने वाली युवतियाँ सक्षम, आत्मविश्वास वाली एवं व्यापक सोच रखने वाली हों तो आवश्यकता पड़ने पर आर्थिक रूप से भी स्वतन्त्र हो सकें। वह स्वयं लाहौर में पढ़ाई करके यहाँ पढ़ा रहीं थीं और 1947–48 में कबायली हमले के बाद स्थानीय 'विमस डिफेंस कोर' में आत्मरक्षा की भी ट्रेनिंग कर चुकी थीं, इसलिए कॉलेज में एन.सी.सी., विभिन्न खेलों एवं ड्रामा व डिबेट में छात्राओं को भाग लेने के लिए प्रोत्साहित करती रहती थीं।

हमारा कॉलेज श्रीनगर की एक बेहतरीन सुन्दर इमारत में था, जहाँ कभी गर्मी के दिनों में जम्मू–कश्मीर की भूतपूर्व महारानी चाड़क रहा करती थीं, जब उनके पति महाराजा प्रताप सिंह का निधन हो चुका था और महाराजा हरि सिंह रियासत के शासक थे। इसलिए यहाँ एक बड़े बगीचे के चारों ओर ऊँची–ऊँची दीवारें थीं और साथ ही दासियों के रहने के लिए बहुत–से कमरे अभी भी कुछ कालीन और सुन्दर चित्र बीते दिनों की यादगार थे।

एक दिन जब मैं माँ के साथ ताँगे में ठाकुर हरनाम सिंह पठानिया की पत्नी को मिलने 'फॉरेस्ट लॉज' जा रही थी मैंने रास्ते में कॉलेज की सुन्दर इमारत के विषय में उनसे चर्चा की। वह उत्तर में बोली–

"मैं जानती हूँ कि कितना शानदार महल है। मैं यहाँ तुम लोगों के जन्म से पहले एक बार वीरो बहन जी के साथ महारानी चाड़क को मिलने आयी थी। सन् 1925 में महाराजा प्रताप सिंह के निधन के बाद महाराजा हरि सिंह ने उन्हें यहीं 'नज़र बन्द' कर रखा था।"

"तुम्हारी वीरो बुआजी महारानी चाड़क को अंग्रेज़ी पढ़ाने तब आयी थीं जब वह रियासत की महारानी थीं। लाहौर से जम्मू–कश्मीर आने के बाद महारानी ने उनके सभी सुख–आराम का पूरा ख़याल रखा था इसलिए लगभग दो दशक उनके साथ रहने के बाद वह विधवा महारानी को दुःख के समय अचानक छोड़कर नहीं जाना चाहती थीं।"

कुछ समय की चुप्पी के बाद माँ ने कहा–

"उन्नीसवीं शताब्दी में डोगरा परिवारों ख़ासकर राजपूत घरों, में बेटी पैदा होते ही उसे जीवित दफ़ना दिया जाता था। कहा जाता है कि ऐसे ही महारानी चाड़क को भी दफ़ना दिया था, किन्तु जब उनके पिता रात को घर लौटे और उन्हें पता चला तब उन्होंने खोदकर देखा तो बेटी अभी जीवित थी। उनके भाग्य में रियासत की महारानी बनना लिखा था। किन्तु भाग्य की कैसी विडम्बना है कि अब उसी विधवा महारानी के महल में हज़ारों की संख्या में लड़कियाँ पढ़–लिखकर अज्ञानता एवं गुलामी की बेड़ियों को तोड़ने में सक्षम हो रही हैं।"

जम्मू–कश्मीर में सभी सरकारी स्कूलों एवं कॉलेजों में–यहाँ तक कि मेडिकल एवं इंजीनियरिंग कॉलेजों में शिक्षा पूर्ण रूप से निःशुल्क है। हम सबको कॉलेज में भी यूनिफॉर्म पहननी पड़ती थी। जिस कारण अमीर–गरीब घरों से आने वाले सभी विद्यार्थी बेधड़क अपनी आगे की पढ़ाई जारी रखते थे।

स्थानीय लोकप्रिय डॉक्टर मोहन सिंह सेठी के गृह–प्रवेश के आयोजन पर पिन्नी की निकटतम सहेली पद्मा शर्मा (पद्मा सचदेव) से मिलना हुआ। अन्य कुछ युवतियों के साथ वह भी धरती पर बैठ ढोलकी की थाप पर डोगरी व पंजाबी गाने गा रही थीं। बैंगनी रंग के सुनहरी किनारी वाले पारदर्शी दुपट्टे में से उनका गोरा रंग और चमचमाती नाक की लौंग देखकर गुल्ली ने गाना प्रारम्भ किया–

"नीं शीशे नू तरेड़ पै गई, वाल वाऊंदी ने ध्यान जदों मारया"

शर्म से लाल होने के कारण वह और भी अधिक सुन्दर लगने लगीं। पर वह सदा से बहुत ही हाज़िर जवाब थीं बस दोनों में पंजाबी टप्पों का मुक़ाबला शुरू हो गया। तब से वह गुल्ली की भी अच्छी

सहेली बन गयीं और हमारे घर में उनका ख़ूब आना–जाना हो गया। माँ ने भी उन्हें खुली बाँहों से स्वीकार कर अपनी सातवीं बेटी की उपाधि दे डाली। हम सबसे उनका जीवन पर्यन्त रिश्ता जुड़ गया।

× × ×

हमारे 'वूमेन' कॉलेज में प्रत्येक वर्ष एक ड्रामा फेस्टिवल होता था जिसमें अंग्रेज़ी, हिन्दी, उर्दू, पंजाबी एवं कश्मीरी भाषाओं में विभिन्न नाटकों को प्रदर्शित किया जाता था। इस दौरान अंग्रेज़ी के नाटक में अधिकतर कॉन्वेंट स्कूल में पढ़ी हुई लड़कियों को ही लिया जाता था। मैं तब हैरान हो गयी जब हमारी अंग्रेज़ी भाषा की प्रोफ़ेसर ज़िया दुर्रानी ने स्वयं मुझे क्लास ख़त्म होने के बाद ऑडिशन के लिए जाने के लिए आमन्त्रित किया। उसके बाद मुझे रवीन्द्रनाथ टैगोर के नाटक 'रेड ओलियेंडर्स' में एक प्रभावशाली भूमिका निभाने का मौक़ा मिला।

कक्षा बारह में तो 'बर्नार्ड शॉ' के 'द ऐप्पल कॉर्ट' में उन्होंने मेरा चयन 'प्राइम मिनिस्टर प्रोटियस' का रोल निभाने के लिए कर लिया था और स्वयं उन्होंने 'किंग मैगनस' का किरदार निभाया। हम सब ड्रामा की रिहर्सल के समय ख़ूब मज़े करते और हम सभी की मैत्री में भी घनिष्ठता बढ़ गयी। नियमानुसार अंग्रेज़ी ड्रामा सबसे पहले दिखाया गया और मेरा अभिनय काफ़ी सराहा गया।

उसके बाद के दो सप्ताह में मुझे उर्दू और पंजाबी के नाटकों में भी काम करना पड़ा। बस बीच में एक सप्ताह हिन्दी के नाटक का ही प्रदर्शन हुआ। उन दोनों में काम करने वाली दो लड़कियों को दिल्ली में मेडिकल कॉलेज में दाख़िला मिल जाने के कारण वह दोनों तो अकस्मात दिल्ली चली गयीं और इतने थोड़े समय में उर्दू की प्रोफ़ेसर बिलकीज फ़ातिमा एवं पंजाबी के प्रोफ़ेसर सरदार प्रेम सिंह किसी की अभिनय क्षमता पर पूरा भरोसा नहीं कर पा रहे थे। दोनों ने मुझसे यह रोल निभाने का अनुरोध किया। दोनों का ही मैं बहुत सम्मान करती थी और उनकी उम्मीदों पर पानी नहीं फिरने दे सकती थी। पंजाबी तो मेरी मातृभाषा थी, इसलिए सरदार जी ने कहा कि इस छोटे समय में यदि

सटीक संवाद न भी हो तो चलेगा–इससे मेरा काम आसान हो गया। उर्दू के नाटक में वैसे ही संवाद बहुत लम्बे–चौड़े नहीं थे।

प्रोफ़ेसर ज़िया दुर्रानी की छोटी बहन डॉक्टर फिज़ा दुर्रानी मेकअप करने में दक्ष थीं और वह प्रायः अपना शौक़ पूरा करने के लिए हम सबका मेकअप किया करती थीं। लगातार तीन नाटकों में काम करने के कारण मेरी उनसे ऐसी अच्छी दोस्ती हो गयी कि उर्दू के नाटक में मेरा छोटा–सा किरदार होने के बावजूद उन्होंने मुझे क़साई बनाने में कोई कसर न छोड़ी और मेरे माथे पर चाँद–तारा और बाज़ू पर परियों की छवियाँ 'गोद' दीं। आँखों में सुरमा और खाने को ख़ूब से पान–इस सबके कारण अदालत के दृश्य में जब मैं हर बात के साथ अपने हावभाव बदल रही थी, लोग मेरी ओर आकर्षित हो रहे थे। यहाँ तक कि तत्कालीन जम्मू–कश्मीर यूनिवर्सिटी के वाइस चांसलर ए.ए. फ़ैज़ी ने नाटक के बाद प्रोफ़ेसर बिल्कीज़ फ़ातिमा को बधाई देते हुए कहा–

"ड्रामे की डायरेक्शन ख़ूब थी। पर आपको एक बात बताऊँ? कसाई का रोल निभाने वाली लड़की ने बेहतरीन अभिनय किया है। आप उसे कोई बड़ा रोल दे सकती थीं।"

तत्पश्चात उन्होंने मेरे लिए कुछ उर्दू पुस्तकें अपनी ओर से विशेष पुरस्कार के रूप में भी भिजवाई थीं।

सद्र–ए–रियासत की धर्मपत्नी युवरानी यशोराज्य लक्ष्मी तो मुझे स्नेह से 'ड्रामे वाली कोहली सिस्टर' कह कर पुकारने लगी थी।

दो वर्ष वूमेन कॉलेज में विविध गतिविधियों में अति उत्कृष्ट प्रदर्शन और पढ़ाई में फिर से प्रथम रहने के बावजूद मुझे सरकारी योग्यता (1957–59 की) छात्रवृत्ति क्यों नहीं मिली यह बात तब मेरी समझ में नहीं आ रही थी किन्तु जब बाद में मुझे पता चला कि मुझसे 95 अंक कम प्राप्त करने वाली प्रवीन चिश्ती को वह छात्रवृत्ति मिल गयी तो मुझे काफ़ी गुस्सा आया। यह अजीब प्रकार का पक्षपात था। मैं प्रायः कॉलेज के हैड–क्लर्क पण्डित सर्वानन्द से उनके फॉर्म माँगती रही, पर उन्होंने मुझे फॉर्म तक नहीं दिये। पहली बार यह बात मेरे मन को

चुभी कि केवल कश्मीरी–भाषी न होने के कारण मुझे एवं मेरे बाद की चार छात्राओं की अवहेलना करके प्रवीन को यह छात्रवृत्ति दिलवाने की साज़िश थी। बाकी चार छात्राओं ने तो यह सोचकर कि किरण ही इसकी हक़दार है, फॉर्म तक नहीं माँगे थे।

× × ×

सन् 1959 में मानविकी एवं सामाजिक विज्ञान जैसे विषय चुनने के बावजूद मैं इंटर की परीक्षा में बहुत अच्छे अंक प्राप्त कर प्रथम श्रेणी में उत्तीर्ण हो गयी। उसके तुरन्त बाद एक दिन पिताजी को संयोगवश स्थानीय अमर सिंह कॉलेज के प्रिंसिपल महमूद अहमद बैंक में मिल गये। उन्होंने पिताजी को बधाई देते हुए कहा–

"आपकी बेटी के इतने अच्छे नम्बरों से पास होने की आपको बहुत–बहुत बधाई हो। उसकी लिखावट इतनी सुन्दर है, मानो मोती पिरोए हों। इतिहास में भी उसकी काफ़ी रुचि लगती है, आप उसे मेरे कॉलेज से हिस्ट्री बी.ए. ऑनर्स करवायें।"

पिताजी हैरान थे कि इन्हें यह सब कैसे पता लगा। तभी उन्होंने मुस्कुराते हुए कहा–

"यूनिवर्सिटी के पेपर जाँच रहा था और इतना बढ़िया पर्चा देखकर मुझसे रहा नहीं गया। मैंने उत्सुकतापूर्वक रोल नम्बर अपनी डायरी में नोट कर लिया और जब गैजेट में परिणाम देखा तो पता चला कि वह प्रतिभाशाली छात्रा आपकी बेटी है।"

वहीं दोनों मित्रों ने फ़ैसला कर लिया कि दूसरे ही दिन पिताजी मुझे अमर सिंह कॉलेज दाख़िला करवाने ले जायेंगे।

माँ और मैं हम दोनों ही घबरा रही थीं कि लड़कों के कॉलेज में अकेली लड़की कैसे दो वर्ष तक पढ़ेगी। परन्तु पिताजी को प्रिंसिपल महमूद पर पूरा विश्वास था कि वह मेरी भली–भाँति देख–रेख करने जा रहे थे।

सन् 1942 में महाराजा हरि सिंह ने अपने पिता के नाम पर इस कॉलेज की स्थापना की थी। 35 एकड़ भूमिखण्ड में फैले हुए इस

कॉलेज की एक भव्य एवं अति सुन्दर इमारत थी। पहले वहाँ कुछ लड़कियाँ पढ़ा करती थीं, पर अब दो–दो सरकारी वूमेन कॉलेज बन जाने के बाद इक्का–दुक्का ही लड़कियाँ उच्चतर गणित या विज्ञान की पढ़ाई करने आ जाया करती थीं।

दूसरी ही सुबह पिताजी और मैं अपनी–अपनी साइकिल पर सवार हो गोगजी बाग़ स्थित अमर सिंह कॉलेज पहुँचे। हमने साइकिल स्टैंड पर अपनी साइकिल रख कर प्रिंसिपल महमूद के दफ़्तर का रुख़ किया। वह बहुत ही मिलनसार स्वभाव के व्यक्ति थे और उन्होंने मुझे आश्वस्त किया कि इस कॉलेज में मैं पूर्णतः सुरक्षित हूँ और मुझसे पढ़ाई में उनको काफ़ी अपेक्षाएँ हैं।

प्रिंसिपल के दफ़्तर से वापस साइकिल स्टैंड तक आते हुए मैंने कनखियों से देखा कि बरामदों में ढेरों लड़के मुझे खड़े होकर ताक रहे थे। कुछ एक के तो मुँह खुले के खुले रह गये थे मानो कॉलेज में लड़की देख उन्हें अपनी आँखों पर विश्वास ही न हो रहा हो। साइकिल की टोकरी में रखी एक परची में लिखा था–

"Hi Darling welcome to the College"

पिताजी को कुछ बताये बिना शीघ्रतापूर्वक उस परची को उठा कर मसल दिया और मुझे इस बात का आभास हुआ कि लड़कों के साइकिल स्टैंड में साइकिल खड़ी करना मेरी भूल थी। दूसरे ही दिन से मैंने साइकिल को गोगजी बाग़ में अपनी निकटतम सहेली वर्षा के घर रखना शुरू कर दिया। वर्षा और मैं दूसरी कक्षा से इकट्ठी पढ़ती थीं। अमर सिंह कॉलेज में मेरे दाख़िले को लेकर वो हैरान अवश्य हुई पर उसे इस बात का पूरा ज्ञान था कि पिताजी और मेरे लिए पढ़ाई ही प्राथमिकता थी। हालाँकि वह और मैं दोनों सह–शिक्षा वाले विश्व भारती स्कूल में पढ़ती रहीं पर तत्पश्चात दो–चार साल केवल लड़कियों के स्कूल एवं कॉलेज में पढ़ी थीं। मेरे लिए भी अब सात सौ छात्रों के मध्य एक अकेली छात्रा होना एक चुनौतीपूर्ण अनुभव था। कभी–कभी तो मुझे यूँ लगता मानो काँच के घड़े में पड़ी इकलौती सुनहरी मछली को सब ओर से लोग ताक रहे हो। चाहे मैं किसी बरामदे या गलियारे से गुज़र

रही या फिर क्लास रूम के बाहर प्रोफ़ेसर के आने की प्रतीक्षा में खड़ी रहूँ। किन्तु शीघ्र ही लड़के और मैं भी इन सब चीज़ों के आदी हो गये। कॉलेज प्रोफ़ेसरों का मेरे लिए एक रक्षात्मक व्यवहार था। मेरे ख़ाली समय, मैं गर्ल्स रूम में रहती थी जो कि हमारे पुस्तकालय के ऊपर स्थित था और वहाँ किसी का आना–जाना निषिद्ध था। घण्टी बजते ही मैं कक्षा के बाहर खड़ी हो जाती थी और प्राध्यापक मुझे भीतर क्लास रूम में ले जाते जहाँ मैं प्रथम पंक्ति में बैठती। लेक्चर के बाद भी वह मेरी बाहर जाने की प्रतीक्षा करते। फिर भी आज के हालात देखकर कभी मैं पूर्ण रूप से सिहर उठती हूँ, और उन दिनों के बेहद शरीफ़ लड़कों और स्टाफ के सदस्यों को शत–शत प्रणाम किये बिना नहीं रह सकती। कभी–कभार कॉलेज के बग़ीचे में कुछ लड़के इकट्ठे बैठ कर दूर से तत्कालीन फ़िल्मी गाना गाने या सीटी बजाने लगते। फिर भी कभी भी उन्होंने शराफ़त की बाधाओं को लाँघने का प्रयास नहीं किया।

अमर सिंह कॉलेज में भी शीघ्र ही मैंने अन्य छात्रों की भाँति अनेक गतिविधियों में भाग लेना शुरू कर दिया और डिबेट एवं ड्रामा में मैं कॉलेज की 'बैज–होल्डर' बन गयी। वर्ष 1960 में कश्मीर यूथ फेस्टिवल में हमारे कॉलेज की ओर से अब्दुल रशीद काबुली द्वारा लिखित ड्रामे को प्रथम पुरस्कार मिला और मुझे अभिनय के लिए प्रथम इनाम। इसी कारण मैं ही ऐसी इकलौती लड़की थी जिसका नाम वर्ष 1942 से अट्ठारह वर्ष बाद 1960 में कॉलेज के ऑनर्स बोर्ड में एक्स्ट्रामूरल एक्टिविटीज के लिए अंकित हुआ।

दो साल अमर सिंह कॉलेज में पढ़ने के बाद प्रथम श्रेणी में बी.ए. पास करके जब मैं कॉलेज छोड़ रही थी, मुझे शाबाशी देते हुए प्रिंसिपल महमूद ने कहा–

"किरण तुम्हारी याददाश्त बहुत बढ़िया है। यदि तुम हिस्ट्री में एम. ए. करोगी तो बहुत अच्छा रहेगा।"

किन्तु उन दिनों जम्मू–कश्मीर विश्वविद्यालय के इतिहास, अर्थशास्त्र, पॉलिटिकल साइंस एवं ज्योलॉजी के विभाग जम्मू कैम्पस में

स्थित थे। श्रीनगर में अंग्रेज़ी, हिन्दी, उर्दू, फ़ारसी एवं गणित के विभाग स्थित होने के कारण मेरे पास दो ही विकल्प थे–या जम्मू जाकर इतिहास में एम.ए. करूँ या श्रीनगर रहकर अंग्रेज़ी या हिन्दी का चयन करूँ। पिताजी को छोड़कर मैं जम्मू जाना नहीं चाहती थी और स्वयं पिताजी व बहनें चाहती थीं कि मैं अंग्रेज़ी में एम.ए. करूँ। मेरी कुछ सहेलियाँ जो मेरे साथ दो वर्ष आर्य स्कूल में पढ़ी थीं हिन्दी में दाख़िला ले रही थीं पर उनमें से अधिकतर संस्कृत भी पढ़ चुकी थीं इसलिए मैंने भी अपना मन अंग्रेज़ी में एम.ए. करने की ठान कर फॉर्म भर दिया।

प्रायः यूनिवर्सिटी में प्रवेश पाने के लिए होने वाले साक्षात्कार में अंग्रेज़ी विषय ही क्यों चुना गया इस विषय पर पहला प्रश्न पूछा जाता था। परन्तु मुझसे प्रोफ़ेसर सोमदत्त भाखुड़ी ने पूछा–

"आपका मन पसन्द नाटककार कौन है?"

इस बात का मुझे ज्ञान नहीं था कि वह ऑक्सफोर्ड से 'बर्नार्ड शॉ' पर डाक्टरेट से सम्मानित हो चुके थे, मैंने उत्तर दिया–

"सर जार्ज बर्नार्ड शॉ। मैंने उनके प्लेज प्लेजेंट एंड अनप्लेजेंट" पढ़ रखे हैं और दो–तीन वर्ष पहले ही उनके 'द ऐप्पल–कॉर्ट' नाटक में प्राइम मिनिस्टर प्रोटियस की भूमिका भी निभा चुकी हूँ।"

बस इसी एक उत्तर ने मेरे लिए पासपोर्ट का काम कर दिया और मुस्कराकर सभी ने विश्वविद्यालय में मेरा अभिवादन किया।

श्रीनगर विश्वविद्यालय परिसर श्रीनगर शहर से बाहर अति सुन्दर नगीन झील के किनारे हज़रतबल के निकट, नसीम बाग़ में स्थित था। वहाँ हम नित्य–प्रति अमीराकदल से चलने वाली स्पेशल बसों से ही आया–जाया करते थे। हमारे शिक्षक इत्यादि भी उन्हीं बसों में हमारे साथ जाते थे। कभी–कभार कुछ छात्र स्थानीय बस से हज़रतबल चले जाते थे पर विश्वविद्यालय के भीतर काफ़ी दूर तक पैदल चलना पड़ता था।

यूनिवर्सिटी पहुँचकर पहले ही दिन मुझे ऐसा आभास हुआ मानो मैंने इस क्षेत्र को पहले कभी देखा हो। एक टूटी हुई दीवार के भीतर एक विशाल सेब के बग़ीचे में इस विश्वविद्यालय की दो इमारतें बनी

हुई थीं। एक ओर विश्वविद्यालय के अनेक दफ़्तर और ऊपरी मंज़िल में वनस्पति विज्ञान एवं जीव विज्ञान के विभाग थे। उनकी प्रयोगशालाएँ भी वहीं स्थित थीं। पिन्नी यहीं पर वनस्पति विज्ञान में एम.एस सी. कर रही थी।

घर वापस आने के बाद जब मैंने पिताजी से अपने विश्वविद्यालय के परिसर की बात की तो उन्होंने बताया कि श्रीनगर का रीजनल इंजीनियरिंग कॉलेज एवं विश्वविद्यालय का परिसर भूतपूर्व अमर सिंह बाग़ में बने हुए हैं और दीदी के विवाह के बाद हम लोग एक बार वहाँ पिकनिक के लिए गये थे। इसीलिए मुझे ऐसा आभास हो रहा था कि पहले उस स्थान को देखा हुआ है। यह सेब का बग़ीचा महाराजा हरि सिंह के बड़े फलदार बग़ीचों में से एक था और कुछ ही वर्ष पूर्व डॉक्टर कर्ण सिंह ने इसे जम्मू–कश्मीर विश्वविद्यालय की स्थापना करने हेतु दान कर दिया था। मुझे यह बात बड़ी अटपटी लगी कि इतने बड़े दान के बाद भी कहीं इस बात का द्योतक एक छोटा–सा बोर्ड भी नहीं था।

जीर्ण–शीर्ण पुरातन दीवार शायद किसी मुग़लकाल के बग़ीचे का ही अवशेष हो क्योंकि माना जाता है कि मुग़ल शासकों एवं जागीरदारों ने मुग़ल काल में यहाँ डल एवं नगीन झील के पास सुन्दर बग़ीचे बनवाये थे। नसीम बाग़ के चिनार भी मुग़ल सम्राट अकबर के आदेशानुसार 1586 में वहाँ लगवाये गये थे और उनकी शीतल हवा के कारण ही इसका नाम नसीम बाग़ रखा गया था।

हमारी एम.ए. की पढ़ाई प्रारम्भ होने तक श्रीनगर में पतझड़ का मौसम शुरू हो चुका था। दूर–दूर तक प्रकृति अपने रंग बदल रही थी। आकाश, पर्वत एवं पेड़–पौधे सभी मानो विभिन्न रंगों से सुन्दर रंगोली बना रहे हों। यहाँ का नैसर्गिक सौन्दर्य बस देखते ही बनता था। शीतल हवा चलते ही छात्र–छात्राएँ अपने ख़ाली समय में यहाँ के सुन्दर बग़ीचे में बैठ धूप का आनन्द लेते। हमारे अंग्रेज़ी विभाग के पुस्तकालय के बरामदे से सुन्दर दृश्य देखने को मिलते। अक्टूबर महीने की सर्दी के बाद सुबह एक धुँधली–सी चादर नगीन झील की सतह पर बन जाती जो धीरे–धीरे धुँधली पड़ती जाती। झील के पीछे जबरवान पर्वत श्रृंखला

के बदलते रंग और महादेव शिखर पर ऋतु के प्रथम हिमपात के साथ सर्दियों की घोषणा सभी ख़ूब रमणीय लगते।

नसीम बाग़ के चिनारों के रंग भी पीले से केसरिया और फिर भूरे पड़ते और पृथ्वी पर गिर जाते। उनके मध्य से धुएँ के बादल उठते देख पता लगता कि कहीं इन्हीं सूखे पत्तों को जलाकर शीतकाल के लिए कांगडियों के लिए कोयला बनाया जा रहा होगा। कश्मीर के नैसर्गिक सौन्दर्य के परिप्रेक्ष्य में मुझे लगता कि अंग्रेज़ी भाषा के विभिन्न कवियों जैसे कॉलरिज, वर्ड्सवर्थ, कीट्स या शेली जैसे कवियों को यहाँ भारत के अन्य गर्म इलाक़ों की तुलना में समझना कितना आसान होगा। वहाँ की तपती गर्मी में छात्र 'सालेट्री रीपर', 'कुबला खान' एवं 'एन ओड टू ऑटम' को कैसे महसूस कर पाते होंगे। हमारे साथ जम्मू से भी तीन छात्र–छात्राएँ पढ़ते थे, जो पहली बार इनका आनन्द ले पा रहे थे।

विश्वविद्यालय में एम.ए. फाइनल में गुल्ली की अच्छी सहेली सुरैय्या अब्दुल्लाह भी पढ़ती थी। कॉलेज जाने से पूर्व ही मैं गुल्ली के साथ एक शादी में मिली थी और बाद में वह 'वूमेन कॉलेज में भी उसकी सहपाठिनी व अच्छी सहेली थी। गुल्ली तो विवाहोपरान्त काबुल चली गयी थी, पर हम दोनों में अच्छी मैत्री हो गयी थी। स्नेहपूर्वक यहाँ भी उन्होंने मेरा स्वागत किया और प्रतिदिन यहाँ परस्पर मिलने के कारण हमारी अच्छी दोस्ती हो गयी।

# संयोग

वर्ष 1964 की सर्दियों में फिर से कड़ाके की सर्दी पड़ रही थी। पिन्नी का विवाह उसकी इच्छानुसार वीरेन्द्र सूरी से हो चुका था और वह अपनी गृहस्थी में व्यस्त थी। जहाँ कभी चारों ओर लोगों की बातचीत की रौनक रहा करती थी, उस बड़े से घर में अब मैं और पिताजी ही शेष बचे थे। लम्बी एकाकी शाम का वक़्त हम प्रायः पिताजी के कमरे में बुख़ारी के पास ही व्यतीत करते थे। वह अपने काम में व्यस्त और मैं कुछ पढ़ने की कोशिश में। अपनी एम.ए. की पढ़ाई के दौरान अधिकतर अंग्रेज़ी उपन्यास भी मैं पढ़ चुकी थी और अधिक पढ़ने का अब शौक़ नहीं था।

शामा अपने किसी रिश्तेदार की शादी के लिए अपने माता–पिता के साथ जम्मू गयी थी। अब उसके परिवार वाले भी उसके लिए अच्छा पंजाबी वर ढूँढ़ रहे थे। शायद वहीं कोई अच्छा लड़का मिले और बात पक्की हो जाये। मेरी पुरानी सहेली वर्षा का विवाह दो वर्ष पूर्व हो चुका था और वह अपने परिवार सहित अमरीका के शिकागो शहर में बस चुकी थी।

माँ की मृत्यु को ढाई वर्ष बीत चुके थे और अब मेरे और पिताजी के बीच एक प्रकार की मैत्री हो चुकी थी। कुछ वर्ष पूर्व की तरह वह प्रायः मेरी बात को बचकानी न समझकर, मुझसे दोस्तों–सा व्यवहार करने लगे थे और दूसरी ओर वे माँ की वात्सल्य की कमी दूर करने का प्रयत्न।

लम्बी एकाकी शाम बिताने के लिए मैंने मीमी के सात वर्षीय बेटे के लिए रंग–बिरंगी स्वेटर बुनना शुरू कर दिया क्योंकि मुझे बुनाई का काफ़ी शौक़ था। सोचा इस वर्ष उसके जन्म दिन पर यह उपहार देंगे। द्वार पर आहट हुई और शामा की चचेरी बहन सीता अपनी एक सहेली के साथ भीतर पहुँची। मैंने पहले इस लड़की को कभी नहीं देखा था और न ही वह हमारे मोहल्ले की कोई लड़की लगती थी। अभिनेत्री साधना की तरह माथे पर कटे हुए कुछ बाल और पीछे ऊँचे एक 'बुफा'–साथ ही में शरीर से चिपकी हुई तंग क़मीज़ और चूड़ीदार पहने इस युवती से सीता ने हमारा परिचय करवाया–"यह सेठी अंकल के नये किरायेदार नारायण साहब की छोटी बहन सविता है।"

भूमिका बाँधे बिना ही सविता ने मुझसे यूँ प्रश्न किया–"क्या आप मुझे अंग्रेज़ी पढ़ाओगी? मेरे भैया आपको मुँहमाँगी फ़ीस देंगे?"

सुनकर मुझे कुछ अजीब–सा लगा–मैंने तुरन्त उसे बता दिया कि मैं निजी शिक्षण में विश्वास नहीं रखती। स्वयं मैंने जो कुछ स्कूल–कॉलेज में पढ़ा उसी से सन्तुष्ट रही और न ही अभी तक मैंने किसी को निजी रूप से पढ़ाया है।

सविता ने बताना शुरू किया कि उसने उत्तर प्रदेश से 10वीं की परीक्षा पास की थी–जहाँ अंग्रेज़ी भाषा पढ़ना अनिवार्य नहीं था। अब जब वह अपने भाई के साथ श्रीनगर रहकर पढ़ना चाहती है, कॉलेज के दाख़िले के लिए उसे केवल अंग्रेज़ी की दसवीं ग्रेड की परीक्षा पास करना अनिवार्य होगा।

पिताजी ने सहानुभूतिपूर्वक उसकी ओर देखा और फिर प्रश्नात्मक दृष्टि से मेरी ओर। मैंने भी मुस्कराकर उनकी बात सँभाली तब उन्होंने सविता को सम्बोधित कर कहा–"किरण किसी को पढ़ाने उनके घर नहीं जाती और न ही उसे कोई फ़ीस चाहिए। हाँ, तुम्हारी मदद के लिए वह तुम्हें अंग्रेज़ी पढ़ा सकती है पर तुम्हें हमारे यहाँ निश्चित समय पर आना होगा।"

कुछ ही दिनों में मैं समझ गयी कि सविता की रुचि पढ़ाई में कम और फ़ैशन में अधिक थी। फिर भी बीच–बीच में वह पढ़ने आती रही और अपना पाठ भी याद करके आती।

एक दिन वह तीन रंग की ऊन और बुनाई की सिलाइयाँ लेकर पहुँची और बोली, "आज मैं अंग्रेज़ी नहीं बल्कि आपसे तीन रंग की ऊन से स्वेटर बुनना सीखने आयी हूँ। आप तो इतनी सहजता से इतनी अच्छी बुनाई करती हो।"

यूँ भी सर्दी के दिनों में मुझे कुछ विशेष काम नहीं था इसलिए उसकी बात मानकर मैं उसे स्वेटर बुनना भी सिखाने लगी।

इस बात के कुछ ही दिन पश्चात स्थानीय राजकीय महिला कॉलेज में अंग्रेज़ी की लेक्चरर का पद ख़ाली हुआ जिसके लिए मैंने भी अपना आवेदन–पत्र भेज दिया। जम्मू–कश्मीर विश्वविद्यालय में विगत वर्ष में अंग्रेज़ी एम.ए. में प्रथम रही थी और आसानी से मेरी नियुक्ति वहाँ हो गयी। यहाँ कॉलेज के स्टाफ में मैं सबसे छोटी थी। पाँच वर्ष पूर्व जब मैं यहाँ विद्यार्थी थी। उस समय के अधिकतर प्राध्यापक अभी पढ़ा रहे थे। अंग्रेज़ी विभाग में दो लेक्चरर सुरैया अब्दुल्ला और सूग्रा हफीज़ गुल्ली की अच्छी सहेलियाँ थीं। इसलिए मेरा अधिक उठना–बैठना उन्हीं के साथ हो गया।

× × ×

रविवार सुबह अचानक पिन्नी हमारे घर आयी और पिताजी से मुझे अपने साथ फ़िल्म 'डेविड एंड गोलाइथ' दिखवाने ले जाने की आज्ञा लेकर जल्दी–जल्दी चलने को कहने लगी क्योंकि वीरा भाप्पा बाहर गाड़ी में हमारा इन्तज़ार कर रहा था। उन्हें अधिक प्रतीक्षा न करनी पड़े, इस ध्येय से मैं हाथ में जूते और मोजे लेकर घर की चप्पल में ही बाहर निकल ली–सोचा कार में ही जूते पहन लूँगी।

हम जब बाहर धूप में खड़ी कार तक पहुँचे तो अचानक एक सज्जन गाड़ी से उतर कर हमारे लिए कार का दरवाज़ा खोल रहे थे। पिन्नी ने उनसे परिचय कराने हेतु कहा–

"यह श्री बी. नारायण हैं–यहाँ नये इनकम टैक्स अफ़सर नियुक्त होकर शिमला से आये हैं।"

परिचय होते ही उन्होंने शिष्टाचारपूर्वक हाथ जोड़ नमस्ते की और

हड़बड़ाहट में मैंने भी जूते हाथ में लिए ही हाथ जोड़ दिये। मुझे झेंपते देख सभी हँसने लगे।

इस अवसर के लगभग एक सप्ताह बाद ईद की छुट्टी थी और सायंकाल को सविता नारायण साहिब को लेकर हमारे घर पहुँची और पूछा–"बतायें मैंने दादा के लिए कैसा स्वेटर बुना है? ठीक लग रहा है न?"

"इस प्रकार बिना बताये आने के लिए मैं क्षमा चाहता हूँ, पर सविता आपको दिखाना चाहती थी कि स्वेटर ठीक बन गया है। वैसे भी मैं कई दिन से आप दोनों को मिलने और सविता को पढ़ाने का धन्यवाद करने आना चाहता था।" उन्होंने कहा।

ईद के कारण हमारे दोनों नौकर छुट्टी पर थे, इसलिए मैंने उठकर चाय या कॉफ़ी बनाने की पेशकश की, पर उन्होंने यह कहकर कि उनका नौकर रात के खाने की प्रतीक्षा कर रहा होगा, कुछ लेने से इनकार कर दिया।

तत्पश्चात भी सविता के साथ, छुट्टी वाले दिन, कभी–कभार नारायण जी हमारे घर आ जाते। मैं सविता को पढ़ाने में व्यस्त रहती और वह पिताजी से वनस्पति विज्ञान और देहरादून स्थित फॉरेस्ट रिसर्च इंस्टिट्यूट की बातें करने में लगे रहते। पिताजी और नारायण जी दोनों ही वहाँ देहरादून में पढ़ाई कर चुके थे, आयु में अन्तर होने के बावजूद दोनों में अच्छी मैत्री हो गयी।

एक शाम को हमारे घर पहुँचने पर नारायण जी ने पिताजी को पूरे सम्मान और किसी सामाजिक भेदभाव के बिना श्रीनगर एम्पोरियम के हैड माली के साथ हँसते–खेलते वहाँ के अन्तिम अंग्रेज़ रेज़िडेंट की बातें करते हुए और उसके द्वारा वहाँ विभिन्न प्रजातियों के फूलों की चर्चा करते देखा। दोनों एक साथ बरामदे में बैठकर चाय और समोसों का आनन्द ले रहे थे। स्वाभाविक तौर से पिताजी ने नौकर को नारायण जी के लिए भी चाय लाने को कहा। नारायण जी यह देखकर बहुत प्रभावित हुए कि पिताजी के लिए एक अनुभवी माली भी उतना आदरणीय अतिथि था, जितना श्रीनगर का इनकम टैक्स ऑफ़िसर।

वनस्पति विज्ञान एवं फॉरिस्ट्री के अलावा पिताजी और नारायण जी दोनों को फ़ोटोग्राफ़ी एवं पहाड़ी क्षेत्रों में भ्रमण करने का भी शौक़ था, इसलिए कई बार दोनों इकट्ठे डक्सम, कुकरनाग, अच्छाबल और यूसमर्ग जाने का भी प्रोग्राम बना लेते। यह सुनकर कि शाकाहारी होने के बावजूद पिताजी ने ऐसी एक पिकनिक पर कीमे के पराँठे भी खा लिए थे–मैं हैरान थी। परन्तु पिताजी ने समझाया कि वह किसी धार्मिक मनोस्थिति से नहीं अपितु स्वेच्छा से वैष्णव हुए थे और नारायण जी को वह शर्मिन्दा नहीं करना चाहते थे कि शाकाहारी खाने का कुछ प्रबन्ध नहीं था। दोनों का एक–दूसरे के लिए स्नेह देखकर मैं भी हैरान थी।

मन–ही–मन मुझे पिताजी के अकेलेपन का पूर्ण रूप से अहसास था और इसलिए मैं कॉलेज में पढ़ाने के कारण कुछ व्यस्त हो जाने के बावजूद अधिकतम समय उनके पास घर में रहने का ही प्रयास करती थी। मैं जानती थी कि माँ के रहते उनके खान–पान और पहनने की सभी व्यवस्था माँ कितनी अच्छी तरह करती थीं–इसलिए उन्हें अधिक समय के लिए अकेला नहीं छोड़ती थी। वह भी मुझे अपनी 'जहाँआरा बेगम' कहकर मज़ाक़ करते थे।

माँ तो हमेशा से ही प्रेम–विवाह के सख़्त विरुद्ध थीं, इसलिए मैंने कम आयु में ही यह निश्चय कर लिया था कि मैं इस जंजाल में नहीं फँसूँगी। दो वर्ष अमर सिंह कॉलेज जैसे लड़कों के कॉलेज में पढ़ने और तत्पश्चात दो साल यूनिवर्सिटी के दिनों में भी मैंने किसी भी लड़के में कोई रुचि नहीं रखी। शामा प्रायः मुझे यह कहकर चिढ़ाती थी कि नारायण साहब की रुचि मुझमें थी और वह इसलिए पिताजी की खुशामद करते हैं–किसी चतुर सरकारी अफ़सर की तरह वह भी 'थ्रू द प्रॉपर चैनल' (उचित चैनल के माध्यम से) ही अपनी पेशकश रखने की कोशिश कर रहे हैं।

मैं इस बात पर शामा से रुष्ट हो उसे समझाती–"पिन्नी अपनी दोनों ननदों के लिए बारी–बारी कोशिश कर चुकी है, पर सुना है उन्होंने ब्रह्मचारी रहने की ठान रखी है और यूँ भी वह मुझसे लगभग दस वर्ष बड़े हैं।"

अन्ततः 1965 वर्ष के अप्रैल माह में नारायण जी के माता–पिता श्रीनगर उनके पास आये हुए थे। उनके श्रीनगर से कहीं और स्थानान्तरण की काफ़ी सम्भावना थी। इसलिए वह पिन्नी को साथ लेकर एक दिन हमारे यहाँ पधारे। उन्होंने पिन्नी को पिताजी से हमारी शादी का प्रस्ताव रखने को कहा–जिसे सुनते ही पिताजी को अकेले छोड़कर जाने का ख़याल आते ही मैं रो पड़ी। मुझे रोते देख, माँ ने कहा–"इसे रिश्ता पसन्द नहीं तो कोई बात नहीं, पर मुझे तो नारायण के लिए यह बेहद पसन्द है। मैं आप सबको पूरा विश्वास दिला सकती हूँ कि मेरा बेटा इसे सदैव ख़ूब खुश रखेगा।"

उन्होंने पिताजी से भी वादा किया कि हर गर्मी के दिनों में मुझे उनके पास महीने–दो–महीने के लिए श्रीनगर भेजा जायेगा और जब भी वह चाहें हमारे पास आकर रहें।

पिताजी ने सोचने के लिए कुछ मोहलत माँगी और सभी बहनों एवं उनके घरवालों से सलाह कर शादी के लिए स्वीकृति दे दी। नारायण जी के तबादले के ऑर्डर इस दौरान आ गये थे और उन्हें शीघ्र ही कलकत्ता ड्यूटी पर पहुँचना था। उनके माँ–पिताजी ने फ़ैसला किया कि सबकी सुविधा को ध्यान में रखते हुए 10 मई को दिल्ली में ही शादी की रस्म हो जाये। हमारे अधिकतर रिश्तेदार वहीं रहते हैं और नारायण जी के पिताजी का फ़ैसला था कि बारात में केवल पाँच लोग होंगे एवं विवाह पूरी सादगी से बिना किसी लेन–देन के होगा। उन दिनों उत्तर प्रदेश में जिस प्रकार बड़े अफ़सरों के विवाह में दहेज में मोटी रकम माँग करने का रिवाज़ था, उसके विपरीत यह प्रस्ताव सुनकर हम सभी मन्त्रमुग्ध हो गये। शादी की तैयारी के लिए बहुत कम समय होने का बहाना तो अब बेकार था, इसलिए पिताजी ने अपनी स्वीकृति दे दी और सभी बहनों और नज़दीकी रिश्तेदारों को तार द्वारा या फ़ोन करके इस विषय में सूचित किया गया। दिल्ली में ख़रीददारी की ज़िम्मेदारी गुल्ली और दीदी को दी और मीमी को कहा गया कि शादी की रस्म उसके डिफेंस कॉलोनी स्थित घर में होगी और वह और जीजा जी उसकी तैयारी में लग गये।

नारायण जी अपने माँ–पिताजी और छोटे भाई सुरेश व सविता को अपने एक मित्र के पास दिल्ली छोड़कर स्वयं कलकत्ता ड्यूटी की हाज़िरी दे एक महीने की छुट्टी लेकर वापस दिल्ली पहुँच गये।

दूसरे ही दिन कॉलेज में छुट्टी का आवेदन–पत्र भिजवाकर पिन्नी और मैंने हवाई जहाज़ से दिल्ली के लिए प्रस्थान किया। उड़ान भरते ही जब मैंने नीचे एयरपोर्ट के आस–पास खेतों, फलदार बग़ीचों और पहाड़ों को धीरे–धीरे दूर और छोटे होते देखा तो मन में एक ओर अपनी मातृभूमि से दूर होने की टीस हो रही थी और दूसरी ओर अपने भविष्य के बारे में कई सपने बुनने का नया सिलसिला।

हवाई जहाज़ जब दिल्ली उतरा और बाहर का तापमान 43 डिग्री सेल्सियस होने की घोषणा हुई तो सोचा क्या होगा, अपने जीवन में प्रथम बार इतनी गर्मी को झेलना पड़ेगा, लेकिन सोचा शायद अब तो इसकी आदत डालनी ही पड़ेगी।

मीमी के डिफेंस कॉलोनी स्थित घर पहुँचने पर पता चला कि तीनों बहनों ने शादी की काफ़ी हद तक तैयारी कर ली थी। कुछ ऐसी ख़रीददारी जिसके लिए मेरे माप की आवश्यकता थी ख़रीदना बाकी था, वह काम भी अति शीघ्र कर लिया गया। दो दिन के बाद पिताजी भी दिल्ली पहुँच गये और पूरी सादगी से 10 मई को हमारा विवाह दिल्ली में ही सम्पन्न हुआ।

विवाह के दूसरे ही दिन हम दोनों शिमला के लिए रवाना हो गये। कुछ दिन वहाँ रहने के बाद हम कुल्लू और मनाली घूमने चले गये। वहाँ से सीधा ही हमने श्रीनगर का रुख़ किया। कुछ दिन वहाँ रहने के बाद नारायण जी तो अपनी ड्यूटी निभाने कलकत्ता चले गये और मैं एक महीने बाद भी पिताजी के पास श्रीनगर रही। इस प्रकार उस वर्ष एवं पिताजी के जीवन–पर्यन्त प्रत्येक वर्ष मुझे नारायण जी उनके पास श्रीनगर भेजते रहे और अपना वादा इस प्रकार पूरी ईमानदारी से निभाया।

# घर वापसी

दस वर्ष कलकत्ता रहने के उपरान्त मई सन् 1975 में नारायण जी का तबादला वापस जम्मू–कश्मीर में हो गया। हालाँकि एडिशनल कमिश्नर इन्कम टैक्स के पद पर समस्त जम्मू–कश्मीर एवं हिमाचल और पंजाब के कुछ क्षेत्र उनके अधिकार क्षेत्र में थे किन्तु उनका प्रधान कार्यालय जम्मू में ही था। इसलिए हमने बच्चों को जम्मू स्थित प्रेजेंटेशन स्कूल में दाख़िल करवा दिया और जम्मू में ही रहना ठीक समझा। जम्मू–कश्मीर प्रदेश सरकार के वरिष्ठ अधिकारियों के लिए जम्मू के गाँधी नगर में बड़ी अच्छी कोठियाँ बनी हुई हैं–उनमें से नं. दो स्पेशल 'ए' घर हमें रहने के लिए मिल गया। आस–पास जम्मू–कश्मीर काडर के आई.ए.एस. एवं आई.पी.एस. के वरिष्ठ अधिकारियों के अतिरिक्त कुछ कोठियों में हाईकोर्ट के न्यायाधीश भी रहते थे। उनमें से काफ़ी लोगों से शीघ्र ही हमारी जान–पहचान हो गयी।

रियासत के तत्कालीन गवर्नर श्री एल.के. झा की धर्मपत्नी श्रीमती मेखला झा का रुझान समाज सेवा की ओर बहुत था और वहाँ के कुछ अफ़सरों की बीवियों के साथ उन्होंने मुझे भी समाज सेवा के कार्यों में भाग लेने के लिए प्रोत्साहित किया। मेरा काम देखने के बाद उन्होंने मुझे केन्द्रीय समाज कल्याण सलाहकार बोर्ड का सदस्य मनोनीत कर दिया। वह स्वयं एक अद्भुत महिला थीं। उनका व्यक्तित्व गरिमा से परिपूर्ण था और हर प्रकार के वंचित एवं दलित वर्ग के लोगों के लिए

उनके मन में महान सहानुभूति थी इसलिए मुझे उनके साथ समाज सेवा करने का सौभाग्य प्राप्त होना बड़ी बात थी।

मैंने दस वर्ष कलकत्ता रहने के दिनों में वहाँ बेहद गरीबी देखी थी। लोग फुटपाथ और रेलवे स्टेशन पर खुले आसमान के नीचे सोते और कई बार किसी शादी वाले स्थल के बाहर कूड़ेदान से कुत्तों और आदमी के बच्चों को जूठी खाद्य–सामग्री के लिए आपस में लड़ते भी देखा था। एक आदमी दूसरे का बोझा रिक्शा में गरमी–सरदी और बारिश में खींचते देखा था–अब वापस जम्मू–कश्मीर रियासत में लौटने पर मुझे अहसास हुआ कि यहाँ की प्रजा काफ़ी भाग्यशाली है। सभी के सिर पर छत थी और राशन का चावल, आटा, तेल और लकड़ी इत्यादि काफ़ी रियायती दाम पर उपलब्ध था। जहाँ राशन का चावल उन दिनों कलकत्ता में दस आने प्रति किलो मिलता था, यहाँ के लोगों को उससे बेहतर चावल केवल एक रुपये में तीन किलो उपलब्ध था। और तो और जम्मू से श्रीनगर तक हवाई किराया भी मात्र 45 रुपये ही था। सभी स्कूल–कॉलेजों में शिक्षा बिल्कुल निःशुल्क थी। मेडिकल एवं इंजीनियरिंग जैसे पेशावर कॉलेजों में भी कोई फ़ीस नहीं ली जाती थी। फलस्वरूप रियासत में अच्छे पढ़े–लिखे लोगों की भरमार हो गयी थी। जिन्हें किसी कारणवश सरकारी नौकरी न मिलती, उन युवक–युवतियों को सरकार बेरोज़गारी भत्ता भी देती थी। यह सब देखकर जम्मू–कश्मीर में कल्याणकारी सरकार होने के कारण मेरा मन भी ललचाया कि नारायण जी के रिटायरमेंट के बाद यहीं बसना बेहतर होगा।

यहाँ हम लोगों की जान–पहचान काफ़ी लोगों से हो गयी थी। बहुत–सी पुरानी सहेलियों का विवाह रियासत के कुछ सरकारी डॉक्टर, इंजीनियर या अन्य अफ़सरों से हो चुका था। उनमें से अधिकतर लोग अपने एक–एक मकान जम्मू या श्रीनगर में बना चुके थे और अब दूसरी कोठी बनाने की सोच रहे थे। वह सहेलियाँ मुझे पूरे चाव से पूछतीं कि हम लोग कहाँ बसने की सोच रहे हैं।

इस दौरान माँ के न रहने पर पिताजी का मन चण्डीगढ़ के प्लॉट को लेकर उचाट हो चुका था और उन्होंने उसे अच्छे दामों पर बेचकर श्रीनगर के एयरपोर्ट रोड स्थित परिबाग़ में आठ कनाल का एक भूमिखण्ड ख़रीद लिया था। अभी तो उस पर फूल–पौधे ही उगाये जा रहे थे। मेरा श्रीनगर में बसने का विचार पता चलते ही उन्होंने पिन्नी से कह दिया कि सामने के टुकड़े में हमारे लिए एक कनाल अलग रख दिया जाये।

मकान का निर्माण करने के लिए मैंने जब नारायण जी से सरकारी होमलोन लेने की बात की तो ज्ञात हुआ कि उसके लिए भूमिखण्ड का उनके नाम पर होना अनिवार्य है। पिताजी तो एक कनाल भूमि उन्हें या मुझे उपहार के रूप में देने को तैयार थे पर जब मेरा स्टेट–सब्जैक्ट सर्टिफिकेट वकील को दिखाया गया, उसने साफ़ कह दिया कि धारा 370 के अनुच्छेद 35ए के अनुरूप यह सम्भव नहीं है। रियासत की वह बेटियाँ जिनका ब्याह रियासत से बाहर वाले भारतीय नागरिकों से हो जाता है वह अपना यह स्टेट सब्जेक्ट का अधिकार खो देती हैं।

रियासत के भूतपूर्व दोनों प्रधानमन्त्री शेख़ मुहम्मद अब्दुल्लाह एवं बख़्शी ग़ुलाम मुहम्मद की बहुएँ जर्मनी एवं इंग्लैंड से थीं और हमारे सद्र–ए–रियासत की पत्नी नेपाल से फिर वह लोग तो अपनी ज़मीन–जायदाद के रख पाने के अतिरिक्त ऐसे ऊँचे ओहदों पर रहे फिर हम बेटियों से ही भेदभाव क्यों? पर उसके पास कोई उत्तर नहीं था–बेचारे ने अपनी लाचारी व्यक्त की।

पिताजी ने तो हमें कभी किसी प्रकार की निर्बलता का आभास नहीं होने दिया था और हमें किसी भी क्षेत्र में बेटों से पीछे नहीं रहने दिया था। मैं यह समझ न पायी कि जम्मू–कश्मीर की हम जैसी और भी बहुत–सी बेटियाँ क्यों कर अपने पैतृक जायदाद के अधिकार से वंचित रहे। बस यही पंक्तियाँ बार–बार कानों में गूँजतीं–

"भैया को दीन्हो महले–दोमहल्ले
बाबुल हम को दियो परदेस।"

अपनी ही जन्मभूमि में एक छोटा–सा घरौंदा भी न बना सकने का दुःख हमेशा ही मेरे मन को कचोटता रहा।

× × ×

रियासत में बसने का सपना भूल कर मैंने भारत के अन्य कोनों से आये हुए अफ़सरों की पत्नियों की तरह रियासत के लिए मोह छोड़कर समाज सेवा करने की ठान ली।

हमें कलकत्ता रहते हुए अच्छी–अच्छी कलात्मक फ़िल्में देखने का अवसर मिलता था जो यहाँ देखने को नहीं मिलती थीं इसलिए नारायण जी ने स्थानीय लोगों के सहयोग से यहाँ फ़िल्म सोसायटी की एक शाखा खुलवा दी, जहाँ अच्छी भारतीय कलात्मक फ़िल्मों के अतिरिक्त देश–विदेश की पुरस्कृत फिल्में भी देखने को मिलने लगीं।

जम्मू में लायंस क्लब की भी एक शाखा की स्थापना कर लोगों को जन–सेवा के कार्यों में शामिल होने के लिए उत्साहित किया। हम प्रायः स्थानीय कुष्ठ–आश्रम, अनाथालय इत्यादि में स्वयं जाकर कपड़े, खाने का सामान, जूते और बिस्तर इत्यादि बाँटने लगे जिनके लिए धन जुटाने के लिए फ़िल्म–शो या मेलों का आयोजन करते। वसन्त ऋतु एवं बरसात के मौसम में आस–पास वृक्षारोपण का भी आयोजन किया जाता।

हमारी गाँधी नगर स्थित सरकारी कोठी के साथ काफ़ी बड़ा बग़ीचा भी था–जिससे मेरा बाग़वानी का शौक़ फिर से जाग्रत हो उठा। वहाँ मैंने विभिन्न प्रकार की विदेशी सब्ज़ियों के साथ रंग–बिरंगे फूल भी उगाने शुरू कर दिये। घर में एक छोटा पौधा चिनार का भी लगा दिया। दूसरे ही वर्ष स्थानीय रीजनल रिसर्च इन्स्टीट्यूट के फ़्लावर शो में मुझे सात प्रथम एवं दो द्वितीय पुरस्कार मिल गये जिसके बाद उन्होंने आने वाले चार वर्ष तक अपने 'फ्लावर शो' का मुझे जज बना दिया।

बीच–बीच में मैं घर पर ही 'इकेबाना'–जापानी पुष्प–सज्जा, सिखाने लगी। यह कला मैंने कलकत्ता में एक जापानी महिला काजकों निगम से सीखी थी और जापान से 'वाफू काई' स्कूल से प्रमाण–पत्र

प्राप्त कर चुकी थी। देखा जाये तो 1975–80 का पाँच वर्ष का समय मेरे जीवन का अति सुखद काल रहा।

बच्चों की ग्रीष्मकालीन छुट्टियों के दौरान हम सब ढाई–तीन महीने के लिए पिताजी के पास श्रीनगर रहने चले जाते थे क्योंकि उन दिनों प्रायः नारायण जी को भी अधिकतर श्रीनगर में ही दफ़्तर के काम से रहना पड़ता था। अमरनाथ, लद्दाख और अन्य जगह भी हमारा काफ़ी घूमना–फिरना रहा।

जैसे किसी जंगल में पानी पीने के लिए सारे पशु एक ही तालाब पर पहुँच जाते हैं, श्रीनगर की स्थिति भी कुछ उसी प्रकार होती थी। यहाँ की बेटियाँ बच्चों को ग्रीष्मकालीन छुट्टियों में लेकर प्रायः अपने मायके पहुँच जाया करती थीं और कभी गुलमर्ग, पहलगाम या फिर श्रीनगर के किसी बाज़ार, रेस्तराँ, बुलेवर्ड या 'बण्ड' पर अचानक मिल जाया करती थीं। सभी बेटियों के मन में यही टीस रहती थी कि वह अपना छोटा–सा घर क्यों यहाँ कहीं नहीं बना सकतीं।

ग्रीष्मकाल के तीन–चार महीने प्रत्येक वर्ष पिताजी के घर में भी ख़ूब रौनक रहती। एक बार फिर से पुराने दिनों की तरह बेटियों एवं उनके बच्चों के होने से ख़ूब चहल–पहल हो जाती और सब ओर हँसी–मज़ाक़ का वातावरण रहता। पिताजी की बिगड़ती नज़र के कारण वह अधिकतर घर में ही रहते थे। सभी बच्चे उन्हें ख़ूब प्यार के साथ उनका अपार आदर करते थे। वह प्रायः एक–दूसरे से इस बात की होड़ में रहते कि पिताजी की सर्वाधिक सेवा कौन करे। गुल्ली की बेटियाँ भोर होते ही उठकर उनकी अमरीकी 'लिलिज' का पार–परागण करके उन आयातित पुष्पों का बीज बनाने में मदद करतीं तो दीदी की बेटी जयश्री उन्हें अख़बार पढ़कर समाचार सुनाती। मेरी दोनों बेटियाँ आभा और विभा शाम को अँधेरा होते ही एक स्थान से दूसरे स्थान जाने में मदद करने के अतिरिक्त उन्हें सुन्दर भजन गाकर सुनातीं। आभा ने तो 10 वर्ष की अल्पायु में टाइप करना इसीलिए सीखा कि उनके लिए चिट्ठियाँ टाइप कर पाये।

पिताजी का पुराना निष्ठावान नौकर गफ़्फ़ारा भी उनकी सेवा में तत्पर रहता और हमारे परिवार के सभी बच्चे उसे पूरा सम्मान देते। निर्धारित समय पर वह घण्टी बजाकर सभी को नाश्ता या दोहपर व रात के खाने के लिए नीचे बुलाता तो सभी तुरन्त वहाँ पहुँच जाते क्योंकि उन्हें मालूम था कि देर करने से उन्हें भोजन नहीं मिलेगा।

जब डॉक्टर कर्ण सिंह ने अपनी आत्मकथा 'द ऐयर ऐपेरेंट' छपवाई तो नारायण जी पिताजी के लिए उस पुस्तक की एक प्रति ख़रीद लाये। आभा प्रति दिन उसके कुछ पन्ने पढ़कर पिताजी को सुनाती थी। कई बार पुराने दिनों की याद में पिताजी की आँखें नम हो जातीं और वह उसे अपने पुराने दिनों के कुछ क़िस्से सुना देते।

शीतकाल के दौरान हम पूरा प्रयास करते थे कि पिताजी दो–ढाई महीनों हमारे पास रहने आ जायें और वह कलकत्ता से जम्मू और अमृतसर से चण्डीगढ़ सभी जगह हमारे पास आया करते थे। मैं और मीमी भरसक प्रयत्न करती थीं कि वह हम दोनों के पास अधिक–से–अधिक समय रह पायें और हम दोनों को मिलाकर प्रायः तीन महीने का समय तो वह भीषण सर्दी के दिनों में श्रीनगर से बाहर निकल कर बारी–बारी हम दोनों के साथ रहा करते थे।

किन्तु न जाने क्यों 1985–86 की सर्दियों में पिताजी ने सर्दियाँ श्रीनगर ही बिताने की ठान ली। वह अब 90 वर्ष के हो चुके थे और उनकी शारीरिक शक्ति भी पहले से कम हो चुकी थी। उस वर्ष भी श्रीनगर में कड़ाके की सर्दी पड़ने पर पिन्नी ने ज़िद कर उनको अपने घर बुला लिया ताकि वहाँ उनकी भली प्रकार देखभाल हो सके।

उन दिनों हम लोग चण्डीगढ़ रह रहे थे। क्योंकि नारायण जी वहाँ कमिश्नर इनकम टैक्स के रूप में नियुक्त किये गये थे। पिछले कुछ सालों से पिताजी हमारे पास जब यहाँ आते, तो उनके देहरादून फॉरेस्ट कॉलेज के पुराने मित्र श्री सिंह एवं बारामुला के पुराने दोस्त डॉ. गोपाल सिंह मिलने आया करते थे। वह लोग घण्टों परस्पर पुरानी बातें करते हुए प्रसन्न रहते थे। तीन जनवरी, 1986 को हम उन्हीं बातों को याद

कर रहे थे जब दीदी का फ़ोन दिल्ली से आया। उन्होंने कुछ ही क्षण पूर्व पिताजी के निधन हो जाने का दुःखद समाचार दिया और बताया कि उन्हें दो दिन पहले ही बुख़ार हुआ था और अब वह नहीं रहे। मैं तो सुनते ही मानो सुन्न हो गयी।

तुरन्त नारायण जी ने हवाई टिकट मँगवाकर हमारा श्रीनगर जाने का प्रबन्ध किया। चुपचाप हवाई जहाज़ में बैठे हुए किसी चलचित्र की भाँति मेरे मन में मेरे बचपन और श्रीनगर में व्यतीत किये समस्त जीवन की स्मृतियाँ एक–एक कर घूमती रहीं। पिताजी का मेरे प्रति स्नेह, उनका नारायण जी के प्रति अटल विश्वास एवं मेरी बेटियों के प्रति अगाध प्रेम–सभी बातें याद आ–आकर रुलाने लगीं।

लगभग 50 मिनट की उड़ान के बाद जब हमारा हवाई जहाज़ श्रीनगर हवाई अड्डे पर उतरा तो बाहर सभी ओर बर्फ़ की मोटी रज़ाई से समस्त घाटी ढँकी हुई थी। केवल हवाई अड्डे का 'रनवे' एवं ख़ास बड़ी सड़कों ही से बर्फ़ हटाई गयी थी। आकाश भी गहरी धुन्ध के कारण धूमिल हो रहा था।

हम सब पिन्नी के घर पहुँचे–दीदी, मीमी व उसका बेटा दीपक पहले ही दिल्ली की उड़ान से पहुँच चुके थे। पिताजी फ़र्श पर दीदी द्वारा दिल्ली से लाये गये लाल गुलाब एवं गेंदे के केसरी फूलों के मध्य में निष्प्राण किन्तु शान्त सो रहे थे।

समस्त घाटी में बाहर का तापमान 9 डिग्री सेल्सियस से 12 डिग्री सेल्सियस के बीच रहने के कारण डल झील एक बार पुनः जम रही थी और कहीं भी किसी प्रकार की हरियाली दिख नहीं रही थी। एम. एस. रन्धावा द्वारा 'ट्यूलिप मैन' की उपाधि दिये गये पिताजी आज भी अपनी पसन्द के फूलों से घिरे हुए थे।

इस कड़ाके की सर्दी में श्रीनगर में आसानी से कोई पुरोहित उपलब्ध न होने के कारण परिवार के दो मित्र–विक्की चण्डोक (स्थानीय आर्य समाज के प्रधान) एवं सनातन धर्म सभा के वरिष्ठ मेम्बर शर्मा जी ने कुछ वैदिक मन्त्रों का उच्चारण किया। तभी पिताजी के दो नाती दीपक बधवार एवं संजय सूरी के साथ दोनों जमाई–वीरा भाप्पा

और नारायण जी ने पिताजी को मुखाग्नि दी। अपने जीवन को सदैव ईमानदारी से अपनी शर्तों पर जीने वाले महान व्यक्ति को हम बहनों ने भी अश्रुपूर्ण श्रद्धांजलि देते हुए अलविदा किया। विभिन्न धर्मों से उनके परिचित लोग जैसे सरदार गुरदीप सिंह, सेठी बन्धु, साहनी साहिब, कौल साहिब, अलीजान, व बक़्शी बन्धुओं के अतिरिक्त उनका वफ़ादार सेवक गफ़्फ़ारा, सभी ने उन्हें भावभीनी विदा दी।

जब तीसरे दिन पिताजी की अस्थियाँ चुनने की रस्म पूरी करने के बाद कलश को झेलम में विसर्जित किया गया तो राख का पात्र तो पानी में डूब गया किन्तु उसके साथ प्रवाहित लाल और केसरी फूल, जो सर्दी के कारण अभी भी ताज़ा थे, पानी के बहाव से बारामुला की ओर बहने लगे। शायद प्रकृति की भी यही इच्छा थी कि मृत्यु के उपरान्त भी फूलों से घिरे वह अपने प्यारे बारामुला की ओर अग्रसर हों।

एक सप्ताह बाद नारायण जी एवं दीपक क्रमशः चण्डीगढ़ और दिल्ली लौट गये। हम तीनों बहनों ने तेरहवीं तक वहीं रहने का निश्चय कर लिया था, क्योंकि अभी कुछ रिश्तेदार और परिचित लोग हमें मिलने आ रहे थे।

ग्यारह जनवरी की सुबह को ही गफ़्फ़ारा घबराया हुआ पिन्नी के घर पहुँचा और उसने बताया कि पिताजी के घर के मकान मालिक 'गिलकार यूनियन' वालों ने आठ–दस लोगों को लगाकर पिताजी के घर का सारा सामान बाहर फेंककर ज़बरन क़ब्ज़ा ले लिया था और विभिन्न कमरों में अपने सामान को रख बाहर 'नेम प्लेट' भी लगा दी थी। हम लोग पिछले 31 वर्ष से इस मकान के किरायेदार थे और ऐसी घटना होने की आशंका से नारायण जी ने चार जनवरी को ही स्थानीय मनीऑर्डर द्वारा किराया हम बहनों की ओर से भिजवा दिया था, जिसे वह क़बूल कर चुके थे और वह रसीद हमारे पास होने का अर्थ था कि पिताजी के बाद हम बहनें क़ानूनी तौर पर इस मकान की किरायेदार थीं। हमें पूरा क़ानूनी अधिकार था कि हम अपने घर का क़ब्ज़ा वापस लें। मैंने गुस्से में लाल हो तुरन्त पुलिस स्टेशन जाकर रिपोर्ट लिखवाने

की बात की, पर पिन्नी एवं उसका पति ऐसा नहीं करना चाहते थे। उनके पास तो अपना श्रीनगर में घर था, परन्तु हम बाक़ी बहनें तो स्टेट–सब्जेक्ट भी अब नहीं रही थीं, इसलिए यह श्रीनगर में हमारा एकमात्र स्थायी ठिकाना था। अभी गफ़्फ़ारा और उसका बेटा उसी घर में रहते थे और पिताजी का सारा सामान ज्यों का त्यों वहीं था। मुझसे यह सहन नहीं हो पा रहा था कि पिताजी के सामान को इस प्रकार बाहर फेंकने का कोई भी दुःसाहस कर सके।

गफ़्फ़ारा एवं मीमी को अपने साथ लेकर मैंने स्थानीय शहीदगंज पुलिस थाने में जाकर रिपोर्ट करने की ठान ली और सोच लिया कि आवश्यकता होने पर ऊँचे स्तर के अफ़सरों तक जाऊँगी।

श्रीनगर की बर्फ़ीली हवा और बाहर के 12 डिग्री सेल्सियस तापमान में जब हम थाने पहुँचे, अधेड़ आयु की दो महिलाओं को इस भीषण सर्दी में घुसते देख युवा एवं सुन्दर पुलिस दरोगा ख़ान ने हमें सादर बैठने को कहा और हमारी परेशानी सुनने के बाद काँगड़ी से हाथ गर्म करने को कहा। तत्पश्चात उसने हमसे कुछ काग़ज़ों पर हस्ताक्षर करवाकर किराये की रसीद को भी 'फ़ाइल' में लगा लिया। अपने पुलिसकर्मियों को भेज गिलकार यूनियन के सेक्रेटरी एवं कोषाध्यक्ष को बुलाया और उन्हें धमकाकर सारा सामान हटाने और तत्पश्चात पिताजी का सारा सामान विधिवत वापस रखवाने का आदेश दिया।

दरोगा ख़ान ने मौक़े पर जाकर अपने सामने श्री सुभाष सेठी एवं श्री पुरी की गवाही दिलाकर सारा क़ानूनी काम पक्का कर दिया। और हमें पूरा विश्वास दिलाया कि गिलकार यूनियन वाले अब आँख उठाकर भी उधर नहीं देख पायेंगे। हम दोनों ने ख़ान को आशीर्वाद दिया और अपना आभार व्यक्त किया। साथ ही सोचा यदि ऐसे अच्छे पुलिसकर्मी हों तो जनता क्यों उनसे डरे।

लेकिन मुझे हमेशा यही अफ़सोस रहा कि एक–डेढ़ वर्ष के बाद पिन्नी ने न जाने किस समझौते के अनुसार, बाक़ी बहनों से पूछे बिना ही, 'गिलकार यूनियन' वालों को मकान का क़ब्ज़ा दे दिया और पिताजी के घर का कुछ सामान अपने घर ले जाकर बाक़ी सामान अपनी फ़ैक्टरी के गोदाम में रखवा दिया।

यह बात पता लगने पर मेरे मन को बहुत गहरी चोट लगी। किसी अनदेखे बन्धन से मैं अभी भी इसी घर से जुड़ी थी। नारायण जी की ऑल इंडिया सर्विस होने के कारण हमारा तबादला एक स्थान से दूसरे स्थान होता रहता था। ऐसी स्थिति में मेरी दोनों बेटियों को इसी घर में अपना स्थायी घर दिखता था। उन्होंने अपने बचपन की सारी छुट्टियाँ यहीं व्यतीत की थीं। वह प्रायः पिताजी के पुराने कैमरों, किताबों, मैगज़ीन एवं तस्वीरों के भण्डार देखकर प्रसन्न रहती थीं, साथ ही मेरे बचपन से सम्बन्धित कई चीज़ें जो अभी भी 'ऐटिक' में पड़ी रहती थीं, देखकर हैरान होती थीं कि उनकी माँ भी कभी छोटी होती थी।

विभा, जो जुलाई के महीने में पैदा हुई थी, और प्रत्येक जन्मदिन उसका यहीं मनाया गया था, उनकी यादें उसके मन पर भली प्रकार अंकित थीं।

मैं भी काफ़ी बार उसी घर के सपने देखती और वह दिन याद करती जब जंगले के आर–पार या चिनार के नीचे घण्टों तक शामा से बात करती रहती थी। सभी पड़ोसियों ने माँ की मृत्यु के बाद जो स्नेह मुझे दिया था, उस वात्सल्य की भी याद प्रायः आती।

# बदलती परिस्थितियाँ-बदलते लोग

सन् 1819 में कश्मीर पर सिखों का आधिपत्य था किन्तु सन् 1846 में पहले एंग्लो सिख युद्ध के उपरान्त अमृतसर ट्रीटी के अनुसार अंग्रेज़ों ने जम्मू के राजा गुलाब सिंह जमवाल को मात्र 75 लाख रुपयों में कश्मीर बेच दिया और वह जम्मू एवं कश्मीर के प्रथम डोगरा महाराजा बने। तत्पश्चात् डोगरा रियासत में लद्दाख, गिलगित, हुन्जा और आकसार चिन इत्यादि क्षेत्र भी मिला लिये।

वर्ष 1925 में जब महाराजा गुलाब सिंह के प्रपौत्र महाराजा हरि सिंह सिंहासन पर विराजमान हुए, तब तक जम्मू–कश्मीर रियासत की सरहदें काफ़ी बढ़ चुकी थीं और विभिन्न जातीय समूहों के लोग जिनके अलग–अलग धर्म थे और जो अलग–अलग भाषाएँ बोलते थे इसकी प्रजा बन गये। क्षेत्र के अनुसार यह ब्रिटिश इंडिया की सबसे विशाल रियासत थी।

महाराजा हरि सिंह को कश्मीर घाटी के अद्वितीय सौन्दर्य ने मुग्ध कर लिया था और उसके विकास के लिए उन्होंने भरसक प्रयत्न किये। श्रीनगर की बेहद सुन्दर डल झील के किनारे–किनारे उन्होंने एक चौड़ी सड़क का निर्माण करवाया जिसे आज लोग 'बुलेवार्ड' के नाम से जानते हैं। उनके पिता राजा अमर सिंह, जो महाराजा प्रताप सिंह के अनुज थे, एक अत्यन्त सम्पन्न व्यक्ति थे और उनका यूरोपीय विदेशियों के साथ ख़ूब उठना–बैठना था। इसीलिए महाराजा हरि सिंह ने अपने निजी धन से जबरवान पहाड़ी के आँचल में डल झील के

किनारे अपने नये महलों का भी निर्माण करवाया जो सभी नये दौर की सुविधाओं से लैस थे।

शुरू से ही जम्मू–कश्मीर रियासत की पंजाब के साथ कई ओर से साझी सीमाएँ होने के कारण रावलपिण्डी, पेशावर, सियालकोट, अमृतसर और दोआबा क्षेत्र के काफ़ी व्यापारी यहाँ अपना व्यापार करने के लिए बस गये थे। क्योंकि 1905 तक रियासत में कोई कॉलेज नहीं था, इसलिए बीसवीं शताब्दी के प्रारम्भ से ही विदेशी पढ़ाई किये हुए इंजीनियर, डॉक्टर, प्रोफ़ेसर, जज इत्यादि बाहर से आकर यहाँ वरिष्ठ पदों पर नियुक्त थे। ऐसे में महाराजा प्रताप सिंह ने सन् 1905 में दो कॉलेज अपनी रियासत में खुलवाये–जम्मू में 'प्रिंस ऑफ़ वेल्स कॉलेज' और श्रीनगर में 'श्री प्रताप सिंह कॉलेज' जिसके कारण अब रियासत के लोगों में भी पढ़ाई–लिखाई का शौक़ हो गया। उन्होंने पाँचवीं कक्षा तक लड़कों की पढ़ाई भी अनिवार्य कर दी थी।

यह कॉलेज पंजाब विश्वविद्यालय से सम्बन्धित थे और सन् 1938 तक श्रीनगर स्थित 'श्री प्रताप सिंह कॉलेज' में एक ही साथ 1187 स्नातक पास होने पर यह पंजाब विश्वविद्यालय में दूसरे नम्बर पर था। पढ़ाई की लोकप्रियता देखकर महाराजा हरि सिंह ने 1942 में अपने स्वर्गीय पिता अमर सिंह की स्मृति में श्रीनगर में दूसरा कॉलेज खोला। पढ़ाई का अधिकतम फ़ायदा कश्मीरी पण्डितों ने ही उठाया क्योंकि डोगरा जाति के लोग तो शुरू से ही सेना में भर्ती होना अधिक पसन्द करते थे और मुसलमान बच्चे भी पढ़ाई के लिए विशेषतः इच्छुक नहीं होते थे।

सन् 1925 तक इन दोनों कॉलेजों से काफ़ी मात्रा में स्नातक बनकर रियासत के लोग भी अब सरकारी नौकरी की खोज में थे। प्रारम्भ में तो कुछ मौलवी लोगों ने पाँचवीं तक की अनिवार्य पढ़ाई का विरोध किया था क्योंकि वह अपने बच्चों को मक़तब और मदरसों में पढ़ाना चाहते थे। परन्तु जैसे–जैसे वह पढ़ते गये उन्हें भी पढ़ाई के लाभ ज्ञात होने लगे। अब सभी को सरकारी नौकरी की लालसा होने लगी। कश्मीरी पण्डितों के एक दल ने तो महाराजा प्रताप सिंह से

भी अनुरोध किया था कि बाहर के लोगों को नौकरी न दी जाये पर उन्होंने युवराज हरि सिंह के अधीन एक कमेटी नियुक्त करके बात को टाल दिया था।

अब महाराजा हरि सिंह जब स्वयं महाराजा के पद पर आसीन हुए तो पण्डितों ने पुनः अपना भविष्य सुरक्षित करने के लिए महाराजा हरि सिंह को 'स्टेट सब्जेक्ट डेफिनेशन कमेटी' की सिफ़ारिशों को लागू करने का आवेदन किया और पंजाबी लोगों के ख़िलाफ़ भड़काया। कहा जाता है कि सन् 1915 में हरि सिंह की पहली पत्नी कुँवरानी श्रीलाल कुँवरबा साहिबा का निधन सन्देहास्पद हालात में हो गया था। वह माँ बनने वाली थीं और उनकी देखभाल एक पंजाबी डॉक्टर कर रहे थे। उस समय अफ़वाहें यह थीं कि तत्कालीन महारानी चाड़क (हरि सिंह की ताई) का हाथ इस साज़िश में था। इसलिए महाराजा प्रताप सिंह के निधन के बाद जब हरि सिंह महाराजा बने उन्होंने बेवा ताई को महल में नज़रबन्द करके रखा। इस सन्देह का पूरा लाभ उठाकर पण्डितों ने हरि सिंह को सभी डिस्ट्रिक्ट हेड क्वार्टर्स की कमेटियों की सिफ़ारिशें दिखाकर उनके आधार पर 31 जनवरी 1927 को इस कमेटी की सिफ़ारिशें लागू कर दीं जिसके अनुसार वही लोग रियासत में ज़मीन–जायदाद ख़रीद सकते थे जो 'स्टेट सब्जैक्ट' हों और सरकारी नौकरियाँ भी उन्हीं को दी जाने लगीं। इस प्रकार समय के साथ–साथ बाहर वाले अफ़सरों की संख्या वहाँ कम होती गयी। बँटवारे के बाद अधिकतर मुसलमान वरिष्ठ अफ़सर पाकिस्तान चले गये और पंजाबी हिन्दू अफ़सर भी काफ़ी संख्या में रियासत की डाँवाडोल स्थिति देखकर बाहर ही बसने लगे। इन परिस्थितियों में कश्मीरी युवकों को अपना भविष्य अधिक उज्ज्वल दिखने लगा।

अपने पूर्वजों के कट्टर और परम्परावादी विचारों से अलग महाराजा हरि सिंह यूरोपीय लोगों, मुसलमानों और पारसियों से काफ़ी मिलते–जुलते थे और स्वयं काफ़ी आधुनिक विचार रखते थे। उनके घनिष्ठतम मित्र अफ़गानिस्तान के सरदार इफिन्दी थे जिन्होंने नये महलों के पास ही गुपकार रोड पर अपना भव्य घर बनवाया था। महाराजा साहब

का विदेश भी काफ़ी आना–जाना रहता था और लौटकर वह अपनी रियासत के लिए भी कुछ नया करना चाहते थे। उन्होंने श्रीनगर और जम्मू शहरों में एक–एक आधुनिक अस्पताल बनवाया और श्रीनगर में अपने पिता की स्मृति में एक टैक्निकल कॉलेज भी।

भारत के अन्य हिस्सों से काफ़ी पहले ही महाराजा हरि सिंह ने अपनी रियासत में बाल विवाह और नवजात बेटियों को जीवित ही दबा देने की कुप्रथाओं पर सख़्त रोक लगा दी। साथ ही साथ मन्दिरों में प्रत्येक धर्म एवं जाति के लोगों को जाने की अनुमति भी दी गयी।

सन् 1339 में पहली बार कश्मीर में किसी मुसलमान शासक का राज्य हुआ और तत्पश्चात लगभग 480 वर्ष में कई आक्रमणों, क़ब्ज़ों, नरसंहार और ज़बरन किये गये धर्म–परिवर्तन के बाद, कहा जाता है कि घाटी में ग्यारह हिन्दू ब्राह्मण परिवार ही बचे थे। आजकल के कश्मीरी पण्डित उन्हीं श्रीनगर स्थित रैणावाड़ी में छिपे हुए ब्राह्मणों की सन्तान कहे जाते हैं। यही कारण है कि कश्मीर घाटी में हिन्दू धर्म के लोग केवल ब्राह्मण ही हैं किसी और वर्ण के हिन्दू नहीं। शताब्दियों से ही हुए इस धर्म–परिवर्तन के बावज़ूद आज भी बहुत–से कश्मीरी मुसलमान अपने नाम के बाद गर्व से अपनी पुरानी ब्राह्मण वर्ग की जाति का प्रयोग करते हैं–जैसे मट्टू, रिशी, डॉर, रैणा और पण्डित इत्यादि।

पचास–साठ और सत्तर के दशकों में बिल्कुल निःशुल्क मिलने वाली स्कूल, कॉलेज और व्यावसायिक शिक्षा के कारण शीघ्र ही जम्मू–कश्मीर में प्रचुर मा्त्रा में बच्चे पढ़कर सरकारी नौकरियों पर तैनात होते गये और धीरे–धीरे जात–पाँत या परिवार की आर्थिक स्थिति का भेदभाव भी लुप्त हो गया।

सन् 1953 में बख़्शी गुलाम मुहम्मद जम्मू–कश्मीर के प्रधानमन्त्री बने और प्रारम्भ में उनके कार्यकाल में बहुत–से नये पुल, सड़कें, स्कूल, कॉलेज और टूरिस्ट बँगलों एवं अन्य सुविधाओं का निर्माण हुआ। इस कारण आम जनता को काफ़ी सहूलियत और रोज़गार के अवसर प्राप्त हुए। वर्ष 1959 में श्रीनगर स्थित महाराजा हरि सिंह अस्पताल के साथ जम्मू–कश्मीर का पहला मेडिकल कॉलेज

खुल गया और तत्पश्चात शीघ्र ही नसीमबाग़ में रीजनल इंजीनिरिंग कॉलेज। इनके अलावा जम्मू और श्रीनगर में एक–एक पॉलिटैक्निक भी खुले ताकि युवक–युवतियों को रोज़गार के विभिन्न आयाम मिल सकें। इससे पूर्व केवल गिनती के बच्चों को ही सरकार बाकी के कॉलेजों में मनोनीत करके भेज सकती थी।

दिन प्रतिदिन बढ़ती हुई केन्द्रीय वित्तीय सहायता से बनते हुए आधारभूत बुनियादी ढाँचे का विकास शीघ्रता से हो रहा था। उसके अतिरिक्त बढ़ते हुए पर्यटन उद्योग और भारतीय सेना के वहाँ होने के कारण कश्मीर में रोज़गार के अवसर ख़ूब बढ़ने लगे। यहाँ की आबादी का एक वर्ग ऐसा हो गया जिसने ख़ूब पैसा कमाया और ख़ूब धन भी ख़र्च करने लगा। नयी–नयी कॉलोनियों में बड़ी–बड़ी कोठियाँ बनने लगीं और सब ओर नयी मोटर गाड़ियाँ भी आ गयीं। सरकारी अफ़सर सरकारी गाड़ियों में परिवार सहित घूमने लगे और कुछ टैक्सी भी सड़कों पर आ गयीं। ट्रैफ़िक की सहूलियत के लिए बख़्शी ग़ुलाम मुहम्मद ने सिविल लाइंस में शुरू में ताँगों का चलना मना कर दिया और बाद में उन्हें तिपहिया टेम्पो ख़रीदने के लिए पैसे बाँटे और लाइसेंस भी। इस प्रकार श्रीनगर का स्वरूप ही बदलने लगा। बख़्शी ग़ुलाम मुहम्मद द्वारा इन व्यावसायिक संस्थानों के बनने से स्थानीय युवकों के साथ–साथ कश्मीर की युवतियों ने भी इनका भरपूर लाभ उठाया क्योंकि उन दिनों लोग अपनी बेटियों को घर से दूर पढ़ने के लिए भेजने में संकोच करते थे। परन्तु अब श्रीनगर में ही बड़े आराम से बेटियाँ पढ़–लिख रही थीं।

बहुत–सी ग़ैर–राजपत्रित नौकरियों को पाने के लिए कोई विशेष तरीक़ा या ख़ास प्रतियोगिता न होने के कारण केवल बख़्शी साहब की सिफ़ारिश से ही काम हो जाता था और उन दिनों ऐसे सिफ़ारिशी लोगों के लिए एक मुहावरा प्रयोग में आने लगा–'बख़्शी साहब की मेहरबानी'। कुछ बेईमान अफ़सरों और स्वयं बख़्शी साहब के भाइयों के कारण अब बख़्शी ग़ुलाम मुहम्मद पर धाँधली और बेईमानी के आरोप लगने लगे।

सन् 1963 के अक्टूबर में 'कामराज प्लान' के अधीन बख़्शी साहब ने इस्तीफ़ा देने की पेशकश की जो मान लिया गया। उनके बाद रियासत के प्रधानमन्त्री ख़्वाज़ा शमसुद्दीन बने जिनका न तो नेशनल कॉन्फ्रेंस में कोई गुट था और न ही अधिक लोग उन्हें जानते थे।

अचानक 27 दिसम्बर 1963 को हज़रतबल से पाक मुए–मुक़द्दस के चोरी होने का समाचार सब ओर आग की तरह फैल गया। मुस्लिम धर्म के अनुयायियों में शोक़ की लहर फैल गयी और लाखों लोग रोते–चिल्लाते, छाती पीटते और काले रंग के कपड़े पहनकर हर ओर सड़कों, चौराहों और पार्कों में एकत्रित हो गये। वह कैसे, क्यों अचानक हो गया समझ में ही नहीं आ रहा था। सब ओर शोकाकुल लोगों की भीड़ होने के कारण हालात बहुत संजीदा और नाज़ुक थे।

शीघ्र एक 'एक्शन कमेटी' बनी जिसमें विभिन्न राजनीतिक एवं धार्मिक गुटों के लोग मिलकर स्थिति का सामना करने सामने आये। कमेटी ने पूर्ण हड़ताल का आह्वान किया। कहीं भी किसी ओर कोई दुकान, बाज़ार, बैंक, मण्डी या सरकारी दफ़्तर खुले नहीं मिले। सड़कें सुनसान थीं और एम्बुलेंस या दूसरे आवश्यक वाहन भी काली झण्डी लगाकर ही निकल पाते थे। गाँव से ट्रकों में भर–भर कर लोग शैक़ाकुल स्थिति में श्रीनगर आ रहे थे और उनके खान–पान का व रहने का प्रबन्ध इसी कमेटी ने किया। सभी मान रहे थे कि इसमें किसी हिन्दू का हाथ नहीं है। जनता का शक और रोष बख़्शी गुलाम मुहम्मद के परिवार की ओर उमड़ा–सिनेमाघर और गाड़ियाँ जला दी गयीं।

किन्तु जिस रहस्यमय ढंग से यह पवित्र अवशेष लुप्त हुआ था उतने ही रहस्यमयी ढंग से एक सप्ताह बीतने के बाद पाक मुए–मुक़द्दस मिल गया और उसकी पहचान करने के बाद उसे अपनी विशिष्ट जगह पर हज़रतबल में रखा गया। 'ट्रस्टीज' ने दुकानें इत्यादि खोलने की इजाज़त दे दी और हड़ताल समाप्त हो गयी।

वर्ष 1964 के फ़रवरी माह तक यह बात स्पष्ट हो चुकी थी कि शमसुद्दीन सरकार ठीक से काम नहीं कर पा रही। बख़्शी पर तो जनता का रोष पवित्र अवशेष को लेकर पहले से ही ख़ूब बढ़ चुका

था–ऐसे में गुलाम मुहम्मद सादिक़ ही केवल अकेले व्यक्ति रह गये थे जिनकी अपनी अच्छी पहचान होने के अलावा उनकी ईमानदारी पर भी लोगों को विश्वास था। 'नेशनल कॉन्फ्रेंस' के पुराने संस्थापक सदस्य होने के कारण वर्ष 1964 में गुलाम मुहम्मद सादिक़ ही प्रधानमन्त्री के पद पर आसीन हुए। उसके उपरान्त 26 जनवरी 1965 को उन्होंने रियासत में नेशनल कांग्रेस का गठन किया और 10 अप्रैल से जम्मू–कश्मीर के प्रधानमन्त्री को मुख्यमन्त्री और सद्र–ए–रियासत को गवर्नर कहा जाने लगा। इस सारी प्रक्रिया के अधीन ही शेख़ अब्दुल्लाह के ख़िलाफ़ किये गये 'कश्मीर कॉन्सपिरेसी केस' को भी वापस ले लिया गया और उन्हें जेल से रिहा कर दिया गया।

मुख्यमन्त्री बनते ही सादिक़ साहब को इस बात का अनुमान हुआ कि रियासत में सरकारी नौकरियों पर मुख्यतः पढ़े–लिखे कश्मीरी पण्डित ही अधिक मात्रा में तैनात हैं। 'अवामीराज' के पिछले अट्ठारह वर्षों में सरकार द्वारा दी गयी हर प्रकार की पढ़ाई–लिखाई की निःशुल्क सुविधाओं के कारण अब तक मध्य वर्ग का एक मुसलमान वर्ग भी पढ़ाई करके अपनी महत्त्वाकांक्षा को पूर्ण करना चाहता था। पण्डित पढ़ाई में ज़्यादा अच्छे होने के कारण प्रतियोगिताओं में मुसलमान उम्मीदवार उनका पूरा मुक़ाबला नहीं कर पाते, इसलिए उन्होंने ऐसा क़ानून बनाया जिसके अधीन रियासत की 70 प्रतिशत सरकारी नौकरियों पर पहला अधिकार अब से मुसलमानों का हो गया। इस आदेश को यदि सही परिप्रेक्ष्य में देखा जाये तो ऐतिहासिक रूप से यह पहला ऐसा क़ानून था जो रियासत के हिन्दुओं के ख़िलाफ़ भेदभाव करने के रास्ते में पहला क़दम था।

सरकारी नौकरियों की मात्रा बढ़ती गयी, किन्तु नौकरी की खोज में पढ़े–लिखे नवयुवकों की संख्या उससे भी कई गुना अधिक बढ़ती रही। धीरे–धीरे कश्मीरी पण्डितों ने बीमा कम्पनियों, बैंकों और केन्द्र–सरकार की नौकरियों की ओर रुख़ किया। अभी तक यहाँ के मुसलमान बच्चे इन नौकरियों में रियासत से बाहर होने वाले तबादले के भय से यहाँ के लिए आवेदन नहीं देते थे। इसी क़ानून के कारण

कश्मीरी पण्डितों में विशेष आशंका और भय का वातावरण बनता गया। वह अपना भविष्य अन्धकारमय होता देखकर यह प्रयास करने लगे कि वह केन्द्र में प्रधानमन्त्री पण्डित नेहरू और इन्दिरा गाँधी से घनिष्ठ सम्बन्ध बना लें। वह जानते थे कि उनके पूर्वज भी कश्मीरी पण्डित थे इसलिए उनका झुकाव पण्डितों की ओर अधिक होगा। फिर भी धीरे–धीरे बढ़ते हुए भेदभाव और प्रवास के कारण घाटी में हुई जनसंख्या गणना के मुताबिक़ 11 प्रतिशत घटकर अब हिन्दुओं की संख्या मात्र 5 प्रतिशत ही रह गयी थी।

यूँ भी वर्ष 1947 में जब जम्मू–कश्मीर रियासत का विलय भारत में हुआ तब से लोकतान्त्रिक व्यवस्था के अनुसार घाटी में अधिक आबादी होने के कारण रियासत की असेम्बलियों में कश्मीरियों का प्रतिनिधित्व अधिक हो गया और पूर्व डोगरा राज्य का आधिपत्य कम होकर राजनीतिक ताक़त अब घाटी के लोगों के हाथ में आ गयी थी। वादी में लगभग 95 प्रतिशत लोग कश्मीरी बोलेते थे और इस्लाम धर्म के अनुयायी थे।

कुछ ही वर्षों में पढ़े–लिखे पेशावर लोगों की संख्या और मिलने वाली नौकरियों की असन्तुलित माँग व आपूर्ति के कारण रिश्वत का लेन–देन रियासत में एक आम–सी बात हो गयी। वही लोग जिन्हें सर्वप्रथम पचास के दशक में 'लैंड टू द टिल्लर' के अधीन मुफ़्त ज़मीन मिल गयी थी, तत्पश्चात निःशुल्क पढ़ाई और आसानी से अपने ही शहरों में नौकरियाँ मिल जाने से उनकी अपेक्षाएँ सरकार से दिन प्रतिदिन बढ़ती जा रही थीं। वह लोग अपनी किसी भी माँग को पूरा न होते देख रोष से भर आते। अब उनको आरामदेह रहन–सहन और सरकारी नौकरियों की एक आदत–सी हो गयी थी जो पूरी न होने पर परेशान और गुस्सा होने लगे।

कुछ वर्षों में जम्मू–कश्मीर रियासत के सुप्रसिद्ध घने जंगलों से कुछ रसूखदार जंगलात के ठेकेदारों और अफ़सरों की मिली–भगत से पेड़ बहुत तेज़ी से कट कर जंगलों का क्षेत्र रियासत में कम होता गया। इसलिए बालन (जलाने की लकड़ी) की बिक्री पर राशन हो गया

इसलिए लकड़ी, कोयले और केरोसिन राशन कार्ड पर मिलने लगा। जनसाधारण अब अपनी आधारभूत आवश्यकताओं के लिए सरकार पर निर्भर होने लगा। सर्दी के दिनों में जब कभी घाटी को जाने वाले मार्ग बन्द हो जाते या किसी और कारणवश मैदानी इलाक़े से आने वाली सुविधाओं में कमी होती, लोग सरकार के ख़िलाफ़ भड़क पड़ते। सत्तर के दशक तक तो पुराने लकड़ी और बुरादे के चूल्हों की जगह एल.पी. जी. ने ले ली। लोगों के रहन–सहन में और भी सुधार हो गया। भारत की केन्द्र सरकार जहाँ अन्य रियासतों को मात्र 1 प्रतिशत नागरिक के हिसाब से केन्द्रीय सहायता दे रही थी, वही जम्मू–कश्मीर के विशेष स्टेट्स के कारण दस गुना सहायता देती रहीं। मिलिट्री के रख–रखाव पर जो ख़र्च होता सो अलग।

स्वतन्त्रता के चार दशक बीतने पर जम्मू–कश्मीर में समस्त भारत में अधिकतम मात्रा में प्राध्यापक, इंजीनियर और डॉक्टर निःशुल्क पढ़ाई करने के बाद केवल भारत में ही नहीं अपितु समस्त संसार में प्रचुर मात्रा में नौकरी करने के लिए फैल गये। अमरीका, ऑस्ट्रेलिया, कनाडा, इंग्लैंड और दुबई इत्यादि सभी जगह जाने के बाद नयी पीढ़ी के कश्मीरी नयी–नयी आकांक्षाओं से भरपूर और निडर हो गये। उनके मन में एक ऐसे नये कश्मीर की तस्वीर उभरकर आयी जिसमें केवल कश्मीरियों के लिए ही कश्मीर हो, और किसी के लिए नहीं। विदेश में रहने वाले लोगों में सहभाषी होने के नाते उनका उठना–बैठना अधिकतर पाकिस्तानी नागरिकों से ही होता। सरहद से पार के पाकिस्तानी भी उनको न केवल एक मुस्लिम स्टेट बनाने के लिए बल्कि हिन्दुओं के ख़िलाफ़ भड़काते रहे। सन् 1971 के पाक–बांग्लादेश युद्ध में भारत के हाथों हुई बुरी हार के उपरान्त पाकिस्तानी सेना अभी भी अपनी बेइज़्ज़ती नहीं भूल पा रही थी। वर्ष 1984 में पाकिस्तान के तत्कालीन प्रेजिडेंट ज़िया–उल–हक ने भारत से बदला लेने के ध्येय से जम्मू–कश्मीर 'लिबरेशन फोर्स' के लोगों के साथ मिलकर भारत सरकार को कमज़ोर बनाने और उसके कुछ भागों में अशान्ति फैलाने की साज़िश की। जिन दिनों रूस अपनी सेनाओं को अफ़ग़ानिस्तान से

हटा रहा था, कश्मीर से काफ़ी नवयुवकों को गुरिल्ला युद्ध में प्रशिक्षित करने के लिए सीमा पार पाकिस्तान अधिकृत कश्मीर में भेजा जा रहा था। पाकिस्तान में जाकर लौटते ही वहाबी विचारों से प्रभावित होकर वह बड़ी तेज़ी से कश्मीर में सदियों से प्रचलित सूफ़ी–ऋषि संस्कृति एवं भाईचारे का उन्मूलन करने लगे।

नयी पीढ़ी अधिकतर 1947 के बँटवारे और रियासत में अवामी–राज आने के बाद ही पैदा हुई थी। केन्द्र से आने वाले सब साधनों के आसानी से मिल जाने के कारण उन्हें कभी भी किसी प्रकार की कमी नहीं रही थी। हड़तालों और कर्फ़्यू के दिनों में भी उनके भण्डार भरे होने के कारण कोई असुविधा नहीं होती थी।

मेरी एक सहेली का पति जो स्थानीय नेशनल कांग्रेस का जनरल सेक्रेटरी था, एक बार हमसे कुछ बहस कर रहा था। मेरे पति ने कहा कि कश्मीरी लोग टैक्स नहीं देना चाहते, उस पर उसने तुरन्त उत्तर दिया–

"हम कश्मीरी भारत सरकार के जमाई हैं। हमको दिये गये सभी आराम व सुविधाएँ हम उपहार के रूप में स्वीकार करते हैं पर हमारी वफ़ादारी तो सदैव पाकिस्तान जैसे मुस्लिम देश के साथ ही रहेगी।"

मैं फिर भी हमेशा आशावादी रही और सोचती थी कि आठ–दस साल में तो अवश्य हालात सुधर जायेंगे और फिर वही दिन लौट आयेंगे जब कश्मीर में लोग धर्म के रंगीन चश्मे लगाये बिना ही एक–दूसरे को देख पायेंगे। सन् 1965 में विवाह होने के बाद मैं चाहे अपने प्रिय कश्मीर से दूर चली गयी, किन्तु प्रत्येक गर्मियों के दो–ढाई महीने में और कई बार दशहरे की भी दस–एक दिन की बच्चों की छुट्टियों में पिताजी के पास श्रीनगर जाती रही। उनके निधन के बाद हमारा मायका तो नहीं बचा था, किन्तु 1989 में पिन्नी के बुलावे पर हम श्रीनगर क़रीब 30 दिन उसके पास रहे।

पहले ही सप्ताह में शहर के भीतरी मोहल्लों में कुछ घटनाएँ होने के बाद वहाँ कर्फ़्यू लग गया था। परन्तु सभी ने इस घटना को अधिक महत्त्व नहीं दिया। बाहर के सभी इलाक़ों में सामान्य स्थिति रही।

दूसरे सप्ताह हम जब श्रीनगर से कुछ दूर 'परंग' पिकनिक पर जा रहे थे तो रास्ते में 'नोहट्टा' के पास एक जुलूस–सा नारे लगाते जा रहा था। कुछ पथराव होने की घटना के विषय में सुनकर हमारे मुसलमान ड्राइवर ने गाड़ी मोड़ ली और दूसरे मार्ग से जाते हमें आश्वासन दिया कि यह कुछ जवान लड़कों की शरारत है, बस आगे सब ठीक होगा। और हुआ भी ऐसे ही। हम सब मज़े से सारा दिन सिन्ध नाले पर स्थित सुन्दर स्थान पर पूरा दिन बिताकर प्रसन्नचित्त सन्ध्या होते वापस घर लौट आये।

श्रीनगर स्थित 'लैम्बर्ट लेन' में ख़रीददारी करते हुए एक दिन मुझे अपनी पुरानी सहपाठिनी ज़ुबैदा मिल गयी। तीस साल पूर्व हम दोनों श्रीनगर के महिला कॉलेज में पढ़ती थीं। हम दोनों ही अपने–अपने भविष्य के अलग–अलग सपने देखती रही होंगी। पाँच साल के बाद हम दोनों की शादियाँ हो गयीं। उसकी शादी जम्मू–कश्मीर बिजली विभाग में लगे इंजीनियर से हुई और मेरे पति 'ऑल इंडिया रेवेन्यू सर्विसेज' की परीक्षा पास करने के बाद कलकत्ता में इनकम टैक्स ऑफ़िसर तैनात थे। इतने वर्षों के अन्तराल पर उसके पास एक कोठी श्रीनगर और एक बंगला जम्मू में होने के अतिरिक्त घाटी में एक बड़ा–सा सेब और अन्य फलों का बग़ीचा भी था। जबकि हम लोगों के पास में दिल्ली में मात्र एक फ्लैट, पर हम सन्तुष्ट थे, शायद वह नहीं।

एक–दूसरे की ख़ैर–ख़बर पूछते मुझे पता लगा कि उसका बेटा जोहेब इंजीनियरिंग कॉलेज श्रीनगर में दाख़िला न मिलने के कारण बहुत दुखी था। ज़ुबैदा भी रीजनल कॉलेज में कुछ रियासत के बाहर के बच्चों को दाख़िला मिलने पर ख़ूब तिलमिला रही थी। उसका ऐसा मानना था कि कश्मीरी बच्चों को ही रियासत की सुविधाएँ मिलनी चाहिए बाहर वालों को नहीं। मेरी बेटी आभा दिल्ली के प्रख्यात कॉलेज 'स्कूल ऑफ़ प्लानिंग एंड आर्किटैक्चर' में पढ़ रही थी। यह सुनकर वह अपने बेटे के भाग्य को कोसने लगी। उसे यह समझाना मुश्किल था कि समस्त स्कूली पढ़ाई के दौरान मोटी–मोटी फ़ीस देने

और सी.बी.एस.ई. परीक्षा में उत्तम अंक प्राप्त करने के बाद भी आभा को दाख़िला लेने के लिए एक अन्य परीक्षा में योग्यता के अनुसार ही वहाँ दाख़िला मिला था। जुबैदा हमेशा से ही काफ़ी महत्वाकांक्षी थी। शायद उसने अपने जीवन में पहली बार अपने बेटे के कम अंकों के कारण और प्रतिभा के आगे सिफ़ारिश को हारते देखा जिससे वह क्षुब्ध थी। उसी की तरह और भी कश्मीरियों को हर क्षेत्र में आरक्षण मिलने के कारण उनमें प्रतिस्पर्धा की भावना नहीं रही थी। बस सब सुविधाएँ और सुख उन्हें यूँ ही लेने की आदत हो चुकी थी।

इसकी ऐसी सोच को देखकर मुझे वह दिन याद आ गया जिस समय मेरे पति जम्मू–कश्मीर में इनकम टैक्स विभाग में असिस्टेंट कमिश्नर थे और 1978 में वहाँ के स्थानीय फ्लावर शो पर तत्कालीन मुख्यमन्त्री शेख़ अब्दुल्लाह के साथ हम चाय पी रहे थे। उन्होंने मेरे पति से पूछा कि उनके विभाग में कितने क्लास–वन अफ़सर कश्मीरी हैं। उत्तर में नारायण जी ने जब बताया कि उनके अधीन एक मुसलमान और एक पण्डित अफ़सर कश्मीर से है। शेख़ साहिब ने बेझिझक पूछा– बस दो कश्मीरी आई.टी.ओ. और अधिक क्यों नहीं? आप सब अफ़सर बाहर हिन्दुस्तान से ही क्यों आते हो?

बड़ी शालीनता और धैर्य से नारायण जी ने उन्हें समझाया कि इनकम टैक्स के लिए 'इंडियन रेवेन्यू सर्विसेज' की परीक्षा पास करके ट्रेनिंग लेनी पड़ती है। इसके लिए समस्त भारत के लाखों लोग यूनियन पब्लिक सर्विस द्वारा प्रत्येक वर्ष आयोजित ऑल इंडिया सर्विसेज परीक्षा के लिए बैठते हैं और इस परीक्षा में किसी भी प्रकार का भेदभाव नहीं होता।

कश्मीर के नौजवान और उनके माता–पिता रियासत की आराम और फुर्सत वाली ज़िन्दगी को छोड़कर भारत के अन्य हिस्सों में खुशी से नहीं जाना चाहते। धारा 370 के लागू होने के कारण बाहर के क्षेत्रों से कोई भी बड़े व्यावसायिक प्रतिष्ठान रियासत में नहीं आ पाते और इसी कारण जम्मू–कश्मीर में व्यावसायिक क्षेत्र में रोज़गार की कमी रही।

ऐसे में जो भी रोज़गार मिले, उसका प्रबन्ध स्थानीय सरकार ही करे, ऐसी लोगों की अपेक्षाएँ हैं।

पुराने दोस्तों से मिलने–जुलने और सैर–सपाटे के सुखद अनुभव का सवा महीने आनन्द लेकर हम जुलाई के दूसरे सप्ताह वापस दिल्ली पहुँच गये। दोनों बेटियों के स्कूल कॉलेज खुलने का समय आ गया था। किन्तु शीघ्र ही 1989 के अगस्त महीने से घाटी की बिगड़ती स्थिति के समाचार मिलने लगे। यह ख़बरें समाचार–पत्रों के ज़रिये कम और आपस की बातचीत से अधिक मिलती रहीं।

शीघ्र ही सुनने में आया कि 14 अगस्त को पाकिस्तान के स्वतन्त्रता दिवस को स्थानीय इस्लामिया कॉलेज में बाकायदा पाकिस्तानी झण्डे को सलामी दी गयी और श्रीनगर शहर के कुछ अन्दरूनी हिस्सों में घरों और दुकानों पर पाकिस्तान के हरे झण्डे फहराते रहे। और दूसरे दिन 15 अगस्त को भारतीय स्वतन्त्रता दिवस पर उग्रवादी एवं अलगाववादी गुटों ने पूर्ण हड़ताल और सरकारी परेड का बहिष्कार करने का आदेश दिया। इसी कारण स्वतन्त्रता दिवस की परेड के समय बख़्शी स्टेडियम में आधी से भी अधिक सीटें ख़ाली पड़ी रहीं। प्रोटोकॉल के अनुसार प्रत्येक सरकारी कार्यकर्ता को इस अवसर पर हाज़िर होना अनिवार्य होता है, किन्तु मुख्यमन्त्री फ़ारुख़ अब्दुल्लाह ने इसकी अनदेखी कर उन पर कोई सरकारी अनुशासनात्मक कार्यवाही नहीं की। सन्ध्या समय जब सभी सरकारी इमारतों पर दीपमाला का रिवाज़ है, श्रीनगर में पीछे से ही बत्ती गुल की गयी। नेशनल कॉन्फ्रेंस के एक प्रतिष्ठित कार्यकर्ता यूसुफ हलवाई ने जब अपने यहाँ दीपक जलाये, उसे दिन–दहाड़े गोली मार कर 'सबक सिखाया' गया। प्रादेशिक सरकार ने उसके बेटे को एक लाख रुपये का मुआवज़ा देकर बात वहीं ख़त्म कर दी। साफ़ ज़ाहिर था कि राष्ट्र–विरोधी तत्त्वों से सख़्ती से निबटने का सरकार का कोई विचार नहीं था।

लगभग एक दर्जन कट्टरपन्थी संगठनों, जिनमें जमात–ए–इस्लामी मुख्य रूप में शामिल थी, एक साथ मिलकर मुस्लिम यूनाइटेड फ्रंट नाम से अगले चुनाव जीतने और कश्मीर में निज़ाम–ए–मुस्तफ़ा स्थापित

करने का पूरा मनसूबा बना लिया था और जल्दी से कश्मीर की सूफ़ी संस्कृति को बहावी कट्टरपन्थी में वह परिवर्तित करने के लिए दृढ़–संकल्प थे।

भारत एवं पाकिस्तान के बीच खेले जाने वाले क्रिकेट मैच दुनिया के किसी भी कोने में चल रहे हों, कश्मीर की हिन्दू जनता के लिए वह चिन्ता का विषय बन जाते थे। भारत की जीत पर ख़ुशी मनाने की बात की तो कल्पना ही नहीं कर पाते थे–उन्हें पाकिस्तान की जीत पर ख़ुशी जतलाना भी अनिवार्य हो गया था। आस–पास वहाँ की अधिकतम मुसलमान जनता स्वयं तो भारत के जीतने पर चिढ़ते और पाकिस्तान की टीम के जीतने पर ख़ुशी से गली–मोहल्लों में पटाखे फोड़कर और दीपक जलाकर जश्न मनाते, साथ ही दूसरों को भी इस जश्न में शामिल होने को बाधित करते।

ऐसे ही एक अवसर पर हमारी जान–पहचान वाला युवक जो मगरमल बाग़ में रहता था और जिसका नाम लाली ब्रोका था, वहाँ के एक ऐसे जश्न मनाने वाले गुट के पास से गुज़र रहा था, उसे एक लड़के ने रोक कर घड़ी देखकर समय बताने को कहा। जब लाली ने समय बताया तो पूरे गुस्से से उस लड़के ने लाली को अपनी घड़ी का समय यह कहते हुए ठीक करने को कहा –

"अपनी घड़ी को अब इंडियन स्टैंडर्ड टाइम से नहीं बल्कि पाकिस्तान के टाइम के मुताबिक़ रखो। अब यहाँ वही टाइम चलेगा।"

साथ ही दो लड़कों ने उसे दबोच कर ज़बरन उसकी घड़ी की सुइयों को घुमाकर आधा घण्टा पीछे कर धमकाया–

"यहाँ अब यही टाइम चलेगा।"

बदलती हुई परिस्थितियों के कारण दीदी एवं मीमी के परिवारों को भी आर्थिक रूप से परेशानी होने लगी। उनका व्यापार कश्मीरी कालीनों और शॉलों का था। बिगड़ते हालात के कारण घाटी में अब टूरिस्ट कम जाने लगे इसलिए वहीं के व्यापारी अपनी दुकानें कश्मीर से कन्याकुमारी और बम्बई से कलकत्ता के सभी बड़े होटलों और बाज़ारों में खोलने लगे और अपना सामान बेचने के लिए उन्हें दूसरे व्यापारियों

पर निर्भर नहीं होना पड़ता था। दीदी के परिवार ने तो इन बदलते हालात को देखकर एविएशन क्षेत्र (हवाई यात्रा) में व्यापार करने की सोच ली जो कि बदलते हुए अन्तरराष्ट्रीय स्तर पर भारत के व्यापार की सोच को देखते हुए अप्रत्यक्ष रूप से भगवान का कृपादान साबित हुआ।

पिताजी के निधन के बाद अब हमारा कश्मीर में कोई घर नहीं रहा था। धारा 35ए के अनुसार बेटियाँ जम्मू–कश्मीर में ज़मीन–जायदाद बाहर के भारतीय नागरिकों से विवाह के उपरान्त नहीं रख पाती थीं, न ही नया घर ख़रीद सकती थीं। मेरे मन में होती निष्कासन की इस टीस को महसूस करके नारायण जी ने हमारा दिल्ली का फ़्लैट श्रीनगर के एशिया–क्राफ्ट्स से ख़रीदे हुए अख़रोट की लकड़ी के बेहतरीन नक़्क़ाशी वाले फ़र्नीचर से भर दिया और छत पर भी खत्तमबन्दी करवा दी–पर मैं अभी भी अपने मायके को इस प्रकार नीलाम होता देख दुःखी होती हूँ। वहाँ की यादें अभी भी मन को कटोचती हैं। हालाँकि बहुत–से लोग हमारे घर आकर अक्सर कहते हैं कि मेरी बैठक श्रीनगर की हाउस–बोट के ड्राइंग रूम जैसी लगती है। मेरी बेटियाँ भी कश्मीरी–एम्पोरियम कहकर मेरे घर का मज़ाक़ उड़ाती हैं, लेकिन मैंने आज भी कई बार अपने मायके का नीलाम होने की याद में रात–रात आँसुओं से अपना तकिया ख़ूब भिगोया है।

# 1990 में हिन्दुओं का पलायन

19 जनवरी की शाम थी और बहन जी, दीदी एवं मीमी मेरे जन्मदिन की शुभकामनाएँ देने के लिए हमेशा की तरह आज भी पहुँच चुकी थीं। गुल्ली का निधन हुए छह वर्ष बीत चुके थे पर उसकी बेटियाँ–आरती और पुनीता, कभी मेरा जन्मदिन नहीं भूलतीं। वह भी आ चुकी थीं। साकेत के हमारे घर की बैठक में बिजली का हीटर लगाकर कमरा कुछ–कुछ गर्म हो गया था फिर भी आरती को ठण्ड अधिक लगने के कारण वह दिल्ली की कड़क सर्दी से परेशान होने के कारण ठण्ड को कोस रही थी।

बहन जी उसकी बात काटते हुए बोलीं–"अरे यह क्या सर्दी है, सर्दी तो उस दिन थी जब गिन्नी बारामुला की भारी बर्फ़बारी में पैदा हुई थी। उन दिनों कश्मीर में बहुत बर्फ़ पड़ती थी–आजकल की तरह नहीं।"

"हाँ, मुझे भली–भाँति याद है, उस दिन एक–एक फ़ीट बर्फ़ पड़ने के बाद रात को आसमान अचानक साफ़ हो गया था। चाँदनी रात थी, जब गिन्नी पैदा हुई।" दीदी ने उनका अनुमोदन किया। साठ साल से ऊपर होते हुए भी आज भी हमेशा की तरह उनका सुन्दर चेहरा चमक रहा था और उनका सौन्दर्य एवं फ़ैशन बरकरार।

"मामा को सेंट जोसेफ़ अस्पताल में भरती करवा दिया था क्योंकि उन्हें प्रसव–पीड़ा शुरू हो चुकी थी। डॉक्टर बैरेटो उन्हें देखकर अपने कमरे में गयी ही थीं कि मामा को तकलीफ़ अधिक हो गयी। मैं नर्स

या डॉक्टर को ढूँढ़ती हुई जब बरामदे से जल्दी–जल्दी जा रही थी तभी चाँदनी रात में मुझे लगा डॉक्टर लॉन में खड़ी है। पास जाने पर पता लगा कि वह तो 'स्नोमैन' है। हँसते हुए बहन जी ने यह वाक़िया सुनाया।"

"उन दिनों छठी बेटी का जन्म परिवार में खुशी का नहीं बल्कि शोक का कारण होता था। पर मैं तो यह सोचकर बहुत खुश हुई कि अब हम आधा दर्जन 'कोहली सिस्टर्स' होंगी।" दीदी ने हँसते हुए कहा।

"हाँ, इसलिए तो इसने पिताजी का एकदम नया ऊनी कोट उस नौकर को इनाम में दे डाला था, जो अस्पताल से गिन्नी पैदा होने का समाचार लेकर आया था। इसने तो पिताजी की कुछ रेशमी क़मीज़ें भी नौकरों में बाँट दी थीं, जिससे माँ बहुत नाराज़ हुई थीं।" मीमी ने कहा।

नारायण जी को सम्बोधित करते हुए बहन जी बोलीं–"अरे जिस लड़की के पति होने का तुम्हें नाज़ है न, वह मेरे बिना न बचती। माँ का 'ब्लड प्रेशर' इसके जन्म के बाद इतना कम हो गया था कि वह इसे दूध नहीं पिला सकती थी। ऐसे में इसे काव और गोट डिब्बे का दूध पिलाकर और रात–रात भर जगकर गोद में झुलाते हुए मैंने ही इसे पाला है।"

इसी प्रकार हम हँसी–मज़ाक़ कर रहे थे जबकि दूसरे कमरे में टेलीफ़ोन की घण्टी बजी।

हमारे मित्र डॉक्टर सिकन्द के बेटे सुनील का फ़ोन था। वह काफ़ी परेशान लग रहा था और जल्दी–जल्दी पिन्नी और उसके परिवार के सदस्यों के विषय में पूछ रहा था। मैंने उसे बता दिया कि पिन्नी के बेटे तो दोनों बाहर हैं पर पिन्नी–वीरा और उनकी बेटी वन्दना अपने नवजात शिशु के साथ श्रीनगर में ही है।

सुनील उसी समय श्रीनगर से हवाई जहाज़ द्वारा दिल्ली पहुँचा था। उसकी आवाज़ में अजीब डर–का–सा आभास मुझे हुआ। स्वाभाविक रूप से मैंने पूछा–"घर में सभी ठीक हैं न?"

"आंटी कल सुबह मिलने आऊँगा, पर पिन्नी आंटी को अब श्रीनगर में नहीं होना चाहिए। हम हिन्दुओं के लिए लगता है अब श्रीनगर में रहना सुरक्षित नहीं है।" कहकर उसने फ़ोन रख दिया।

सभी को कुछ गड़बड़ होने की आशंका हुई, क्योंकि काफ़ी दिनों से श्रीनगर से परेशान करने वाले समाचार आ रहे थे–हालाँकि टी.वी., समाचार–पत्रों या रेडियो के समाचार में कुछ भी ऐसा नहीं आ रहा था, किन्तु वहाँ से आने वालों से कश्मीर के बिगड़ते हालात के बारे में पता लगता था।

"अभी 3 जनवरी को तो पिन्नी पिताजी की चौबरसी के उपलक्ष्य में यहाँ थी, फिर उसे वापस श्रीनगर जाने की क्या ज़रूरत थी?"

"पर करती भी क्या बेचारी? वीरेन्द्र इतनी सर्दी में इन हालात में अकेले कैसे रहता। वह अपनी फ़ैक्टरी और घर किसके सहारे छोड़ दे। पिन्नी ऐसे में उसे अकेले तो नहीं छोड़ सकती न?"

"दीदी, कश्मीर के बिगड़ते हालात में अच्छा होता यदि वह लोग कुछ दिन के लिए दिल्ली आ जाते या फिर बड़े सूरी साहब के पास जालन्धर चले जाते। वैसे भी माईसोमा बाज़ार और गांऊकदल में तो सबसे जल्द हालात ख़राब हो जाते हैं।" नारायण जी ने कहा।

बार–बार मिलाने पर भी पिन्नी का टेलीफ़ोन हमें नहीं मिला। बस पूर्व रिकॉर्ड किया गया एक ही सन्देश सुनाई देता–इस रूट की सभी लाइनें व्यस्त हैं, कृपया बाद में फ़ोन करें। देर रात को शायद बात हो सके, सोचकर मैंने भी कोशिश छोड़ दी और सब मेहमानों के पास पहुँची।

गुस्से और घबराहट के कारण बहन जी कुछ उत्तेजित स्वर में कह रही थीं–

"तुम्हारे भाईजान हमेशा कहा करते थे कि पण्डित नेहरू ने संयुक्त राष्ट्र में कश्मीर का मामला ले जाकर सबसे बड़ी ग़लती की थी। उस समय हमारी भारतीय फ़ौज तो आगे बढ़ रही थी और कुछ ही समय में पाकिस्तान अधिकृत क्षेत्र को भी जीतने का सामर्थ्य रखती थी। तुम्हारे

भाईजान हमेशा कहते थे कि पण्डित जी अपनी सेना से अधिक भरोसा शेख़ अब्दुल्लाह की बात पर करते रहे।''

''शेख़ अब्दुल्लाह की इसी सलाह के कारण ही प्रति वर्ष हम अरबों रुपया और हज़ारों सैनिकों का ख़ून व्यर्थ बर्बाद करते रहे। उसके बावज़ूद कश्मीर की समस्या दिन–प्रतिदिन अधिक जटिल होती जा रही है। जब महाराजा हरि सिंह ने अन्य राजा–महाराजाओं की तरह भारत में विलय के लिए परिग्रहण के साधन पर 26 अक्टूबर 1947 को दस्तख़त कर दिये थे तो शेख़ अब्दुल्लाह को बीच में लाने की क्या तुक थी?''

''अरे, तुम तो बड़ी छोटी थीं गिन्नी, पर वही शेख़ जो डोगरा राजा–महाराजाओं के राजसी शासन के विरुद्ध नारे लगाता था और लोग सोचते थे कि वह मार्क्सवादी है–स्वयं महाराजा साहब के गुलाब महल को अपना घर बनाने के सपने देख रहा था। बाद में अपने बेटे फ़ारुख़ की उसने हज़ूरीबाग़ में अपने हाथों एक युवराज की तरह ताजपोशी की। क्या इसे ही 'अवामी राज' कहते हैं?''–मेरी ओर देखकर पूरे आवेश में बहन जी बोलीं।

मैं चुप रही क्योंकि जानती थी उनकी बातें पूरी तरह सच हैं। शेख़ ने तो अपने जमाई गुलशाह को भी राजनीति में प्रोत्साहन देकर कश्मीर में पूरा सहयोग दिया जिसके बाद वह भी जम्मू–कश्मीर के मुख्यमन्त्री रहे।

इस गरमा–गरम बहस को ठण्डा करने के इरादे से नारायण जी ने हमारी छोटी बेटी विभा को टेबल पर केक रखने का आदेश देकर सभी मेहमानों को डाइनिंग रूम (खाने के कमरे) में चलने के लिए आमन्त्रित किया।

दूसरी सुबह अपने वादे के मुताबिक़ सुनील सिकन्द हमें मिलने आया। आज उसके चेहरे पर न हमेशा वाली मुस्कान और न उसका हँसी–मज़ाक़ का अन्दाज़ ही दिखाई दिये। सर्दी का मौसम होने के बावजूद आते ही उसने पीने का ठण्डा पानी माँगा। उसके सूखे होंठ

देखकर नारायण जी ने उसे स्नेहपूर्वक गले से लगा लिया। मैं उसके लिए गर्म कॉफ़ी और गत शाम के केक का एक टुकड़ा ले आयी।

वह कह रहा था—

"17 अगस्त 1988 को जब पाकिस्तान के प्रेजिडेंट ज़िया की मृत्यु हवाई—क्रैश में हुई—तभी से कश्मीर के हालात दिन—प्रतिदिन बिगड़ते ही जा रहे हैं। लगभग पिछले एक महीने से तो हालात इतने ख़राब हो गये हैं कि कभी उग्रवादी सम्पूर्ण हड़ताल का आह्वान कर देते हैं और कभी सरकार कर्फ़्यू का ऐलान। प्रतिदिन बम फट रहे हैं और सरकारी इमारतों को जलाया जा रहा है। कहाँ कब गोली चले और कहाँ कब बम—विस्फोट हो कुछ पता नहीं रहता।

"कुछ महीने पहले उग्रवादियों ने घोषणा करके सभी सिनेमा हाल, शराब और वीडियो की दुकानें बन्द करवा दी थीं और फिर ब्यूटी पार्लर और फ़ोटो—स्टूडियो भी। साथ ही उनका आदेश हुआ कि रेडियो कश्मीर और दूरदर्शन में काम करने वाले लोग भी अपनी नौकरियाँ छोड़ दें। सरकारी दूर—संचार बन्द करने के बाद उनका जो दिल चाहे अफ़वाहें उड़ाते रहते हैं।

"कुछ दिन पहले ही अल्लाह टाईगरज़ नामक उग्रवादियों का स्वघोषित एयरमार्शल नूर ख़ाँ सैंटूर और ब्रॉड वे होटलों की बार (मधुशाला) में अपने साथियों के साथ घुसा और सारी बोतलों के साथ ही वहाँ के अन्य सामान को भी नष्ट करने के बाद वहाँ के चौकीदारों को पीटा और धमकी दी कि फिर वह बार कभी न खुलें।

"चुन—चुन कर हिन्दुओं को मारा जा रहा है, अंकल। आपने जज एन.के. गंजू, टिक्कालाल टपलू और पत्रकार पी.एन. भट्ट के विषय में तो सुना ही होगा। तीन ही महीनों में इन तीनों को मार डाला।"

"पर तुम इतनी हड़बड़ी में श्रीनगर क्यों छोड़कर आये हो? क्या तुम्हें भी किसी ने चेतावनी दी है?" मैंने चिन्तित होकर पूछा।

"वह लोग वहाँ निज़ाम—ए—मुस्तफ़ा यानि इस्लाम का राज्य चाहते हैं। रोज़ खुलेआम मस्जिदों से लाउड—स्पीकर पर अज़ान के बाद ऐलान किया जाता है।"

नारा–ए–तकबीर, अल्लाह–हू–अकबर
हम क्या चाहते आज़ादी
या
"ऐ जालिमो, ऐ काफ़िरों, कश्मीर हमारा छोड़ दो।"
अब तो कुछ दिनों से कश्मीरी में कहने लगे हैं–
"अस्सी गस्सी पनुन पाकिस्तान
बटव रुस्तव, बटनिन सान।"
नारायण जी के लिए मैंने इसका अनुवाद हिन्दी में कर दिया–
"हमें तो हमारा पाकिस्तान चाहिए
पण्डितो अपनी औरतें यहाँ छोड़कर तुम चले जाओ।"

यह सुनकर नारायण जी हैरानगी में बस यही कह पाये–"यह तो बड़ी शर्म की बात है।"

"सिर्फ़ यही नहीं अंकल, उन्होंने मस्जिदों से ऐलान करने के बाद अब श्रीनगर के कुछ पुराने मोहल्लों में रह रहे हिन्दुओं के दरवाज़ों पर भी यही नारे छपवाकर लगवा दिये हैं। पिन्नी आंटी के घर और फ़ैक्टरी के गेट पर भी ऐसे ही पोस्टर लगा दिये हैं–आपको उन्होंने नहीं बताया?"

सुनील तो कुछ देर बाद चला गया परन्तु हम सब को पिन्नी के परिवार की बहुत चिन्ता होने लगी। सुनील ने यह भी बताया था कि ख़ासतौर पर कल तो हिन्दुओं ने प्रचुर मात्रा में वादी से पलायन किया है–जिसे जो भी परिवहन साधन मिला उसी से कश्मीर घाटी छोड़कर जम्मू का या फिर कुछ ने हवाई जहाज़ से दिल्ली की ओर रुख़ किया। ऐसे वातावरण में जबकि श्रीनगर में मात्र 5 प्रतिशत से भी कम (हिन्दुओं की संख्या केवल 5 प्रतिशत से भी कम थी) हिन्दू रहते थे, वह और कर भी क्या सकते थे।

शीघ्र ही समाचार मिले कि गावकदल में (जो कि पिन्नी के मन्दिर बाग़ के घर के रास्ते में स्थित है) 21 जनवरी को क़रीब पच्चीस से भी अधिक व्यक्ति पुलिस क्रॉस–फ़ायरिंग में मारे गये। पथराव करते हुए

आन्दोलनकारियों की मौत से तो हालात और बिगड़ने की आशंका हम सब को चिन्तित करने लगी।

भरसक प्रयत्न करने के बाद पिन्नी से फ़ोन पर बात तो हुई, परन्तु ऐसे लगा जैसे कि वह खुलकर बात नहीं कर पा रही। मन में आशंका होने लगी–क्या उसके पास कोई अजनबी बैठा हुआ था या फिर क्या फ़ोन पर किये गये वार्तालाप को कोई तीसरा बीच में सुन रहा था। मन और भी चिन्ता से व्याकुल हो उठा।

गणतन्त्र दिवस की पूर्व सन्ध्या को छानपोरा बस स्टॉप पर प्रतीक्षा कर रहे चार निहत्थे वायुसेना के कर्मचारियों की गोली मारकर निर्मम हत्या होने का समाचार मिला। सुनकर सभी का ख़ून खौलने लगा–अब उनकी इतनी हिम्मत? उग्रवादियों के बढ़ते हौसले को देखकर चिन्ता बढ़ गयी–क्या ऐसे में गावकदल और मन्दिरबाग़ जैसी जगह पर पिन्नी और उसका परिवार सुरक्षित हो सकते हैं?

12 फ़रवरी 1990 के दिन एक कश्मीरी पण्डित युवक–तेजकृष्ण राजदान अपने ही दफ़्तर के मुसलमान साथी के साथ हमेशा की तरह लाल चौक से एक मिनी वैन में सवार हुआ। जब वह वैन गावकदल पर सवारियाँ लेने रुकी, उस साथी ने पिस्टल निकालकर तेजकृष्ण के सीने में दनादन गोलियाँ दाग दीं। तत्काल घायल और दम तोड़ते तेजकृष्ण को बाहर घसीट कर अन्य लोगों के सार्वजनिक प्रदर्शन के लिए मस्जिद में रखा गया–मानो किसी शिकार की ट्रॉफी का प्रदर्शन किया जा रहा हो।

उसी दिन मीमी ने फ़ोन पर बताया कि मेरी सहेली रोमिला का घर भी श्रीनगर में उग्रवादियों ने जला दिया है। यह सब सुनकर पहले तो विश्वास नहीं हो रहा था–आख़िर यह क्या हो रहा है? पाँच–छह दिन पहले ही सुनने में आया था कि लाल चौक, अमीराकदल में कुछ बम–विस्फोट हुए और कई हिन्दुओं की बड़ी–बड़ी मशहूर दुकानें जलकर राख हो गयीं। उनमें थीं मेरी घनिष्ठ सखी शामा के परिवार की सेठी ब्रदर्स, वर्षा के भाई की 'कपूर क्लॉथ हाउस', पण्डित विद्लाल

की चाँदी की दुकान और विख्यात मेहरा संस। साथ ही दो निर्दोष युवक भी क्रॉस–फ़ायरिंग में मारे गये–एक था पुरी साहब का बेटा और दूसरा डॉक्टर मुहम्मद यूसुफ़ का इकलौता बेटा। दोनों परिवारों को हम जानते थे–मन अत्यन्त क्षुब्ध हुआ। मेरा मन मानना ही नहीं चाहता था कि मेरे बचपन के ऐसे कश्मीर में जहाँ किसी को नकसीर (नाक से ख़ून) आने पर लोग देखकर घबरा जाते थे–उसी कश्मीर में आज यूँ रक्तपात हो रहा है।

27 मार्च 1990 की शाम को दीदी ने फ़ोन पर राजभगत के इकलौते पुत्र प्रणीत साहनी के उग्रवादियों की गोली का शिकार होने का दुःखद समाचार दिया। उन्होंने बताया कि नवाकदल स्थित उनकी आटे की 'कृष्णा फ्लोर मिल्स' में ही उसे कोई अज्ञात आतंकवादी गोली मार गया था।

श्रीनगर में पंजाबी समुदाय के लोग बहुत कम संख्या में रह गये थे और प्रायः वह सभी एक–दूसरे से भली प्रकार परिचित थे। उनमें से सभी इस दुर्घटना से हिल से गये थे। काफ़ी लोग तो उन दिनों दिल्ली में ही हालात की नज़ाकत को भाँपने के आश्चर्य से रह रहे थे। इस दुःखद समाचार से सभी को बड़ा धक्का लगा।

कुछ लोग राज साहनी के 'फ्रैंड्स कॉलोनी' के घर में अपनी सहानुभूति प्रकट करने पहुँचे। चारों ओर सन्नाटा–सा छाया हुआ था। प्रणीत की माँ से उनके इकलौते पुत्र के निधन का समाचार अभी छुपाकर रखा गया था और उन्हें केवल बताया गया था कि बेटे को 'क्रॉस फ़ायरिंग' में गोली लगी है और इलाज के लिए उसे दिल्ली लाया जा रहा है। बीच–बीच में वह अपनी नव–विवाहिता पुत्र–वधू को रोने से मना कर रही थीं।

उनतीस वर्ष के प्रणीत का निष्प्राण शव जब घर पहुँचा तो चारों ओर कोलाहल मच गया। उसके पार्थिव शरीर को उसी के बड़े शौक़ से उगाये गये, रंग–बिरंगे ताज़े फूल पूरी तरह से ढँक रहे थे। कश्मीर की सबसे प्राचीन आटा मिल के मालिक राज साहनी ख़ूब रईस होने के अलावा कश्मीर की एक जानी–पहचानी हस्ती थे। 'शेरे–कश्मीर

ट्रस्ट' के कोषाध्यक्ष होने के साथ ही कुछ साल से 'गुपकार रोड' पर डॉक्टर फ़ारुख़ अब्दुल्लाह के पड़ोसी होने के नाते अपने को सुरक्षित महसूस करते थे। गत वर्ष 16 जून 1989 को जब प्रणीत के जन्मदिन के उपलक्ष्य में उन्होंने अपने कई मित्रों को 'डूंगा पार्टी' में, वाज़वान का इन्तज़ाम कर, निमन्त्रित किया था, तब फ़ारुख़ अब्दुल्लाह उर्दू ग़ज़लें गाकर महफ़िल जमा रहे थे।

आज सभी दोस्तों के मन में एक ही सवाल गूँज रहा था–यदि राज साहनी का भविष्य कश्मीर में सुरक्षित नहीं तो फिर हम लोग किस खेत की मूली हैं? तब तक सभी पंजाबी हिन्दू इस ग़लतफ़हमी में जी रहे थे कि कश्मीरी मुसलमानों को उनसे कोई परेशानी नहीं होगी क्योंकि उन्हें सरकारी या बैंकों एवं कॉर्पोनेशन की नौकरियों की आवश्यकता तो थी नहीं और न ही किसी प्रकार की किसी छात्रवृत्ति या आरक्षण की। पंजाबी वर्ग के लोग सुखी और सम्पन्न होने के साथ ही सभी से खुले दिल से मिलते–जुलते थे। प्रणीत के दुखद अन्त को देखकर अब सभी को लगने लगा कि वह भी कश्मीर में सुरक्षित नहीं रहेंगे। उन्हें पहली बार ऐसी आशंका होने लगी कि शायद वह भी कभी अपने घरों को न लौट पायें।

दूसरे दिन दिल्ली के लोधी रोड श्मशान घाट पर श्रीनगर के सभी जाने–माने लोगों की भीड़ उमड़ रही थी–सभी चुपचाप जैसे काटो तो ख़ून नहीं। कोई भी किसी प्रकार की टिप्पणी करने से हिचकिचा रहा था–कौन जाने कब उसकी कही हुई बात कश्मीर पहुँच जाये और वही आतंकवदियों का अगला निशाना बन जाये।

प्रेस या संचार मीडिया से कोई भी इस 'सनसनीखेज़ समाचार' के विषय में रिपोर्ट करने नहीं आया और न ही किसी ने इस नृशंस दुष्कर्म की आलोचना की। हमारी एक पत्रकार सहेली ने न्यूज़ट्रैक के ऑफ़िस में उन्हें किसी संवाददाता को भेजने के लिए कहा भी पर कोई भी नहीं आया। सम्भवतः उन पत्रकारों की भी कोई मजबूरी होगी या फिर उनकी कश्मीर में हो रहे हिन्दुओं पर अत्याचार के प्रति उदासीनता।

31 मार्च 1990 को प्रणीत साहनी का 'उठाला' था। वहाँ सभी हमसे पिन्नी और उसके परिवार के बारे में पूछ रहे थे। उन्हें आश्चर्य हो रहा था कि वह लोग अभी तक श्रीनगर में ही रह रहे हैं। कुछ ने तो इतना भी कह डाला कि वहाँ रहने पर जान का ख़तरा है, उस पर भी यह बात कोई खुलकर नहीं करना चाहता था कि किस कारण उन्हें अपने ही देश में अपना घर–बार छोड़कर निकल आना चाहिए या फिर ख़तरा किससे हो सकता है। अब तक तो शहर के अन्दरूनी इलाक़ों में या फिर छानपोरा और ईदगाह के पास ही जुलूस, हड़ताल और बम–विस्फोट प्रायः होने के समाचार मिलते थे।

राजबाग़, वज़ीरबाग़, जवाहर नगर, गोगजीबाग़ जैसे बाहरी पॉश इलाक़ों में, जहाँ मुसलमानों के साथ काफ़ी संख्या में हिन्दू और सिख भी रहते थे, कभी कोई बम–विस्फोट या मार–काट की अप्रिय घटना नहीं हुई थी। उग्रवादियों की पॉलिसी–

Kill one and frighten one thousand

एक को मारकर हज़ारों को डराना–ने अपना भरपूर असर दिखाया और इन इलाक़ों में रहने वाले जो लोग वहाँ उपस्थित थे, वह ख़ूब चिन्तित लग रहे थे–कौन जाने कब किसी की बारी आ जाये। सब अब समझ रहे थे कि कश्मीरी पण्डितों के बाद अब बाक़ी के सभी हिन्दुओं की बारी है–चाहे वह डोगरा हों या पंजाबी।

× × ×

हम उदास मन से घर पहुँचकर भी दिन के दुःखद वातावरण की चर्चा कर रहे थे, जबकि घर की घण्टी बजी और देखा वन्दना अपने तीन महीने के बेटे को गोद में लिए अपना सूटकेस लिए दरवाज़े पर खड़ी थी। शाम की श्रीनगर से आने वाली फ्लाइट से वह श्रीनगर से पहुँची थी। नाराज़गी दिखाते हुए नारायण जी ने उसे कहा–

"अरे तुमने बताया क्यों नहीं–हम तुम्हें लेने एयरपोर्ट पहुँचते। छोटे बच्चे के साथ ऐसे आता है कोई क्या?"

"आजकल अपने प्रोग्राम को फ़ोन पर बताना ठीक नहीं हैं–क्या पता कब कौन आपकी बात सुन रहा हो?" वन्दना ने सफ़ाई देते हुए कहा।

नन्हे केशव और वन्दना के आने से घर में रौनक हो गयी और हमने उससे प्रणीत साहनी के बारे में भी बात करना ठीक नहीं समझा।

परन्तु जब केशव सो गया और हम सब रात का खाना खा रहे थे, तभी कश्मीर के बिगड़े हालात पर चर्चा शुरू हो गयी।

"क्या यह सच है कि कश्मीर से 19 और 20 जनवरी को जो हिन्दुओं का भारी मात्रा में पलायन हुआ है, वह गवर्नर जगमोहन के कारण हुआ?" मैंने पूछा।

"मासी, यह सब इन लोगों के द्वारा फैलाई गयी अफ़वाहें हैं। एकदम झूठा प्रोपेगेंडा जगमोहन को बदनाम करने हेतु।"

"नारा–ए–तकवीर–अल्लाह–हू–अकबर" हम... का बाग़ी ऐलान (युद्ध घोष) तो पहले से ही घाटी में गूँज रहा था–चाहे वह प्रत्येक मस्जिद का लाउड–स्पीकर हो या फिर हर छोटा–बड़ा जुलूस, पूरे रात–दिन यही आवाज़ सब ओर गूँज रही थी।

"बेनज़ीर भुट्टो के पहले से रिकॉर्ड किये हुए सन्देश जेहादी बातों से परिपूर्ण थे–कश्मीरियों की रगों में ग़ाज़ियों और मुजाहिद्दीन का ख़ून है। हम जल्द ही इंशालाह डल पर क़हवा पियेंगे।"

अब तो और भी भयानक नारे सभी ओर और मस्जिदों के लाउड–स्पीकरों से दिन–रात सुनाई दे रहे थे–

"अस्वी गसव पनुन पाकिस्तान
बट्व रुस्तव–बटनिन सान।"

इसके बाद तो कोई भी हिन्दू सो नहीं पाया–लगता था–

"अभी कोई बड़ा हमला होगा।
हम क्या चाहते–आज़ादी।"

जगमोहन के कारण हिन्दुओं का घाटी से भारी मात्रा में पलायन हुआ–ऐसी झूठी अफ़वाहों के विपरीत जगमोहन ने तो 7 मार्च 1990 को घोषणा कर दी थी कि जो हिन्दू परिवार भयभीत होकर घाटी

छोड़ रहे हैं, उन्हें नहीं जाना चाहिए। उनकी सुरक्षा के लिए वादी में ही सुरक्षित रिलीफ़ कैम्प बना दिये जायेंगे। इस कार्य के लिए एक रिलीफ़ कमिश्नर भी नियुक्त कर दिया गया था, पर लोग पूर्ण रूप से अल्पसंख्या में होने के कारण व यह सभी नारे सुनकर कोई ख़तरा मोल नहीं लेना चाहते थे।

"किन्तु पिन्नी और वीरेन्द्र जी को देहली या जालन्धर कुछ दिन आने में क्या आपत्ति है? जब हालात सामान्य हो जायेंगे वह भी लौट जायें।" नारायण जी ने चिन्तित होकर कहा।

"अरे मौसा जी आप तो पापा को भली–भाँति जानते हैं। उन्हें अपने सभी दोस्तों और पड़ोसियों पर पूर्ण विश्वास है। उसी मोहल्ले में उनका सारा जीवन गुज़रा है और सभी पड़ोसियों के वह सुख–दुख में साथी रहे हैं। बाक़ी पंजाबी हिन्दू तो ठीक से कश्मीरी में बात भी नहीं कर पाते पर आप तो जानते हैं वह कितनी अच्छी कश्मीरी बोलते हैं। वह कभी भी किसी की मदद करने से पीछे नहीं हटे। जब कभी हम घबराते हैं, वह हमें मक़बूल शेरवानी का क़िस्सा सुनाते हैं। उसने 1947 की अक्टूबर में कबायलियों को गुमराह करके बारामुला से हिन्दुओं एवं सिखों को निकलने का मौक़ा दिया था और इसी नाराज़गी के कारण क़बायलियों ने बीच बाज़ार में उन्हें सूली पर चढ़ा दिया था। 'हिन्दू–मुस्लिम, सिख इतिहाद' उन्हीं का दिया हुआ नारा है।"

बात यहीं ख़त्म करके हम सब अपने–अपने कमरों में सोने चले गये।

मार्च 1990 के उपरान्त घाटी में हिन्दुओं को मारने की घटनाएँ और बढ़ गयीं। बैसाखी के दूसरे ही दिन 14 अप्रैल के 'आफ़ताब', 'फ़लसफ़ा' जैसे स्थानीय समाचार–पत्रों में आतंकवादियों द्वारा नोटिस भी छपवा दिये गये कि वहाँ के हिन्दू अगले 48 घण्टों में कश्मीर छोड़कर चले जायें।

एक ओर तो स्थानीय लोग जगमोहन पर हिन्दुओं के पलायन की ज़िम्मेवारी ठहराने की झूठी तोहमतें लगा रहे थे और दूसरी ओर हिन्दुओं को भयभीत करने के लिए पूरे उन्माद में 'जिहाद' के

नारे लगा रहे थे और साथ–ही–साथ पण्डितों को पण्डितानियों को छोड़कर भाग जाने की शर्मनाक धमकियाँ। केवल कुछ ही आतंकवादी नहीं बल्कि सड़कों और गलियों पर भारी मात्रा में युवक हिन्दुओं की बेइज़्ज़ती करते, उन पर फ़ब्तियाँ कसते और हँसते। यह 'फ़तवा' तो पहले ही जारी हो चुका था कि हिन्दू औरतें और लड़कियाँ माथे पर बिन्दी लगायें–इससे उनकी पहचान और भी आसान हो चुकी थी। हिटलर के नाज़ी जर्मनी में भी यहूदियों को इसी प्रकार अलग–थलग कर दिया गया था। क्या यहाँ भी वैसा ही नरसंहार होने वाला था?

मोहल्लों में रहने वाले हिन्दुओं और दुकानदारों की सूची तैयार हो चुकी थी–उन पर कड़ी नज़र रखी जाती और उन सूचियों की प्रतिलिपियाँ स्थानीय मस्जिदों में भी रखी जाती थीं। तत्पश्चात शीघ्र ही सुनने में आया कि पुराने शहर के प्रसिद्ध व्यापारिक क्षेत्र महाराजगंज में एक मल्होत्रा युवक को अगुवा कर लिया गया है। कुछ दिन बाद उसका विकृत शरीर एक बोरी में उन्हीं के घर के बाहर पड़ा पाया गया। उसके क्षत–विक्षत शरीर से लग रहा था उसे ख़ूब प्रताड़ित किया गया होगा। उसकी जीभ काटकर अलग एक कार्ड लगा दिया गया था जिस पर लिखा था 'इन्फॉरमर' (मुख़बिर)।

उस बदनसीब युवक के पिता को 1931 के दिन याद आ गये। वह उन दिनों अभी स्कूल का विद्यार्थी था जब मुस्मिल लीग के लोगों ने यहीं पर हिन्दुओं के घर और दुकानें लूट लिए थे। किन्तु उनके जाने के बाद उनके मुसलमान पड़ोसी उनके लिए खाना और बिस्तर लेकर आये थे। उसी खुशफ़हमी और आशा से उसने पड़ोसियों की मदद की माँग की। पर अफ़सोस उससे न किसी ने कोई बात की न कोई मदद। लोगों ने अपने घरों के दरवाज़े–खिड़कियाँ बन्द कर लिए और किसी–किसी खिड़की के परदे के पीछे से तमाशा देखते रहे।

अभागे पिता ने अपने ही घर का मुख्य द्वार कुल्हाड़ी से काट कर बेटे के लिए अर्थी बना दी। बी.एस.एफ. की मदद से उनकी गाड़ी में बेटे को श्मशान–भूमि में तिलांजलि देकर हमेशा के लिए महाराजगंज और श्रीनगर छोड़ दिया।

ऐसे समाचार किसी भी समाचार–पत्र में नहीं छपते थे। हमें तो यह सब हमारे श्रीनगर के पुराने पड़ोसी सेठी–परिवार से ज्ञात हुआ। मल्होत्रा परिवार और सेठी परिवार नज़दीकी रिश्तेदार थे। वह लोग जम्मू मल्होत्रा परिवार के दुःख में सम्मिलित होने गये थे–वहीं से आकर उनसे सब समाचार विस्तार से मिले, वह लोग भी बार–बार यही कह रहे थे कि हिन्दुओं के लिए अब श्रीनगर सुरक्षित नहीं रहा और वीरेन्द्र व पिन्नी को यहाँ आ जाना चाहिए।

जून 1990 तक घाटी के हालात और बिगड़ गये। अब तक प्रचुर मात्रा में हिन्दुओं का घाटी से पलायन हो चुका था। स्कूल–कॉलेज तो बन्द थे ही पर जो कुछ हिन्दू अफ़सर या अन्य सरकारी कर्मचारी श्रीनगर रह रहे थे उन्हें एक ही जगह सी.आर.पी.एफ. की सुरक्षा में रखा गया था। सरकारी कर्मचारियों की तनख़्वाह भी सभी को ठीक समय पर नहीं मिल रही थी। ऐसे में एक स्कूल की अध्यापिका गिरिजा तिकू को कहा गया कि बांडीपुर जाकर अपने स्कूल से तनख़्वाह ले ले। वह तब तक जम्मू रह रही थी–बुलावा आते ही जब घाटी स्थित बांडीपुर पहुँची वह लापता हो गयी। कुछ दिनों के उपरान्त उसका मृत शरीर सड़क के किनारे दो टुकड़ों में पड़ा हुआ पाया गया। ज्ञात हुआ कि लकड़ी के आरे पर उसके शरीर को काटकर दो टुकड़े करने से पूर्व उससे बलात्कार हो चुका था। समाचार तो यह भी कहीं नहीं छपा पर कश्मीरी हिन्दू अल्पसंख्यक होने के साथ आपस में घनिष्ठतापूर्वक जुड़े हुए थे। किसी–न–किसी से समाचार सुनने को मिल जाते।

सबसे बड़ी होने के नाते बहन जी को हम सभी छोटी बहनों की कुशलता का विशेष ध्यान रहता। परिवार के सभी लोग किसी के जन्मदिन पर बहन जी के घर एकत्रित थे। कुछ ख़ीझते हुए वह बोलीं–

पता नहीं पिन्नी और वीरेन्द्र को क्या हो गया है। किसी की बात सुनते ही नहीं। वह भी बाक़ी हिन्दुओं की तरह श्रीनगर से प्रस्थान क्यों नहीं कर जाते? मेरा वसन्त कुंज वाला फ़्लैट ख़ाली पड़ा है–मैंने तो उन्हें कहा है यदि किसी के घर नहीं रहना चाहते तो जब तक जी चाहे वहीं रह लो।

तभी मीमी ने बताया–"जब से वन्दना का पति विदेश नौकरी पर गया है, वह भी अपने बेटे को लेकर श्रीनगर चली गयी है। राजू तो मैरीन इंजीनियरिंग के बाद आजकल समुद्री–यात्रा पर है और संजय पढ़ने के लिए आजकल जम्मू है–फिर ऐसे में वन्दना का बच्चा लेकर श्रीनगर जाना कुछ समझ नहीं आता। कहती है गर्मी बहुत है।"

"गर्मी में तो पिन्नी के बेचारे सास–ससुर भी कभी जालन्धर नहीं रहे, पर इस वृद्धावस्था में गर्मी सह रहे हैं न?" दीदी ने कहा।

तभी नारायण जी ने सभी को शान्त करते हुए कहा–"वैसे तो वीरेन्द्र जी और पिन्नी भी यहाँ आ जाते तो अच्छा था, पर वहाँ के असली हालात तो उन्हें ही पता होंगे।"

"जो हिन्दू इन हालात में घाटी छोड़कर निकले भी हैं, उन्हें वहाँ के लोग सेंट्रल गवर्नमेंट के एजेंट या मुख़बिर कह कर पुकारते हैं। पर पीछे रहने वाले हिन्दू भी वहाँ कितने सुरक्षित हैं–भगवान ही जाने।"

× × ×

पहली अगस्त 1990 की दुर्भाग्यपूर्ण सुबह को 'फिरन' पहने दो युवक सूरी–निवास में प्रातः आठ बजे घुसे और द्वार की घण्टी बजाई।

पहले युवक ने पिन्नी से पूछा, "वीरेन्द्र सूरी कहाँ हैं?"

"वह नहा रहे हैं। बाद में आपसे मिल लेंगे" कहकर वह अभी किवाड़ बन्द करना ही चाहती थी कि भीतर से वीरेन्द्र जी बाहर निकले और पूछा–"क्या चाहिए बेटा?"

"कुछ टेबल–टेनिस बॉल" दूसरा लड़का बोला। जब वीरेन्द्र जी ने बताया कि अभी तो काफ़ी बॉल पड़े हुए हैं उसने आग्रह किया कि उनके साथ फ़ैक्टरी जाकर स्वयं देख लें।

घर के फाटक तक जब तीनों पहुँचे, एक लड़के ने अकस्मात् वीरेन्द्र जी के कन्धे पर हाथ रखा और 'फिरन' में से पिस्टल निकालकर दनादन आधी दर्जन गोलियाँ उनके सीने में दाग दीं। तत्पश्चात दोनों ऐसे बाहर निकल गये जैसे कुछ हुआ ही न हो।

पति को एकाएक गिरते देख और गोलियों की आवाज़ सुनकर पिन्नी को असलियत का अनुभव हुआ। नंगे पैर ही वह उन लड़कों के पीछे चिल्लाती हुई दौड़ी।

"पकड़ो, पकड़ो इन्हें गोली मार गये, वीर जी को गोली मार गये।"

किन्तु हमलावर कब किस गली में किसके घर लुप्त हो गये पता ही नहीं चला। उसके चीत्कार और मदद की गुहार का किसी पर कोई असर नहीं हुआ। हतप्रभ होकर वह वापस अपने घर के फाटक पर लौटी–निष्प्राण वीरेन्द्र जी के सिर को गोद में लिए वन्दना भूमि पर बैठी रो–रोकर "पापा, पापा प्लीज़ पापा आँखें खोलो" चिल्ला रही थी। उसके कपड़े ख़ून से लथपथ हो रहे थे।

गोलियों के भीषण नाद और पिन्नी व वन्दना के चीत्कार की ध्वनि से चिनार पर रहने वाले कौवे भी अति डरावने स्वर से काँय–काँय करते आकाश में चक्कर लगाने लगे। नीचे अंगूर की बेल पर बसी हुई बुलबुल भी डर के मारे पड़ोसी गौरैया को बुलाती रही। फिर भी अगल–बगल के घरों की खिड़कियाँ बन्द रहीं। किसी–किसी आधी खुली खिड़की के पीछे से परदों की ओट में कोई–कोई छिपकर यह दृश्य देख रहा था। परन्तु मोहल्ले में से बाहर आकर किसी ने भी न तो उनकी कोई मदद की और न ही कोई संवेदना प्रकट की।

पूर्ण रूप से स्तब्ध, पिन्नी एवं वन्दना को आस–पास की घटनाएँ एक सपना–सा लगीं। कब पुलिस पहुँची, कैसे वीरेन्द्र जी के मित्र सतनाम सिंह, जो स्थानीय वरिष्ठ पुलिस सुपरिटेंडेंट थे स्थानीय अस्पताल में पोस्टमार्टम करवा कर वहाँ उनका पार्थिव शरीर लेकर पहुँचे,–कुछ समझ नहीं आ रहा था।

सतनाम सिंह ने वन्दना से रिश्तेदारों के कुछ टेलीफ़ोन नम्बर लेकर बहन जी एवं वीरेन्द्र जी के जीजा कैप्टन आनन्द को फ़ोन पर सूचना दी। साथ ही उन्हें परामर्श दिया कि पार्थिव शरीर को दिल्ली ले जाकर वहीं अन्तिम संस्कार किया जाये तो बेहतर रहेगा।

पिन्नी तो बेसुध एक पुतली की तरह जैसे उसे बिठाया जाता या खड़ा किया जाता वैसे ही उठती–बैठती रही। उसे अपना दुपट्टा ओढ़ने

या चप्पल पहनने की भी सुध नहीं थी। वन्दना को इस बात का बोध हुआ कि इस कठिन समय में उसे ही अपना दिल पक्का करके माँ का सहारा बनना है। उसने तुरन्त अपने छोटे–से बेटे को माँ की गोद में देकर जल्दी–जल्दी उनकी अलमारी से कुछ आवश्यक काग़ज़ात, बैंक खातों की पास बुक एवं चेक–बुक और सभी परिवार के सदस्यों की स्नातक होने की डिग्रियाँ निकालकर साथ ले लीं।

कैप्टन रणवीर आनन्द इंडियन एयर लाइंस के वरिष्ठ कप्तान थे। उन्होंने हवाई टिकटों इत्यादि का प्रबन्ध कर दिया था। पुलिस के संरक्षण में सभी को पुलिस वैन द्वारा हवाई अड्डे ले जाने की तैयारी हो चुकी थी।

घर के फाटक पर पिन्नी ने एक बार मुड़ कर अपने घर–द्वार को पथराई आँखों से देखा। उस घर में 27 वर्ष पूर्व वह वीरेन्द्र जी की दुल्हन बनकर आयी थी और तभी से यहीं उसका स्वर्ग था। गालों पर अकस्मात आँसू टपक पड़े और जाते–जाते अपने नष्ट–नीड़ को उदासी से देखकर उसने पड़ोस के घरों की ओर देखा। कुछ पड़ोसी अब ज़्यादा निडर होकर आधी खुली खिड़कियों से झाँक कर देख रहे थे–कैसे वह अपने ही घर से ख़ाली हाथ निष्कासित होकर जा रही थी परन्तु किसी ने भी आगे बढ़कर उससे एक बात भी नहीं की। 27 वर्ष पहले यही औरतें नवविवाहित पिन्नी का चेहरा चूम–चूमकर 'कश्मीरी लालस नौश' कह–कहकर उसकी झोली में बादाम, मिश्री और छुआरे डालकर उसकी बलैया लेते हुए उसे सदा–सुहागिन रहने की दुआएँ दे रही थीं। आज वह सभी मूक दर्शक बनकर कैसे रह गयीं?

वन्दना ने घर के फाटक पर बड़ा–सा ताला तो लगा दिया किन्तु मन में पूर्ण विश्वास नहीं था कि घर पर कोई और 'क़ब्ज़ा' न कर लेगा। तत्पश्चात माँ–बेटी कुछ भी कहे बिना आहत हृदय और भारी क़दमों से बाहर खड़ी पुलिस वैन में सवार होकर श्रीनगर एयरपोर्ट से दिल्ली रवाना हुईं। बार–बार हवाई यात्रा करने के बावजूद वन्दना को लग रहा था कि हवाई जहाज़ चल ही नहीं रहा और मानो मात्र दो

घण्टे की यात्रा लम्बी ही खिंचती जा रही हो। पिन्नी सामने पायलट (चालक) केबिन और अपने अन्धकारमयी भविष्य को पथराई आँखों से देख रही थी।

हमारे और वीरेन्द्र जी के परिवार के सभी सदस्यों से दिल्ली डोमेस्टिक एयरपोर्ट खचाखच भरा हुआ था। आते ही अर्थी ने ग्रेटर कैलाश, पार्ट–2 का रुख़ किया और उसके पीछे सभी रोते–बिलखते सगे–सम्बन्धियों ने। पिन्नी के सास–ससुर जालन्धर से वहीं पहुँच चुके थे। अपने मृतक बेटे का पार्थिव शरीर देखकर बिलखते और साथ ही पिन्नी को हौसला देते हुए वृद्ध दम्पति को देखकर अच्छे–अच्छों की आँखें भर आयीं। चारों ओर कोहराम मच गया।

श्री कश्मीरी लाल सूरी ने समस्त जीवन कश्मीर में ही व्यतीत किया था। श्रीनगर के हब्बाकदल के पास मन्दिरबाग़ में ही उनका पुश्तैनी घर था और समीप में ही थी उनकी फ़ैक्टरी। द्वितीय महायुद्ध के दौरान इसी फ़ैक्टरी में उन्होंने लकड़ी के बैटरी–सेपरेटर्स बनाकर ब्रिटिश आर्मी को बेचकर ख़ूब पैसा भी कमाया था। सारे कश्मीर में उनके हुनर और विशेषज्ञता के चरचे थे।

अपने पुश्तैनी घर के समीप ही जब उन्होंने नयी शानदार कोठी बनायी थी, उस समय उनके कुछ दोस्तों ने कहा था–

"यार इतनी बड़ी नयी कोठी यहाँ क्यों बना रहे हो? यहाँ के बदले राजबाग़ या गोगजीबाग़ में हमारे पड़ोस में क्यों नहीं बनाते?"

तब उन्होंने कहा था–"मेरा बचपन यहाँ गुज़रा है, बाक़ी परिवार यहाँ रहता है और दो क़दम दूर फ़ैक्टरी है। इससे बढ़कर कौन–सी जगह होगी? यहीं तो मेरी जड़ें हैं।"

परन्तु उनका यह हाल देखकर तो लग रहा था कि किसी विशालकाय चिनार को एक ही झटके में किसी आँधी ने जीर्ण–शीर्ण करके धरती पर पटक दिया हो।

× × ×

ग्रेटर कैलाश के आनन्द साहिब के घर के फ़ोन की घण्टी बार–बार बजती जा रही थी। जिस किसी को भी पता लगता, वही हैरान होता

कि वीरेन्द्र जैसे सर्वप्रिय व्यक्ति को कैसे कोई पड़ोसी गोली मार सकता है। क्या मुस्लिम बहुसंख्यक शहर में उसका हिन्दू होना ही उसका दोष था? कुछ लोग गुस्से में सरकार की ढील की निन्दा कर रहे थे। वहीं कुछ लोग खिन्न मन से यही दोहराये जा रहे थे–

"हमने तो उसे कितनी बार कहा था कि इन हालात में श्रीनगर रहना सुरक्षित नहीं है। इन लोगों का कुछ भरोसा नहीं।"

उस पर बहन जी ने उन्हें शान्त करते हुए कहा–"भई अपने ही देश में अपने घर में रहना क्या अजीब बात है?" 'वीरे' को तो अपने पंजाब में रहने वाले रिश्तेदारों से जो कभी–कभार ही मिलते थे, अधिक लगाव अपने दोस्तों और पड़ोसियों से था। कश्मीर में 'हमसाया' होने की बड़ी अहमियत है। हमसाया का अर्थ है कि दुःख–सुख का साया (प्रभाव) पड़ोसियों पर एक समान होता है। उसके तो अनगिनत दोस्त थे।

मुझे वह दिन याद आ गया जब पिन्नी और वीरेन्द्र जी विवाह के कुछ दिन बाद श्रीनगर में रेज़िडेंसी रोड स्थित 'कॉफ़ी हाउस' ले गये थे। उन दिनों महिलाएँ केवल वहाँ के बड़े बरामदे में रखी टेबल–कुर्सियों पर ही बैठा करती थीं। भीतर का बड़ा हाल सिगरेट के धुएँ से भरा रहता था और वहाँ केवल पुरुष ही बैठते थे। यहाँ दोपहर में ख़ूब भीड़ हुआ करती थी और काफ़ी मात्रा में सरकारी कर्मचारी भी 'लंच ब्रेक' में प्रायः यहाँ आते थे। उस दिन हाल खचाखच भरा हुआ था।

हम जैसे ही बरामदे की एक टेबल पर आकर बैठे तभी वहाँ के दो 'वेटर' झटपट वीरेन्द्र जी के पास ऑर्डर लेने पहुँचे और बड़े सलीके से उन्हें विवाह की बधाई दी। पिन्नी और मुझे भी झुककर 'आदाबर्ज़' कहा। शीघ्र ही हाल में बैठे लोगों की गर्दनें भी हम लोगों की ओर मुड़ गयीं। तब वीरेन्द्र जी ने कहा–

"जब तक कॉफ़ी और डोसा आता है, मैं अन्दर हो आऊँ।"

उनके हाल में पहुँचते ही वह भीड़ में गुम हो गये। चारों ओर से लोग उन्हें मिलने आ रहे थे–कई लोग अपनी कुर्सियों पर बैठे ही उन्हें

सम्बोधित कर रहे थे–तब मुझे उनका सर्वप्रिय होने का पहली बार अहसास हुआ था।

मुझे आज याद हो आया कि उसी प्यार व सान्निध्य के कारण 1983 के अगस्त माह में उसी कॉफ़ी हाउस के एक वेटर ने उनसे झूठ कहकर उन्हें घर जल्दी भेज दिया था। बाद में पता लगा कि कुछ देर बाद उसी के पास रेज़िडेंसी रोड पर बम–विस्फोट हुआ था।

आज क्यों किसी शुभचिन्तक या पड़ोसी ने वीरेन्द्र जी को आगाह नहीं किया कि उन्हें यहाँ से चले ज़ाना चाहिए–उनके प्राण जा सकते हैं। पिछले सात साल में इतना बदलाव आ गया क्या? उन्हें गोली से छलनी करने वाला कोई अजनबी आन्दोलनकर्ता या आतंकवादी तो नहीं था। पड़ोस में ही रहने वाले 22 वर्षीय युवक ने ही तो उनकी जान ली थी। क्या दुश्मनी थी उसकी? उसे और उसके कुछ मित्रों को तो वीरेन्द्र जी अपनी फ़ैक्टरी में 'टेबल–टेनिस' सिखाते थे। वह कहा करते थे कि स्कूल–कॉलेज, सिनेमा इत्यादि बन्द होने और बार–बार हड़ताल होने से जवान बच्चे ग़लत रास्ते पर जा सकते हैं इसलिए उन्हें अच्छी चीज़ों में व्यस्त रखना चाहिए। इसी अभिप्राय से उन्होंने अपने घर से टेबल फ़ैक्टरी भिजवा दी थी कि बच्चे जब जी चाहे बेरोकटोक वहाँ खेल सकें। उन्हें स्वयं टेबल–टेनिस के दाँव–पेंच सिखाते रहे–उन्हें क्या मालूम था कि उग्रवादी भी उन्हें दूसरी प्रकार के दाँव–पेंच सिखाकर उग्रवादी बना रहे हैं।

× × ×

अगले तेरह दिन सैकड़ों दोस्त और रिश्तेदार संवेदना प्रकट करने ग्रेटर कैलाश आते रहे। पिन्नी की दशा तो दयनीय थी और किसी के भी सवाल का जवाब नहीं दे सकती थी। दोनों बेटे वहाँ पहुँच तो चुके थे पर वह स्वयं किसी प्रश्न का उत्तर देने में असमर्थ थे। लोग इसलिए

या तो वन्दना से सवाल पूछ रहे थे या अभागे माता–पिता से।

''हम लोग गर्मी की छुट्टियों के बाद पिछले साल 12 जुलाई को ही तो श्रीनगर से दिल्ली लौटे थे तब तो हालात इतने बुरे नहीं थे।'' मैंने बड़े सूरी साहब से कहा।

"बेटा, मैं भी पिछले साल श्रीनगर ही था, जब 14 अगस्त 1989 को अलगाववादी तत्त्वों ने खुले आम श्रीनगर के इस्लामिया कॉलेज में पाकिस्तानी झण्डा फहराया था और छात्रों ने उसे परेड कर सलामी दी थी। मुख्यमन्त्री फ़ारुख़ अब्दुल्लाह ने इस पर कोई कार्यवाही नहीं की। उग्रवादियों को और पाकिस्तान से सहानुभूति रखने वाले तत्त्वों को अधिकतर भ्रष्ट नौकरशाहों और राजनेताओं का समर्थन रहा है। चाहे इसे चूक मानें या मिली–भगत पर बात यह सच है।" श्री कश्मीरी लाल सूरी ने जवाब दिया।

"जब मुफ़्ती मुहम्मद सैयद भारत के गृहमन्त्री बने, उसके दो ही दिन बाद उनकी बेटी डॉक्टर रुबैया मुफ़्ती को अलगाववादियों ने अगवाह कर लिया था। सरकार की कमज़ोरी के कारण पाँच नामावर उग्रवादियों को जेल से रिहा कर देने के कारण वह लोग और निडर हो गये। तुम लोग तो जानते ही हो कि उस दिन लाल चौक सहित बाक़ी स्थानों पर वादी में जे.के.एल.एफ. के झण्डे फहराये गये थे। उनके नेता हामिद शेख़ का हीरो की तरह लोगों ने स्वागत किया। फिर भी सरकार एक मूक दर्शक की भाँति बैठी रही।" उन्होंने कहा।

"वीरे का अच्छा दोस्त और क्लासफेलो जो वहाँ बिजली विभाग में सुपरिंटेंडेंट था, उसने हम सबके सामने बसन्त बाग़ स्थित बिजलीघर को फ़ोन करके रविवार को बिजली एक घण्टे के लिए बन्द करने का आदेश दिया था, क्योंकि उस समय बी.आर. चोपड़ा का प्रसिद्ध सीरियल 'महाभारत' टी.वी. पर दिखाया जाता था।" वहीं बैठे एक पहचान वाले ने कहा।

"हमारे जानने वाले तो यही कहते रहे कि इन हालातों के ज़िम्मेदार पाकिस्तान वाले हैं, किन्तु पापा को गोली मारने वाले तो हमारे पड़ोस

के ही लड़के थे। स्थानीय करालकुण्ड पुलिस थाने वालों ने हमारे मोहल्ले की नाकाबन्दी तक नहीं की जबकि उन्हें बताया था कि वह दोनों लड़के वहीं किसी घर में ग़ायब हो गये थे"—गुस्से में वन्दना बोली।

"सब लोग इतनी जल्दी कैसे इतना बदल गये?" दीदी ने दुःखी स्वर में कहा—मानो अपने से ही बात कर रही हों।

"कश्मीर के लोग सूफ़ी संस्कारों में पले—बढ़े हैं और हिन्दुओं को अपना अटूट अंग मानते थे, पर अब हालात बदल रहे हैं। पाकिस्तान की मदद से वह कट्टर वहाबी मूल्य अपनाने लगे हैं।"

यह बात सूरी साहब के मुँह से सुनकर अजीब—सी लगी। उन्होंने भी श्रीनगर के मन्दिरबाग़ में ही अपना जीवन बिताया था। पर उनकी स्थिति का आकलन ग़लत नहीं होगा।

"परन्तु यह बड़ी हैरानगी की बात है कि श्रीनगर में हुए स्थानीय बम—विस्फोट या हैंड ग्रेनेड हमले में वहाँ के लोग क्यों नहीं मरते।" एक रिश्तेदार ने पूछा।

"हर गली—मोहल्ले का अपना 'कांदरु' (नानवाई) होता है। सभी परिवार सुबह—शाम उसके पास ताज़ा कुलचे और रोटी लेने जाते हैं। उस कांदरु को पहले से ही वहाँ की स्थानीय मस्जिद से या फिर अलगाववादी लोगों से कहाँ, क्या होने वाला है—इस बात की सूचना दे दी जाती है। फिर वह ख़रीददारों से टोकरी में सामान डालते समय फुसफुसाता हुआ उस निश्चित स्थान से दूर रहने की सलाह देता है।" वन्दना ने बताया।

"काश, तुम लोग भी बिगड़ते हालात को देखकर जनवरी में ही अन्य हिन्दुओं की तरह श्रीनगर से निकल आते तो वीरा भी बच जाता और कुछ क़ीमती सामान भी आ पाता।" बहन जी दुःखी स्वर में बोलीं।

"मासी आप जानती हैं कि पापा को डॉक्टर फ़ारुख़ अब्दुल्लाह अच्छी तरह जानते थे। उन्होंने मार्च में प्रणीत साहनी को गोली मारे जाने के बाद पापा से कहा था कि वह वहाँ बिल्कुल सुरक्षित हैं क्योंकि उग्रवादी केवल 15 वर्षीय हिन्दू मर्दों से लेकर 50 वर्षीय लोगों तक को

ही टारगेट करेंगे। दूसरों को नहीं। इसीलिए तो संजय को पापा ने बुआ के पास जम्मू पढ़ने के लिए भेज दिया था और रही बात क़ीमती सामान लाने की तो आप ही बतायें पुश्तों से एक घर में रहने वाला परिवार एक मारुति, फिएट या एम्बेसेडर गाड़ी में घर का क्या–क्या क़ीमती सामान लेकर निकल सकता है? फिर भी वह लोग यही अफ़वाहें उड़ा रहे हैं कि 'हिन्दू यहाँ से सब कुछ लेकर भाग गये।' और हैरानगी की बात यह है कि हमारे मीडिया के लोग इन बातों पर विश्वास भी करते हैं। क्या आपने कभी किसी रिफ़्यूजी कैम्प में जाकर देखा है कि किस प्रकार एक ही संयुक्त परिवार के सदस्य एक कमरे में पुरानी चादरें टाँगकर बड़ों से पर्दा कर रहे हैं।'' गुस्साई हुई वन्दना बोली।

"अरे बच्चो, मीडिया की तो बात ही न करें तो बेहतर होगा। सिवाय 'पंजाब केसरी' नामक हिन्दी समाचार–पत्र के बाक़ी किसी अख़बार ने तो वीरे के क़त्ल की ख़बर भी ढंग से नहीं छापी। सिर्फ़ संक्षेप में लिखा गया था कि करालकुण्ड थाने के क्षेत्र में एक अल्पसंख्यक समुदाय के 57 वर्षीय व्यक्ति को मार दिया गया। उसका नाम भी नहीं दिया जिससे उसके धर्म का ज्ञान हो जाता। कुछ ने तो नाम दिया पर यह लिखा कि दिल्लीवासी व्यक्ति की हत्या की गयी।" कश्मीरी लाल जी ने रुँधे गले से सबको बताया।

किन्तु उनके परिवार की त्रासदी का यहीं अन्त नहीं हुआ। 25 सितम्बर 1990 को वीरेन्द्र जी के चाचा देवसूरी की निर्मम हत्या का समाचार परिवार को मिला। उसे प्रताड़ित करके मारने के उपरान्त उसका शव छत से लटका दिया गया था। देव की माँ सिख थीं और जन सामान्य को घाटी में ऐसा लग रहा था कि सिख वहाँ सुरक्षित हैं। परिवार के सदस्यों को दिल्ली भेजने के बाद देव अपनी दाढ़ी और बाल बढ़ाकर अपने पैतृक घर में मन्दिरबाग़ ही रह रहा था। अकेला होने के कारण अमीराकदल गुरुद्वारा में ही भोजन करता और कभी–कभार वहीं रात को भी रुक जाता। परन्तु मोहल्ले वाले जानते थे कि वह अपने पैतृक घर के साथ ही कश्मीरी लाल जी के घर की भी रखवाली कर रहा है–इसलिए उसे भी रास्ते से हटाकर ही दम लिया।

# निर्वासित

वर्ष 1991 के जुलाई मास में दिल्ली सरकार ने मुझे डिस्ट्रिक्ट कंज्यूमर डिस्प्यूट रिडरैसल फोरम का मेम्बर नियुक्त किया। मेरा दफ़्तर उन दिनों तीस हज़ारी के कमरा नं. 158 में हुआ करता था। शुरू–शुरू में मैं वहाँ आने–जाने वाले परिचित चेहरों को देखती, जो मुझसे आँख चुराकर निकल जाते। मैं हैरानगी से उन कश्मीरी लोगों के इस व्यवहार को ठीक से समझ नहीं पाती। सोचा कदाचित वह किसी क़ानूनी परेशानी में होने के कारण मुझे नहीं मिलते।

किन्तु 5 अगस्त को जब हमारे कमरे के बाहर बहुत ही अधिक मात्रा में कश्मीरी चेहरे देखे तो मैं अपने स्टाफ के एक कर्मचारी से पूछे बिना न रह सकी कि किसलिए यह लोग यहाँ एकत्रित हैं। ज्ञात हुआ कि हर महीने की पाँच तारीख़ को नज़दीक ही कमरा नं. 155 में डिपार्टमेंट ऑफ़ रिहैबिलिटेशन एवं सोशल वेलफेयर है और वहीं से कश्मीरी विस्थापित लोगों को महीने की पाँच तारीख़ को भत्ता मिलता है और बाक़ी दिनों वहीं से उनके पहचान–पत्र बनते हैं।

मैंने पिन्नी के बड़े बेटे राजू को वहाँ जाकर अपना कार्ड बनवाने को कहा और साथ में पिन्नी को भी ले जाने की सलाह दी क्योंकि अब वही परिवार की मुखिया थी। ज्ञात हुआ कि पिछले साल ही पता लगने पर वह पिन्नी के साथ वहाँ गया था। किन्तु वहाँ पर जो महिला अधिकारी थीं, उसने काफ़ी निष्ठुरतापूर्ण व्यवहार किया था। उसका तर्क था कि न तो उनके पास कश्मीरी होने का प्रमाण

स्टेट सब्जैक्ट सर्टिफिकेट था और (जब उन्होंने पंजाब केसरी समाचार–पत्र की प्रति दिखाई तो) न ही कोई प्रमाण कि वह स्वर्गीय वीरेन्द्र सूरी की पत्नी है। आहत और तिरस्कृत होकर पिन्नी वहाँ से रोती हुई बाहर निकली थी। दोनों को बहुत बुरा लगा। महीने में केवल 500 रुपये मात्र का भत्ता–इसके लिए उन्हें अपने ही देश की राजधानी में अपमानित होना पड़ा। इससे अधिक तो वह प्रति माह अपने एक माली को दिया करते थे। क्या समय का चक्कर है कि उनकी भाँति और भी कई अच्छे–अच्छे सम्मानित परिवारों को भिखारियों की तरह खड़ा होना पड़ रहा था।

वहाँ की महिला अधिकारी के नाम से पता लग रहा था कि वह पंजाबी है। मन में विचार आया शायद कुछ ही वर्ष पहले 1947 में हुए पंजाब के विभाजन में उसका स्वयं का परिवार भी पश्चिमी पंजाब से निकलकर किसी रिफ़्यूजी कैम्प में रहा हो सकता है और हो सकता है अपने घर ज़मीन को छोड़ने की पीड़ा कभी उन्होंने भी सही हो। परन्तु सरकारी ओहदे का घमण्ड एवं ताक़त उसे लोगों का दुःख महसूस करने और उनकी सहायता करने में अक्षम बना रही थी। ऐसी निष्ठुर स्त्री को स्वयं मिलकर उससे तर्क–वितर्क करने का मन हुआ।

अपने चपरासी के हाथ अपना कार्ड देकर मैंने अगले ही दिन कमरा नं. 155 में भेजा। तुरन्त वहाँ से मुझे श्री सिद्दीक़ी का फ़ोन आया और उन्होंने बताया कि कुछ ही दिन पूर्व वह यहाँ निदेशक पुनर्वास बनकर आये हैं। बड़ी शालीनता से उन्होंने मुझे अपने दफ़्तर आने का निमन्त्रण दिया।

मैंने सिद्दीक़ी साहब को पूरे ब्यौरे से सब बात बतायी। उन्होंने कहा कि पंजाब केसरी अख़बार की एक प्रति देने से और इसके साथ पिन्नी का एक हलफ़नामा देने से ही सब काम हो जायेगा।

सिद्दीक़ी साहब का व्यवहार देखकर मुझे अपने बचपन के दिन याद आये जब कश्मीर में आमतौर पर कहा जाता था कि किसी बेबस–बेसहारा की मदद करना बड़ा 'सवाब' का काम है।

नारायण जी लाइंस इंटरनेशनल के डायरेक्टर रह चुके थे–उनकी बात लाइंस क्लब वाले सुनते थे। दिल्ली महानगर लाइंस क्लब को उन्होंने कश्मीर से आये हुए विस्थापित लोगों की कुछ सहायता करने की सलाह दी। उस क्लब के कार्यकर्ताओं ने उनके सुझाव से एक आयोजन किया जहाँ उन लोगों को स्वेटर और कम्बल बाँटे गये और साथ ही अमर कॉलोनी स्थित रिफ्यूजी कैम्प में आटा, दाल, चावल इत्यादि का राशन। मास मीडिया का ध्यान आकर्षित करने के अभिप्राय से तत्कालीन राष्ट्रपति ज्ञानी जैल सिंह को मुख्य अथिति के रूप में आमन्त्रित किया ताकि सभी तक इन लोगों की दयनीय दशा के समाचार पहुँच सकें।

जैसे बहुत–सी धर्मार्थ हित की संस्थाओं के आयोजकों की आदत होती है, उसी प्रकार यहाँ भी क्लब के कुछ आयोजक अपनी उदारता का बखान करने लगे। डायस पर बैठी हुई मैं बेचारे दुःखी कश्मीरी पण्डितों के चेहरों का रंग उड़ते देख रही थी। वह अपने मान–सम्मान को ताक पर रखकर इस हालत में हम लोगों की मदद लेने के लिए अपने अपमान एवं हीन भावना का कड़वा घूँट पी रहे थे। उनके सदैव कान्तिमय रहने वाले चेहरे आज कान्तिविहीन हो रहे थे। मेरी स्थिति देखकर क्लब के प्रेजिडेंट ने घोषणा की कि कश्मीरी होने के नाते श्रीमती किरण नारायण भी दो शब्द कहें।

रुँधे गले से मैंने मुझसे पहले बोलने वाले पदाधिकारियों द्वारा मारी हुई डींगों का खण्डन करते हुए और समय की नज़ाकत देखते हुए केवल इतना ही कहा कि यह केवल कालचक्र का फेर है एवं इस बुरे समय की मार है कि हमारे कश्मीरी बहन–भाई आज इस स्थिति में हैं–अन्यथा मकर संक्रान्ति एवं शिवरात्रि के पावन त्योहारों पर तो यह लोग काँगड़ियों, कम्बल, अखरोट और धनराशि दान में देने के आदी हैं। जो कुछ भी सहायता क्लब कर रहा है उसे वह अपने भाई–बहनों के स्नेह का प्रतीक मानकर स्वीकार करें। और मुझे पूर्ण विश्वास है कि वह शीघ्र ही पुनः अपना जीवन पूर्ण स्वाभिमान से जीने लगेंगे।

किसी–किसी व्यक्ति को उनमें मैंने एक–साथ ही मुस्कुराते और आँसू पोंछते देखा। मन आश्वस्त हुआ कि फिर से सबके लिए अच्छे दिन भी आयेंगे।

दिन और महीने बीतते गये। घाटी से कोई भी अच्छे समाचार नहीं आ रहे थे। ऐसा लग रहा था मानो स्टेट एवं सेंट्रल सरकार दोनों को ही लकवा मार गया हो।

तीस हज़ारी के पुनर्वास और कल्याण विभाग के कमरा नं. 155 के बाहर बेचारे निष्कासित भाई–बहनों को क़तारों में भिखारियों की तरह खड़ा होना पड़ता था। इन विस्थापित हिन्दुओं को शरणार्थी के बदले प्रवासी कहा जाता था। अंग्रेज़ी शब्दकोश को देखें तो पूरा अर्थ ही बदल जाता है–यानि वह अपनी मर्ज़ी से अपना घर–आँगन छोड़कर आये हों। अपने ही देश में वह कैसे रिफ़्यूजी हो सकते हैं? ऐसा तर्क दिया गया। घबराये हुए कई सम्पन्न परिवारों के मुखिया भी केवल इस आश्रय से माईग्रेंट कार्ड बनवाने आये कि यदि कभी पश्चिमी पंजाब से विस्थापित हिन्दुओं की ही तरह उन्हें भी घाटी में छूटी हुई ज़मीन–जायदाद के उपलक्ष्य में कुछ ज़मीन सरकार देगी तो उनके पास यह प्रमाण–पत्र होने से काम आसान होगा। बहुत–से पंजाबियों के दिमाग़ में सन् 1947 के पंजाब विभाजन की याद ताज़ा थी। उन्हें शायद 2000 रुपये महीने से विशेष अन्तर न पड़ता, पर मन में कई प्रकार की शंकाएँ थीं–कौन जाने लौटकर घर जाना हो ही न पाये?

कश्मीर से विस्थापित हिन्दू अधिकतर सभी अच्छे पढ़े–लिखे थे। ढूँढ़ने पर उन डॉक्टर, इंजीनियर, रेडियो एवं टी.वी. आर्टिस्ट काफ़ी लोगों को धीरे–धीरे काम मिलने लग जाता परन्तु अभी तो मेले में खोये हुए एक बालक की भाँति वह किसी अपने का सहारा ढूँढ़ रहे थे। सबसे अधिक परेशान वह लोग थे, जिनका घाटी के किसी क़स्बे में या श्रीनगर में व्यापार था या फिर जिनकी आजीविका कृषि एवं बाग़वानी से सम्बन्धित थी। उनके पास अपनी जीविका के नये साधन कुछ नहीं थे इसलिए रिफ़्यूजी कैम्पों में रहने के अलावा कोई और चारा नहीं था।

जम्मू के पास नगरोटा स्थित मुट्ठी कैम्प में किसी प्रकार उनके रहने के लिए स्थानीय सरकार ने खेमों (tents) में प्रबन्ध किया। जंगल को साफ़ करके बनाये गये उस कैम्प में साँप और बिच्छू प्रचुर मात्रा में थे जो कि इन लोगों ने अब तक कभी देखे भी नहीं थे। उनसे कैसे निबटा जाये, यह कैसे जानते? फिर भी उन कैम्पों में रहने की प्रतीक्षा करने वालों की फ़ेहरिस्त लम्बी ही होती जा रही थी।

सन् 1992 के जून माह की एक अत्यन्त गर्म दोपहर को जब मैं अपने वातानुकूलित दफ़्तर के कमरे से बाहर निकली तो वहाँ बहुत–से कश्मीरी हिन्दू घबराये हुए किसी चीज़ पर झुके दिखे। एक अधेड़ उम्र की महिला मूर्च्छित पड़ी थी। मुख पर पानी के छींटे पड़ने से और पानी के कुछ घूँट पीने के बाद वह होश में आ तो गयी, पर उसकी आँखें जाने क्या खोज रही थीं। गर्मी के कारण बेचारी बेहाल थी। उसने और वहाँ एकत्रित अधिकतर लोगों ने शायद पहली बार अपने जीवन में इतनी गर्मी का सामना किया होगा। उस दिन पारा 45.8° डिग्री सेल्सियस पर टिका हुआ था। घाटी में तो कुछ घण्टों के लिए जब 32–33 डिग्री सेल्सियस तापमान होता था, हाय–दुहाई मच जाती थी। ऐसी भीषण गर्मी में न जाने किस प्रकार वह अपना मासिक भत्ता लेने तीस हज़ारी पहुँची होगी?

यह सब देखकर मन उदास हो उठा और घर पहुँचते ही मैंने टाइम्स ऑफ इंडिया को एक पत्र लिखा, जिसमें सरकार को सुझाव दिया कि सभी पढ़े–लिखे माइग्रेंट्स के लिए बैंक खाते खोलकर उन्हीं में यह भत्ता प्रत्येक माह जमा होना चाहिए। वर्ष में एक या दो बार पेंशन प्राप्तकर्त्ताओं की भाँति उनके लिए भी बैंक में जाकर अपनी हाज़री लगानी अनिवार्य कर दी जाये। साथ ही निहोरा किया कि उन लोगों की घाटी में पीछे छूटी हुई ज़मीन–जायदाद के उपलक्ष्य में बैंक उन्हें क़र्ज़ दे दे ताकि परेशानी में उन्हें अपने घरों को कौड़ियों के भाव बेचना न पड़े। (यह पत्र दिनांक 11 जून 1992 के टाइम्स ऑफ इंडिया के अंक में छपा)।

पर अफ़सोस इस सलाह से किसी के कान पर जूँ भी नहीं रेंगी। यदि ऐसा हो जाता तो उन लोगों के स्वाभिमान को कम ठेस पहुँचती। परन्तु शायद यह अल्पसंख्यक हिन्दू किसी राजनीतिक पार्टी का वोट बैंक न थे, इसलिए उनके लिए कोई आगे नहीं बढ़ा।

किन्तु इन प्रतिकूल परिस्थितियों में इन विस्थापित लोगों के लिए आशा की एक किरण दिखी तो दूर महाराष्ट्र से। उन दिनों महाराष्ट्र प्रदेश में शिव सेना की साझी सरकार थी और बालासाहेब ठाकरे की ही सुनी जाती थी। कश्मीरी हिन्दुओं को उन्होंने पूरे आदर–सत्कार से महाराष्ट्र में अपनाया। यह जानते हुए कि वे पढ़े–लिखे लोग सम्मानपूर्वक अपना जीवनयापन करना चाहते हैं, उन्होंने महाराष्ट्र के सभी कॉलेजों, मेडिकल हो या इंजीनियरिंग या कॉमर्स में आसानी से दाख़िला दिया और साथ ही नौकरियाँ भी। आज भी वहाँ उनके लिए रिज़र्वेशन है। साथ ही जब 1993 वर्ष में कश्मीर में उग्रवादियों के एक गुट हरकत–उल–अंसर ने श्री अमरनाथ जी की यात्रा ना होने देने की धमकी दी तो बदले में उन्होंने भी घोषणा कर दी कि यदि ऐसा हुआ तो वह भी बम्बई से समुद्री जहाज़ और उड़ान से जाने वाले हज यात्रियों को नहीं जाने देंगे। फलस्वरूप उग्रवादियों ने डर कर कोई भी अप्रिय घटना नहीं होने दी।

इस अन्धकारमय स्थिति में भी इन सभी लोगों पर माँ सरस्वती की कृपा होने के कारण दिल्ली में नवस्थापित बत्रा और अपोलो अस्पताल में काफ़ी संख्या में इन लोगों में से डॉक्टरों को तो अच्छा काम मिल गया। काफ़ी अध्यापक भी 'गेस्ट टीचर' लग गये। प्रचुर मात्रा में सरकारी अफ़सरों ने अपना तबादला घाटी से बाहर जम्मू एवं लद्दाख में करवा लिया। जिन्हें बाहर नहीं भेज सकते थे, उन अफ़सरों को श्रीनगर में एक ही स्थान पर सी.आर.पी. की सुरक्षा में रखा गया और उनके परिवार जम्मू में ही रहे। सरकारी अफ़सरों की पेंशन भी अब श्रीनगर से बाहर मिलने लगी।

सुनने में तो बहुत अजीब लगता है पर कौन परिजन कहाँ बसा है–बहुत–से लोगों को ज्ञात न था। इसलिए जब कभी किसी

कश्मीरी हिन्दू के मरने, 'दसम' या तेरहवीं की घोषणा किसी समाचार-पत्र में छपती, दूर-दूर से लोग वहाँ पहुँचकर अपने सगे-सम्बन्धियों का ठौर-ठिकाना पता करने पहुँचते। बचपन में जब ऐसी ही कोई घोषणा मैं पढ़ती थी-'सरगोधा निवासी', 'पेशावर निवासी' या 'स्यालकोट निवासी' किसी व्यक्ति के क्रियाकर्म के बारे में जो अब दिल्ली या चण्डीगढ़ कई वर्षों से रह रहा था तो हैरानगी होती थी। पर आज पता लगा कि सुख-दुःख में अपनों को ढूँढ़ने के लिए ऐसे घोर संकट में भूले-बिसरे लोगों से फिर मिलने का एक यह भी तरीक़ा हो सकता है।

# टूटते रिश्ते-रुलाती यादें

समय यूँ ही बीतता गया और वर्ष 2008 में संजय को अपनी फ़िल्म 'सिकन्दर' की शूटिंग के लिए पहलगाम जाना पड़ा। पहली अगस्त 1990 को जब उग्रवादियों की गोलियों से मारे गये उसके पिता वीरेन्द्र सूरी का पार्थिव शरीर लिए बड़ी बहन वन्दना और पिन्नी हवाई जहाज़ से दिल्ली गयी थीं–मानो उसी दिन एक ही झटके से उसका घर–बार लुट गया था।

श्रीनगर हवाई अड्डे पर उतर कर अपने ग्रुप के साथ पहलगाम जाते हुए वह एकदम चुप रहा–उसे लग रहा था मानो उसकी नस–नस एक अज़ीब तनाव से खिंच रही हो। परन्तु बिना अपने मन के भाव किसी पर व्यक्त करते हुए वह उस दिन की प्रतीक्षा कर रहा था जब शूटिंग के बाद वह श्रीनगर पहुँचेगा–उस श्रीनगर जहाँ उसका जन्म हुआ था और जहाँ उसने अपने जीवन के पहले 19 वर्ष पूरी बेफ़िक्री में हँसते–खेलते व्यतीत किये थे।

अट्ठारह वर्ष के अन्तराल के बाद श्रीनगर पहुँचकर उसने सीधे डल झील का रुख़ किया। सोचा प्रकृति की गोद में पुराने दिनों की याद से मन कुछ शान्त हो जाये। सूर्य आज भी पहले की तरह ही हरि पर्वत के पीछे अपनी लालिमा बिखेरते हुए सिमटने जा रहा था। डल झील स्वर्णिम हुई जा रही थी। इस दृश्य को देखकर उसकी आँखें पुराने दिनों की याद में तरल हो उठीं। प्रकृति अब भी शान्त है–फिर हमारे शहर ही को क्या हो गया?

"संजय सूरी, अरे वह तो संजय सूरी है" कहकर कुछ युवक उसकी ओर बढ़ रहे थे और कुछ युवतियाँ वहीं दूर से शर्माती हुई देख रही थीं।

मानो किसी सपने से जग कर संजय को याद आया कि कश्मीर के छोटे–से संजय को अब यहाँ कोई नहीं जानता, अब सभी फ़िल्मी संजय सूरी को पहचानते हैं।

मानो उसके हाथों से उसकी अपनी असली पहचान छूट रही हो। काश एक बार फिर वह उसी पुराने श्रीनगर का बेटा संजय बन जाये –इस अभिप्राय से वहाँ से निकलकर वह अमर सिंह क्लब पहुँचा।

विशालकाय बूढ़े चिनारों की घनी छाँव में आज भी अमर सिंह क्लब वैसे का वैसा खड़ा था–केवल मुख्य द्वार पर आने–जाने वालों से कुछ सी.आर.पी.एफ. वाले सरसरी तौर पर उनकी पहचान पूछ रहे थे। इसी क्लब में उसके स्वर्गीय पिता रोज़ बिलियर्ड्स खेलने आया करते थे। स्वयं उसने भी यहाँ स्कवाश की कई चैम्पियनशिप जीती थी। चारों ओर अधिकतर नये अपरिचित चेहरे थे और जिन किन्हीं को वह पहचान भी पा रहा था, वह लोग उसे नहीं पहचाने।

तभी बिलियर्ड रूम के बाहर सफ़ेद दाढ़ी वाला एक बूढ़ा आदमी ठीक उसके सामने रुक कर उसे घूरने लगा–मानो उसमें किसी और को ढूँढ़ रहा हो। अकस्मात् उसने पूछा–

"तुम वीर जी के बेटे हो न? हू–ब–हू उन्हीं का चेहरा, उन्हीं की नाक और आँखें। मम्मी कैसी हैं?"

ऐसी आत्मीयता बूढ़े 'बिलियर्ड्स मार्कर' में देखकर संजय का गला रुँध गया और हृदय पसीज उठा। क्या अभी भी लोग उसके पापा को इतने प्यार से याद करते हैं, क्या अभी भी ऐसे प्यार करने वाले लोग यहाँ बाक़ी बचे होंगे?

बड़ी मुश्किल से उसे अपने आँसू रोक कर लगा वह अपने पीड़ित मन की व्यथा अपने किसी को गले लगाकर कह सके, लेकिन यहाँ तो सभी अजनबी थे।

बाहर निकलते ही उसने अपने, सेलफ़ोन से मेरा दिल्ली का नम्बर मिलाया। रुँधे गले से वह अधिक तो नहीं कह पाया पर इतना अवश्य कहा–

"मासी श्रीनगर अभी भी उतना ही सुन्दर है। लोग भी सामान्य जीवन जी रहे हैं बस हमारे लिए ही सब पराया हो गया।"

मैं भी उसे कैसे ढाढ़स बँधाती–मुझ पर भी यह हक़ीक़त ज़ाहिर थी, हमीं लोग एकाएक विस्थापित हो गये बाक़ी तो सब ठीक–ठाक ही चल रहा था वहाँ।

बाद में आभा से पता चला कि उसने मेरी दोनों बेटियों को भी फ़ोन किया था और उन्हें उन दिनों की याद दिलायी थी जब गर्मी की छुट्टियों में वह उनका संरक्षक बनकर उनके साथ अमर सिंह क्लब में तम्बोला खेलने ले जाया करता था। या फिर सबसे पहले पहुँचकर वहाँ विभा के जन्मदिन की पार्टी का प्रबन्ध किया करता था।

हम तीनों के कहने पर वह अपने सिख मित्र के साथ मन्दिरबाग़ अपना घर और फ़ैक्टरी देखने गया। फ़ैक्टरी तो बुरे हाल में थी, परन्तु कोठी पर नया–नया रंग–रोगन करवाया गया था। आड़ू और आलूबुखारे के पेड़ या तो मर चुके थे या फिर नये मालिकों द्वारा शायद कटवा दिये गये हों। बूढ़ा चिनार अब भी 'ऐनेक्सी' के पीछे खड़ा था और सुन्दर लाल गुलाब की बेल अभी भी दीवार को सुशोभित कर रही थी। भीतर जाने की उसकी हिम्मत नहीं हुई।

संजय के दादा जी के मरणोपरान्त घर तो कौड़ियों के भाव बिक चुका था। श्रीनगर में उन दिनों विस्थापित हिन्दू लोगों के घर या तो लोग ख़रीदना ही नहीं चाहते थे या फिर बाज़ार के भाव से आधे में ही लेते थे–सभी को मालूम था distress sale (मजबूरी में बिक्री) हो रही है।

अपने प्यारे दादा–दादी की याद उसे हो आयी। अपने घर से बेघर होकर दोनों की मृत्यु जालन्धर में हो चुकी थी। अचानक उसे बहादुर शाह ज़फ़र की पंक्तियों में उनकी उदासी भी सम्मिलित लगी–

*"कितना है बदनसीब 'ज़फ़र' दफ़्न के लिए*
*दो गज़ ज़मीन भी न मिली कूचा–ए–यार में"*

उसे लगा उसके दादा–दादी भी इसी पीड़ा से गुज़रे होंगे।

× × ×

मुझे बार–बार एक ही सपना सताता है जिसमें मैं निशात बाग़ के विशाल चिनार की घनी छाँव में सफ़ेद 'डेजीस' के सुन्दर कालीन पर बैठी हूँ। किनारे–किनारे 'लाईलैक' एक क़तार में फूल रहे हैं और बहती हुई कूल का पानी बादाम के शगूफे की पँखुड़ियों को बहाकर न जाने किसके लिए ले जा रहा है। तभी अचानक गहरे लाल रंग के कँटीले 'जुडॉस ट्री' की टहनियाँ मेरी ओर बढ़कर मुझे जकड़ लेना चाहती हैं। यह बुरा सपना देखकर कई बार मैं वातानुकूलिप कमरे की आरामदायक विलासिता में भी पसीने–पसीने हो अचानक डर से उठ जाती हूँ। कई वर्षों से मेरे साथ ऐसा ही हो रहा था।

मेरा बचपन श्रीनगर की गलियों में कहीं खो–सा गया लगता था। कर्णनगर की सड़कों की याद और बटमालू साहब के उर्स पर लगने वाला वह बटमालू का अस्थायी बाज़ार आज भी मेरे दिमाग़ में एक तस्वीर की तरह अंकित है। हालाँकि पिताजी द्वारा खींची गयी कश्मीर की भव्य झीलों और पहाड़ों, सुन्दर वादियों और रंग–बिरंगे फूल–पौधों और साथ ही कश्मीरी रीति–रिवाज़, पोशाक, कला और शिल्प की दुर्लभ तस्वीरों के नेगेटिव दूसरी बार आतंकवाद की भेंट चढ़ चुके थे। सन् 1947 के क़बायली हमले में पहले ही उनकी तब तक खींची गयी तस्वीरों को क़बायली जला चुके थे। उसके बाद भी वह अपना फ़ोटोग्राफ़ी का शौक़ पूरे दिल से निभाते रहे थे। आज भी शायद हमारे कर्णनगर के घर की अटारी में कहीं वह धूल चाट रहे हों। उन्हीं तस्वीरों में हम सबकी पुरानी यादें भी दफ़न होंगी।

पिताजी का घर अब अजनबी लोगों के क़ब्ज़े में है। हमारे सुख–दुःख के साथी सभी हिन्दू पड़ोसी भी जा चुके हैं। ऐसे में पुरानी यादों में गफारे के सौम्य चेहरे को याद करने की कोशिश में आँखें मूँदते ही वीरेन्द्र जी को गोलियाँ मार कर ढेर करने वाले उनके दो जवान पड़ोसी लड़कों के खूँखार चेहरे दिखने लगते हैं। मेरे सपनों के

सफ़ेद डेज़ी फूल भी किसी घायल फाख़्ता के बिखरे परों जैसे लगने लगते हैं। मानो किसी सुखद तस्वीर पर एक दूसरी भयानक तस्वीर लगाकर ढँक दिया हो।

प्रिंसिपल महमूद मेरी स्मरण शक्ति की प्रायः तारीफ़ किया करते थे क्योंकि मुझे इतिहास की तारीख़ें और घटनाएँ बख़ूबी याद रहती थीं। पर अब मुझे इसी ख़ासियत (प्रतिभा) से अत्यन्त दुःख होता है। कई बार सोचती हूँ और सब लोगों की भाँति मैं भी क्यों नहीं वह सब भूल जाती–पर अपने जीवन के वह सुखद पल क्यों कर भूल जाऊँ? क्या वह सब एक कल्पना थी या फिर एक आदर्शवादी सोच? हम सभी सहेलियाँ हिन्दू, सिख, मुसलमान और ईसाई एक ही त्राँबी में से इकट्ठे बैठकर खाना खाया करती थीं। कई मुसलमान सहेलियाँ शिवरात्रि पर प्रसाद में मिलने वाले भिगोए अख़रोटों एवं पण्डितों के यहाँ बने स्वादिष्ट दमआलू और 'ट्सौक ट्सामन' की प्रतीक्षा करती थीं। मुझे तो वादी में रहने वाली कई मुसलमान सहेलियों के जन्मदिन एवं शादी की सालगिरह याद हैं–क्या उन्हें भी कभी–कभार हमारी याद आती होगी। क्या कुछ अच्छे पड़ोसी कभी तपती गर्मी में याद करते होंगे कि उनके समृद्ध पड़ोसी रिफ़्यूजी कैम्पों में जलते हुए पत्थरों पर इस हाल में कैसे जी रहे होंगे।

दीदी ने छतरपुर, दिल्ली में अपना भव्य फार्म हाउस बनाया है। चिनार, मैगनोलिया, 'फ्लावरिंग पीच', वीपिंग विलो के साथ नरगिस, आइरिस इत्यादि फूल उगाकर अपने सपनों के कश्मीर का पुनः सृजन किया है। जब भी उनके घर प्रचुर मात्रा में फूल खिल रहे होते हैं, वह मुझे फ़ोन पर कश्मीरी लोक गीत गाकर बुलाती हैं–

*"बाग़े निषात के गुलो, नाद करान, करान वलो"*

हम सभी को यह विचार बार–बार आता है कि हमारे बचपन की सहेलियाँ या पड़ोसी कभी क्यों नहीं कहते–

आओ अपने घर लौट आओ। हम सब हैं न तुम्हारी रक्षा के लिए। मन यह मानना नहीं चाहता पर दिन–पर–दिन अब विश्वास होने लगा

है कि शायद वह भी हम हिन्दुओं के कश्मीर छोड़ने पर प्रसन्न हों और वहाँ की एथनिक क्लीन्सिंग पर खुश।

कश्मीर से मेरे अटूट रिश्ते और वहाँ की हालत देखने की लालसा को भाँपते हुए मेरी बड़ी बेटी आभा और उसके पति हर्ष (जो मेरी बचपन की सहेली रजनी का बेटा है) ने हमें श्रीनगर ले जाने का प्लान बनाया। और 2014 के जून महीने में हमारी टिकटें बुक कर दीं।

संयोगवश मेरी सबसे पुरानी सहेली वर्षा भी अपने मन की कुछ शंकाएँ दूर करने शिकागो से आ रही थी। शादी के उपरान्त प्रायः पाँच दशक से वह अमरीका ही रह रही थी। वहाँ उनके कई अच्छे दोस्त और कर्मचारी पाकिस्तानी थे--वह यह विश्वास करने को तैयार ही नहीं थी कि कुछ पाकिस्तानियों के भड़काने पर सदियों से इकट्ठे रहने वाले सूफ़ी विश्वास के मुसलमान अपने ही पड़ोसी हिन्दुओं को कश्मीर से निष्कासित कर देंगे।

कई वर्ष पूर्व वर्षा ने अपने छोटे भाई के स्वस्थ होने की मन्नत शंकराचार्य मन्दिर को स्मरण करके की थी और जब वह ठीक हो गया तो अमरीकी शहरियों के लिए कश्मीर से दूर रहने की सलाह के कारण वह अब तक आ नहीं पायी थी। उसी की तरह कई हिन्दू अपने इष्ट देवी–देवताओं की पूजा–अर्चना करने की वर्षों से प्रतीक्षा कर रहे होंगे।

पच्चीस वर्ष के अन्तराल के बाद नारायण जी और मैं दिल्ली से श्रीनगर जाने के लिए हवाई जहाज़ में बैठे। मेरे भावुक मन में कई अजीब सवाल उठ रहे थे–कैसी होगी मेरी प्यारी कश्मीर वादी और कैसे होंगे वहाँ के हालात? क्या पुराने लोग हमें पहचान पायेंगे या फिर यूँ ही मुँह मोड़कर चल देंगे? उत्तरी भारत के तपते मैदानी क्षेत्र को पीछे छोड़कर हवाई जहाज़ तेज़ी से पीरपंजाल की पर्वत–श्रृंखला को लाँघकर दूधिया बादलों से लुका–छिपी खेलता वादी में पहुँचा। धीरे–धीरे विमान की ऊँचाई कम होते ही घाटी में बहती हुई झेलम बड़ी होती दिखाई दी। हरी–भरी वादी में घरों की चमकती टीन की छतें यूँ लग रहीं थीं मानो किसी युवती के हरे आँचल पर मुकाईश के फूल–बूटे बने हों। जहाज़ जैसे और नीचे उतरने लगा मैंने भी अपनी

गर्दन को मोड़कर ऊपर से ही शंकराचार्य मन्दिर को प्रणाम कर भगवान का धन्यवाद किया कि इसी जन्म में अपनी मातृभूमि के फिर से दर्शन तो होंगे।

नये हवाई अड्डे पर पर्यटकों की काफ़ी भीड़ थी। इस वर्ष काफ़ी वर्षों के बाद इतनी संख्या में पर्यटक आ रहे थे।

हर्ष ने हमारे लिए पहले से ही 'ब्रॉड वें' होटल की गाड़ी भेज रखी थी। गाड़ी में बैठते ही मैंने एक लम्बी साँस लेकर अपने मन और शरीर को अपने शहर की ताज़ा हवा से भरकर मन को शान्त करने का प्रयास किया। नारायण जी ने भी मेरा हाथ दबाते हुए मूक भाव से मेरी हिम्मत बढ़ाई।

हम सबने आहदू होटल का रुख़ किया। पहले की तुलना में अब यह काफ़ी बड़ा होटल बन चुका था और दोपहर के खाने का समय होने के कारण खचाखच भरा हुआ था। किन्तु हमारी टेबल पहले से बुक थी। एक बुजुर्ग वेटर ने बड़ी ही विनम्रता से हमारा स्वागत किया। हम सभी कश्मीरी वाजवान के ही व्यंजनों का आनन्द लेना चाहते थे इसलिए ऑर्डर देने में ज़रा भी समय नहीं लगा। शीघ्र ही हमारे लिए अति स्वादिष्ट भोजन आ गया। परन्तु चावल बासमती थे। रजनी और आभा ने कश्मीरी चावल की फ़रमाइश की–बूढ़ा वेटर हैरानगी से हम सबको देखकर पूछ बैठा–

''आप लोग कश्मीर से हैं क्या? मुझे लग रहा था कि शायद मैंने पहले आपको कभी देखा है।''

यह जानकर कि हमारा बचपन इसी घाटी में व्यतीत हुआ है, वह भावुक होकर बोला–

''अब कहाँ वह चावल, वह मुश्कबुद्ध धान मिलेगा? सभी चावल दिल्ली से ही तो आता है।''

बाद में किसी स्थानीय समाचार–पत्र में पढ़ने को मिला कि ''बढ़ती आबादी और शहरीकरण के कारण कश्मीर की कृषि–उत्पादक ज़मीन तेज़ी से कम होती जा रही है। 1995–96 से लेकर अब तक

कृषि–उत्पादन के लिए प्रयोग होने वाली भूमि का क्षेत्रफल 10 लाख हैक्टेयर से घटकर मात्र 7 लाख हैक्टेयर रह गया था।"

वर्ष 1949 और 1951 के दिनों में स्थानीय सरकार ने पण्डित, डोगरा और पंजाबी जागीरदार की आबी ज़मीन लेकर लैण्ड टू टिल्लर के अधीन भूमिहीन किसानों में बाँट दी थी, लेकिन लगभग साठ वर्ष के भीतर ही वही भूमि अब टुकड़ों में बँटकर बिक गयी थी–उनका प्रयोग खेती–बाड़ी के लिए न होकर घर इत्यादि बनाने के लिए किया जा रहा था।

कुछ देर के बाद आभा और हर्ष तो अपनी बेटी अम्बिका को डल झील दिखाने और शिकारे की सैर करने ले गये। आभा चाहती थी उनकी 12 वर्षीय बेटी वह सभी सुन्दर स्थान देखे जहाँ आभा ने स्वयं अपने बचपन के सुहाने दिन बिताये थे और जिनकी सुन्दर यादें उसके दिमाग़ में अंकित हैं।

हम विश्राम करने अपने कमरे में आ गये और कुछ पुरानी सहेलियों, जिनके टेलीफ़ोन नम्बर मेरे पास उपलब्ध थे, को फ़ोन मिलाना शुरू किया। उसमें से कुछ एक ने अपने घर आने का निमन्त्रण दिया और मैंने भी वादा किया कि समय मिलते ही मिलने का प्रयास अवश्य करूँगी। अभी तो सब लोगों के साथ जो प्रोग्राम था–उसी के अनुसार चलना था।

मेरी पुरानी सहेली वर्षा अपनी छोटी बहन हर्षी के साथ स्थानीय 'विवान्ता' होटल में रह रही थी। यह होटल नया था और जबरवान श्रृंखला पर महादेव चोटी के नीचे डल झील के किनारे स्थित है। उसे फ़ोन मिलाया तो वर्षा तत्काल ही हमसे मिलना चाहती थी क्योंकि हमें मिले हुए कई साल हो चुके थे। परन्तु शाम का प्रोग्राम पहले ही निर्धारित हो चुका था और दूसरे ही दिन वह लोग पहलगाम जा रही थीं, इसलिए हमने उनके लौटने पर मिलने का निश्चय किया।

दूसरी सुबह आकाश एकदम साफ़ और गहरे नीले रंग का हो रहा था। प्रातः ही हमने शंकराचार्य जाने की सोच रखी थी। शहर के

बीचों–बीच महादेव का प्राचीन मन्दिर है, जिस तक पहुँचने के लिए अब काफ़ी ऊपर तक सड़क होने के कारण गाड़ी जाती है। सिर्फ़ ऊपर ही मन्दिर जाने के लिए सौ से अधिक पत्थर की पुरातन सीढ़ियाँ हैं। वहाँ आजकल सी.आर.पी.एफ. की चैक पोस्ट है।

यहाँ पहुँचकर बीते दिनों की स्मृति में आभा की आँखें छलक आयीं। अम्बिका हैरान होकर अपनी माँ का मुँह ताक रही थी। वह नहीं समझ पाती कि उसकी माँ की बचपन की मीठी यादें किस हद तक कश्मीर से जुड़ी हैं। मानो शिव शंकर से आभा कश्मीर के बिगड़े हालात और भविष्य के सपनों का हिसाब पूछ रही हो। प्रत्येक गर्मी की छुट्टियों में कई बार अपने मौसेरे भाई–बहनों, सहेलियों और हम सबके साथ वह यहाँ आ चुकी थी जिनकी स्मृति में वह विह्वल हो रही थी।

शंकराचार्य पहाड़ी के ऊपर से चारों ओर समस्त श्रीनगर का विहंगम दृश्य देखने को मिलता है–एक ओर चश्माशाही से हरि पर्वत तक फैली हुई डल झील और दूसरी ओर बल खाती हुई वितस्ता नदी (झेलम)। अब यहाँ पहले से अत्यधिक घनी आबादी हो चुकी है और दूर–दूर तक घर ही घर दिखते हैं। डल झील का क्षेत्र इतना संकुचित होता देखकर दुःख हुआ। झील में जहाँ सब्ज़ियाँ उगाने के लिए केवल 'फ्लोटिंग गार्डन' हुआ करते थे–उनमें काफ़ी जगह अब पक्के मकान बन चुके हैं।

इन फ्लोटिंग गार्डन्स की यह विशिष्टता थी कि इन्हें एक स्थान से दूसरे स्थान पर बड़ी–बड़ी किश्तियों या 'ढोंगों' से खींचकर ले जाया जा सकता था। हमें इस बात पर विश्वास नहीं हुआ करता था, जब बचपन में सुनते थे कि यह चोरी भी हो जाते हैं। झेलम नदी में बाढ़ आने पर शहर को बचाने हेतु कई बार 'डल गेट' खोलकर कुछ पानी झील में डाल देने से यहाँ कुछ हानि नहीं होती थी–बस पानी का स्तर बढ़ते ही यह और हाउस–बोट भी ऊपर उठ जाते थे। पर अब जब यहाँ इतने बड़े–बड़े पेड़ और घर बन गये हैं तो ऐसा तो नहीं हो पाता होगा। कहीं मन में यह भी आशंका हुई कि कहीं विगत वर्षों की 'आंचार' झील की ही तरह आने वाले कुछ वर्षों में डल झील भी लुप्त न हो जाये।

दूसरी ओर हरी–भरी शंकराचार्य की पहाड़ी को देखकर मन अति प्रसन्न हुआ क्योंकि लगभग साठ साल पहले लगाये हुए देवदार इत्यादि के पेड़ अब बड़े हो चुके थे। तत्कालीन चीफ़ कंसर्वेटर ऑफ फॉरेस्ट्स ठाकुर हरनाम सिंह के इस नग्न पहाड़ी को पूरा हरा–भरा करने के सपने को साकार हुआ देखकर ऐसे प्राकृतिक सन्तुलन के रचयिता को अच्छी प्रकार जानने का सौभाग्य होने के कारण मेरा सीना भी गर्व से चौड़ा हो गया।

दूसरे दिन हम सबने कर्णनगर और सुथराशाही जाने का प्रोग्राम बनाया। मैं पिताजी के पुराने घर को एक बार देखना चाहती थी और रजनी अपने परिवार का घर। हरि सिंह हाई स्ट्रीट और बड़शाह पुल के मुहाने पर एक अच्छा–लम्बा फ्लाईओवर बना देखकर अच्छा लगा। दायीं और बायीं ओर के अधिकतर चिनार कट चुके हैं। दायीं ओर के गाँधी पार्क से अब स्थानीय सेक्रेटेरिएट और हाईकोर्ट के बीच से होकर निकलने के कारण सड़क जन–साधारण के लिए बन्द थी और वहाँ सख़्त पहरा था।

हमारा ड्राइवर हमें एक छोटे रास्ते से वहाँ के दमकल विभाग के मुख्यालय के पीछे से ठीक रजनी की ननिहाल सुथराशाही ले गया। बाहर से ही मकान ख़स्ता हालत में दिख रहा था, पर निकट आने पर तो और भी बुरा लगा। टूटी खिड़कियों पर लकड़ी के फट्टे लगाकर बन्द किया गया था और चारों ओर छत पर लगने वाले टीन की जंग खाती दीवार। घास घुटने–घुटने उगी थी और रजनी का हौसला एक बार अन्दर जाने का नहीं हुआ। हम दोनों अपनी नन्ही अम्बिका को कैसे विश्वास दिलाते कि यही घर कभी उसके पूर्वजों की आवाज़ों से गूँजा करता था और चारों ओर वहाँ ख़ुशी का वातावरण हुआ करता था।

उसके बाद बारी आयी पिताजी के घर की ओर जाने की। घबराये मन से मैंने वहीं से वापस लौट जाने की सलाह दी पर सबने कहा बाद में इस बात का पश्चात्ताप न हो इसलिए इतने क़रीब आकर बिना वहाँ गये ठीक न होगा। मैंने भी सोचा फिर कभी यहाँ आना हो या न हो इसलिए सबकी बात रखते हुए वहाँ की ओर बढ़े।

अपने पुराने घर जाने के लिए धड़कते दिल और भारी क़दमों से मैं गाड़ी से उतर कर 'नाज होटल' के पीछे गली में घुसीं। उदास मन से पिताजी के घर के लम्बे–चौड़े लकड़ी की नक़्क़ाशी वाले छज्जे को देखा। सदैव हम लोगों की गप्पों और बच्चों की किलकारियों से गूँजने वाला वही बरामदा अब उदास एकाकी जीवन जी रहा था। भाँति–भाँति के सुन्दर एवं अद्वितीय फूलों के बदले बग़ीचे में दो जगह भद्दे और फ़टीचर क़िस्म के दो सस्ते होटलों का निर्माण हो चुका था। बस भीतर जाने का साहस कर ही नहीं पायी।

पड़ोस में अपनी सहेली शामा के घर को झाँककर देखा–उसकी स्थिति भी हमसे कुछ ज़्यादा बेहतर नहीं थी। बिक जाने के बाद उनके बड़े बग़ीचे के तीन टुकड़े हो चुके थे। सुना था कि शहर के अन्दरूनी भाग के किसी चार भाइयों वाले मुसलमान संयुक्त परिवार ने ख़रीदा है और इसीलिए और घर बन रहे हैं। चिनार का वह पेड़ जिसके नीचे मैंने और शामा ने कई घण्टों तक गप्पें हाँकी थीं, काट दिया गया था। उसके स्थान पर अब कुछ मोटर–साइकिलें और दो गाड़ियाँ खड़ी थीं।

आस–पास के सभी हिन्दू परिवार जो हमारे सुख–दुःख के साथी हुआ करते थे–जैसे कौल, जैन, थापड़, भसीन, सेठी, पुरी और लालचंद सराफ़ सभी न जाने भारत के किस–किस शहर में जाकर बसे होंगे। तत्पश्चात बस सेठी और भसीन परिवार से ही सम्पर्क हो सका था।

तीन दिन के बाद मैं वर्षा से मिली। उसने और उसकी बहन ने मुझे 'विवान्ता' आने का निमन्त्रण दिया था किन्तु मैं तो अपने पुराने दिनों को पुनः जीना चाहती थी–चाहे कुछ क्षण के लिए ही। इसलिए दोनों को हमने कॉफ़ी के लिए पैलेस होटल बुला लिया। यह होटल अब 'ओबरॉय ग्रुप' के बदले 'ललित ग्रुप' चलाता है–फिर भी मेरी यादें तो पुराने गुलाब महल से जुड़ी थीं–होटल कोई भी हो।

अपने बीते हुए दिनों की बातें करते हुए कुछ पुरानी यादों को लेकर मैं और वह दोनों बहनें हँसते रहे। कॉफ़ी पीते हुए तभी सहज भाव से मैंने पूछा–

"छोटा भाई और उसका परिवार कैसा है?"

तभी वर्षा का सौम्य चेहरा क्रोध से विकृत हो उठा और वह गुस्से में बोली–

"एक ही दिन में जिस इन्सान की ज़िन्दगी बदल जाये और जिसे अपने परिवार सहित एक फीएट कार में अपने जीवन की जमापूँजी लेकर बाकी सभी यहाँ छोड़कर भागना पड़ा हो और दिल्ली पहुँचकर कुछ दिन बाद पता चला हो कि कुछ अन्य हिन्दुओं की दुकानों के साथ उसकी प्रसिद्ध दुकान भी जलकर राख हो गयी है–कैसा हाल हो सकता है ऐसे बेघर हुए लोगों का? सभी कहते हैं–"यू हैव टू स्टार्ट एफ्रैश"। अच्छे चलते हुए व्यापार को छोड़कर अधेड़ उम्र का आदमी किसी प्रकार के बाहरी निवेश के बिना कैसे पुनः अपना व्यवसाय चला सकता है? बैंक तक तो श्रीनगर की प्रॉपर्टी पर लोन नहीं देते। उस पर अभी भी ऐसे बेघर लोगों को तुम्हारी भारत सरकार रिफ़्यूजी न कह कर माईग्रेंट कहती है। उनको रिफ्यूज़ी होने के अधिकार से भी वंचित रखा गया है।"

मैं अपनी हमेशा हँसने–खेलने वाली पुरानी सहेली का यह रूप देखकर अवाक् रह गयी। पर उसकी पीड़ा को हम सब भली प्रकार महसूस कर सकते थे।

हमारा श्रीनगर में एक सप्ताह रहने का प्रोग्राम बना हुआ था। इस दौरान, मानो अपने पुराने दिनों की खोज में और अपने व्यथित मन को शान्त करने के लिए मैं पुराने घर, आस–पड़ोस, पुरानी परिचित दुकानों, प्राचीन मन्दिरों और यहाँ तक कि अपने पुराने कॉलेज के बाहर तक हो आयी–पर मन शान्त नहीं हो सका। मुझे इस बात का अहसास हुआ कि सभी कुछ अब परिवर्तित हो चुका है। मानो अमरीकी कहानी "रिप वॉन विंकल" को नियति ने दोहरा दिया हो।

बदले हुए मौहाल में आतंकवादी सिद्धान्तों को देखते–सुनते बड़े हुए इस नयी पीढ़ी के कश्मीरियों को क्या मालूम कि हिन्दू पड़ोसी कैसे हुआ करते थे या एक ही कक्षा में कश्मीरी पण्डित, मुस्लिम, डोगरे और

पंजाबी कैसे घुल–मिलकर रहते थे। या फिर एक ही 'त्रांबी' में बैठकर उन मित्रों के साथ किसी दावत का मज़ा लेना कैसा होगा। वह क्या जाने कि श्रीनगर के शान्त और सुरक्षित बाज़ार में घूमना कैसा होता होगा। उन्हें तो अब तक पत्थरबाज़ी, गोलीबाज़ी एवं हड़तालों की आदत हो चुकी होगी। सूफ़ी विश्वास में शायद उन्होंने टी.वी. पर कोई चर्चा तो सुनी होगी पर इस वहाबी वातावरण में उस सूफ़ी तर्क का अनुभव या अनुमोदन वह क्या जाने।

मैं किसी अन्य पर्यटक की भाँति अपने प्यारे श्रीनगर में आकर हाउस–बोट या होटल में रहकर, सैर और ख़रीददारी करके यहाँ की पर्यटक अर्थव्यवस्था को बेहतर तो बना सकती हूँ पर स्वयं मैं सदा के लिए निष्कासित हो चुकी हूँ।

# उपसंहार

पाँच अगस्त 2019 को होने वाले भारतीय संविधान के अनुच्छेद 370 के निराकरण का समाचार आते ही मुझ जैसी कई जम्मू–कश्मीर की बेटियों के मन में प्रसन्नता की लहर दौड़ गयी। पहली बार यूँ लगा कि भारतीय संविधान के समक्ष हम महिलाएँ भी पुरुषों के बराबर खड़ी हो पायी हैं।

बहुत–से लोग यह नहीं जानते कि अनुच्छेद 370 की धारा 35ए जम्मू–कश्मीर स्टेट को यह हक़ देती थी कि वह निर्धारित कर सकें कि कौन–कौन रियासत में स्थायी रूप से बस सकता है, वोट दे या चुनाव लड़ सकता है, नौकरी एवं छात्रवृत्ति पा सकता है या फिर उच्चतम शिक्षा या स्वास्थ्य सम्बन्धी लाभ उठा सकता है। इसी अनुच्छेद 35ए के कारण मुझ जैसी बेटियों को देशनिकाला मिल जाता था। जिन माँ–बाप के बेटा नहीं होता था एवं बेटियों की शादी बाहर के लोगों से हो जाती थी वह लोग अपनी ज़मीन–जायदाद बेचने पर बाधित हो जाते थे। इसी कारण हमारे पिताजी का घर बिका और उनके कई डोगरा, पण्डित एवं पंजाबी मित्रों के भी। इसके विपरीत जम्मू–कश्मीर के बेटों को पूर्ण अधिकार था कि वह अपनी इच्छानुसार शादी किसी भी महिला से करें, चाहे वह भारतीय नागरिक भी न हो, उस महिला एवं उनके बच्चों को पूर्ण अधिकार मिलते थे।

I, Kiran Kohli Narain, hereby authorize Vani Prakashan to publish this Hindi book.

**Kiran Kohli Narain**
28th. April, 2022.

❑❑

# चित्रावली

गुलमर्ग, 1954

शालीमार बाग़, 1954

डल झील पर नौका–दौड़ (रेगाटा)

शंकराचार्य, नये वृक्षारोपण से पहले, 1952

बकिंघम पैलेस के लिए पौधे एकत्रित करते हुए पिताजी, 1927

निशात बाग़ 1954, यह पविलियन हटाने के बाद
डल झील सीधे दिखती है

पण्डित महिला पश्मीना कताई करते हुए, 1950

कश्मीरी युवती पारम्परिक वेशभूषा में

पण्डित महिलाएँ शारिका देवी मन्दिर से लौट रही हैं

बकरवाल युवती परम्परागत
वेश–भूषा में

लेखिका, बारामुला में चेरी के
पेड़ पर

हरि सिंह हाई स्ट्रीट, अमीराकदल

बर्फ़बारी के बाद

दीदी की शादी

शाह–ए–हमदान ज़ियारत का विहंगम दृश्य, 1954

मिमी लिली की क्यारी में

निशात बाग़ में, माँ के साथ हम चार बहनें

लेखिका फूलों की झाड़ी फौरसीथिया संग, 1948

सद्र–ए–रियासत कर्ण सिंह अपने मन्त्रिमण्डल के साथ, 1952

सद्र–ए–रियासत कर्ण सिंह, प्रधानमन्त्री शेख़ मोहम्मद अब्दुल्लाह और उप–प्रधानमन्त्री बख़्शी गुलाम मोहम्मद से विचार–विमर्श करते हुए, 1952

पिताजी अल्पाथर झील (गुलमर्ग से ऊपर) पर

अमरनाथ यात्री, 1952

अमीरकादल में लकड़ी के पुराने पुल की एक पुरानी तस्वीर

कोहली बहनें एवं राज जीजाजी नरगिस की क्यारियों में गुड़ाई करते हुए

महाराजा हरि सिंह और महारानी तारा देवी जनरल के.एम. करियप्पा के साथ। पिछली पंक्ति में युवराज कर्ण सिंह

पण्डित नेहरू और शेख़ अब्दुल्लाह, 1952

1947 और 1948 में भारतीय सेना के जवान कश्मीर में महिलाओं को आत्मसुरक्षा की शिक्षा देते हुए

जम्मू–कश्मीर विश्वविद्यालय के दीक्षान्त समारोह में प्रधानमन्त्री शेख़ मोहम्मद अब्दुल्लाह, सद्रे–द–रियासत कर्ण सिंह और भारत के उपराष्ट्रपति डॉ. राधाकृष्णन मुख्य अतिथि के रूप में

लेखिका बैटमलू में ट्यूलिप के फूल एकत्रित करते हुए